O passado
ainda vive

O passado ainda vive

Irmão Ivo

Sônia Tozzi

LÚMEN
EDITORIAL

O passado ainda vive
pelo espírito *Irmão Ivo*
psicografia de *Sônia Tozzi*

Copyright @ 2010 by
Lúmen Editorial Ltda.

2ª edição - novembro de 2010

Direção editorial: *Celso Maiellari*
Preparação de originais: *Fábio Maximiliano*
Revisão: *Mary Ferrarini*
Capa e Projeto Gráfico: *SGuerra Design*
Impressão e acabamento: *Cromosete Gráfica*

Dados Internacionais de Catalogação na Publicação (CIP)
(Câmara Brasileira do Livro, SP, Brasil)

Ivo, Irmão (Espírito).
  O passado ainda vive / pelo espírito Irmão Ivo ; psicografia de Sônia Tozzi. -- São Paulo : Lúmen, 2010.

ISBN 978-85-7813-032-9

1. Espiritismo 2. Psicografia 3. Romance espírita I. Tozzi, Sônia. II. Título.

10-06943   CDD-133.9

Índices para catálogo sistemático:
1. Romance espírita : Espiritismo   133.9

Rua Javari, 668
São Paulo — SP
CEP 03112-100
Tel./Fax: (0xx11) 3207-1353

visite nosso site: www.lumeneditorial.com.br
fale com a Lúmen: atendimento@lumeneditorial.com.br
departamento de vendas: comercial@lumeneditorial.com.br
contato editorial: editorial@lumeneditorial.com.br

2010
Proibida a reprodução total ou parcial desta
obra sem prévia autorização da editora
Impresso no Brasil — Printed in Brazil

Introdução

"A reencarnação se funda no dogma da justiça de Deus e a revelação, pois não nos cansamos de repetir: um bom pai deixa sempre aos filhos uma porta aberta ao arrependimento. A razão nos diz que seria injusto privar para sempre da felicidade eterna aqueles cujo melhoramento não dependeu deles mesmos? Todos os homens não são filhos de Deus? Somente entre os homens egoístas é que se encontram a iniquidade, o ódio implacável e os castigos sem perdão.

"Todos os espíritos tendem à perfeição, e Deus lhes proporciona os meios de consegui-la com as provas da vida corpórea. Mas, na Sua justiça, permite-lhes realizar, em novas existências, aquilo que não puderam fazer ou acabar numa primeira prova.

"Não estaria de acordo com a equidade, nem segundo a bondade de Deus, castigar para sempre aqueles que encontraram obstáculos ao seu melhoramento, independente de sua vontade, no próprio meio em que foram colocados. Se a sorte do homem fosse irrevogavelmente fixada após a sua morte, Deus não teria pesado as ações de todos na mesma balança e não os teria tratado com imparcialidade.

"A Doutrina da reencarnação, que consiste em admitir para o homem muitas existências sucessivas, é a única que corresponde à ideia da justiça de Deus com respeito aos homens de condição moral inferior; a única que pode explicar o nosso futuro e fundamentar as nossas esperanças, pois oferece-nos o meio de resgatarmos os nossos erros através de novas provas. A razão assim nos diz, e é o que os espíritos nos ensinam.

"O homem que tem a consciência da sua inferioridade encontra na Doutrina da reencarnação uma consoladora esperança. Se crer na justiça de Deus, não pode esperar que, por toda a eternidade, haja de ser igual aos que agiram melhor do que ele. O pensamento de que essa inferioridade não o deserdará para sempre do bem supremo, e de que poderá conquistá-lo através de novos esforços, o ampara e lhe reanima a coragem. Qual é aquele que, no fim de sua carreira, não lamenta ter adquirido demasiado tarde uma experiência que já não pode aproveitar? Pois esta experiência tardia não estará perdida, ele a aproveitará numa nova existência."

O Livro dos Espíritos— Segunda Parte— Do Mundo Espírita ou Mundo dos Espíritos — capítulo IV, item II — Allan Kardec.

A vida na Terra é um bem precioso, e não é prudente desperdiçar essa oportunidade que foi dada a cada um de nós para que pudéssemos promover nossa evolução espiritual,

O passado ainda vive

através do amor aprendido e exercitado. A semente plantada nessa vida será o fruto do amanhã na vida futura, mas é importante nos conscientizarmos de que todos os nossos desejos não serão satisfeitos e devemos agradecer a Deus por isso, porque, não raro, o que mais se deseja poderá levar à perdição da nossa alma, e o Criador almeja para todas as suas criaturas a elevação que nos conduzirá à felicidade em Seu reino. Portanto, não se deve ter pressa de viver, e sim viver em acordo com as leis divinas; caminhar com prudência para não se machucar nem agredir o próximo, essa é a lei da vida, unir-se ao semelhante cumprindo, assim, a lei da fraternidade e do amor universal.

Tudo o que se faz hoje se tornará o nosso passado, e esse passado estará presente na nossa vida encarnada ou desencarnada cobrando-nos soluções e reajustes.

O tempo que se passa na erraticidade precisa ser aproveitado para adquirir conhecimento, fortalecer o espírito, compreender as fraquezas que nos levam ao erro e ao engano. Preparamo-nos para novamente voltar ao corpo da matéria e viver a sagrada oportunidade do recomeço; construindo o que falta; reconciliando-nos com os desafetos e terminando o que deixamos inacabado. Mas a intenção principal da reencarnação é aprender a amar, e não a ser amado, como querem alguns.

A felicidade é consequência do bom aproveitamento que fazemos das oportunidades recebidas. Tudo precisa ser bem pensado; nada passa despercebido a Deus, e ninguém fica impune dos seus erros.

Se algumas vezes fraquejarem e caírem, não se entreguem na crença do fracasso, porque, na realidade, fracasso ou fracassado não é aquele que caiu, mas aquele que não se reergueu, aquele que perdeu a esperança, a fé e não se levantou.

Que todos possam sentir a luz protetora que emana de nosso Pai, a energia que aquece e fortifica todos os seus filhos, amparando-os e direcionando-os para o bem e para o amor. Quando os homens compreenderem as palavras de Jesus e conseguirem enxergar em cada um seu irmão em Cristo, poderão viver em um mundo melhor, mais sereno e mais feliz; aqui na Terra como no Céu.

Não devemos nos amedrontar diante do trabalho que nos dignifica, nem ter receio para amar. Quando nos entregamos sem restrições à pratica do bem e da caridade, proporcionamos a nós mesmos a paz e a felicidade que sonhamos.

Irmão Ivo

Sumário

Introdução	5
Na espiritualidade	11
Começando a recordar	23
Preparando-se para o retorno	39
A nova jornada tem início	49
Esperança para um coração endurecido	68
Antigos sentimentos afloram	86
Repetindo os mesmos erros	101
Reencontro	118
Punhalada na alma	132
Corações cheios de mágoa	149
Grandes problemas se avizinham	162
Guerra de vontades	177
Lágrimas amargas	190
O pacto	202
Uma fresta luminosa	219
O inesperado	235
Um caminho que se abre	249
O passado sempre volta	269

À beira do precipício	289
Voltando para casa	305
O amor bate à porta	320
Sentimentos confusos	338
Nasce um grande amor	350
O resultado da imprudência	361
O perdão é divino	374
Até breve...	384
Palavras da Médium	393

CAPÍTULO

I

Na espiritualidade

Constância, apressada, entrava no grande salão para ouvir a palestra do dia.

Acostumara-se a frequentar as palestras de Madre Teresa todas as tardes; sentia-se mais fortalecida e encorajada para enfrentar os desafios que certamente viriam quando chegasse a hora do seu retorno à crosta terrestre, retorno esse que ela própria solicitara ao Mais Alto.

Envergonhava-se dos desatinos praticados por ocasião de sua última encarnação e, após um tempo mais ou menos longo desde seu retorno, pedira uma nova oportunidade, um novo recomeço para tentar modificar suas atitudes para com o semelhante, aprendendo em uma nova experiência carnal a valorizar e respeitar seu próximo, atitude que não conhecera em sua última experiência terrena, tratando-o como a um irmão em Cristo, sem se importar com aparência ou posição no mundo dos homens. Aceitar as diferenças era um desafio que precisava vencer, e estava disposta a empregar todos os seus esforços para não tornar a cair no mesmo engano.

Sofrera muito no início de sua volta à espiritualidade; trazia o espírito impregnado de preconceito, vaidade e orgulho por conta do desprezo e das humilhações que infringira àqueles que dela se aproximavam e nada tinham a exibir senão a sinceridade de sua amizade. Não entendera e não aceitara conviver com pessoas tão diferentes dela, e por conta disso cometera leviandades que a levaram ao sofrimento quando do seu retorno à espiritualidade.

Sentara-se próxima a Hortência, um espírito simples, cordato e amigo, que se comunicava com extrema humildade e amor com todos aqueles que dela se aproximavam.

— Pensei que não viria, Constância — disse Hortência.

— Não posso e não gosto de perder as palestras de Madre Teresa. Preciso aprender muito, pois pedi nova oportunidade na Terra.

— Tem intenção de reencarnar?

— Sim, Hortência, tenho de exercitar meu aprendizado, e por meio dele modificar uma história de muitos erros e que me deixa infeliz, pois vivi ligada ao grande preconceito que nos faz cair em enganos. Não soube respeitar meu semelhante e por conta disso hoje me sinto culpada e envergonhada pelas leviandades praticadas.

— Que Jesus a ilumine, minha irmã, e lhe dê forças para escrever nova história alicerçada no respeito e na fraternidade.

— É o que mais desejo e é o que pretendo conseguir, Hortência; uma reencarnação de amor e fraternidade.

Ao perceberem a entrada de Madre Teresa, os dois espíritos se calaram para ouvir a palestra, que, sabiam, iria trazer paz e esperança a todos os presentes.

O silêncio se fez.

O passado ainda vive

13

Apenas uma tênue luz violeta cobria de harmonia o recinto, propiciando a todos a deliciosa sensação de paz e equilíbrio. Logo após uma singela prece, Madre Teresa iniciou:

— Meus amados irmãos, mais uma vez nos encontramos para cuidar e fortalecer nosso espírito na paz de Cristo. Vamos elevar o pensamento ao Divino Amigo e permitir que Sua doce influência nos transforme em verdadeiros tarefeiros do amor universal.

"Todos aqui desejam nova oportunidade no mundo físico. Uns retornarão mais rápido que os outros, mas todos um dia serão agraciados com essa oportunidade para exercitar na Terra o aprendizado recebido na espiritualidade; mas, para que isto aconteça, é necessário preencher nosso espírito com o amor verdadeiro, amar o semelhante por inteiro, sem condições, sem perguntar se o alvo do nosso amor merece nossa bondade, mas sendo bom porque entendemos o ensinamento de Jesus.

"Compreender a dificuldade do nosso próximo, sua fragilidade, é um desafio constante, e ser paciente com o semelhante é trazer para si próprio a paciência alheia. Todos nós erramos; uns mais, outros menos. No entanto, o que importa é nos conscientizarmos de que podemos melhorar nosso padrão vibratório pela aceitação da palavra de Jesus, que nos mostra a verdade, o caminho seguro que nos leva ao Pai.

"Nosso Divino Amigo desceu à Terra, falou de amor, mostrou à humanidade a força desse sentimento, mas poucos O seguem.

"Por quê?

"Porque estão surdos; negam-se a ouvir a verdade e se deixam iludir com a fantasia que brilha, mas que se apaga ao romper da aurora. Querem crer apenas no que satisfaz sua vontade egoísta, envolvem-se nas teias do orgulho e no emaranhado da ambição.

"Perdem-se em si mesmos.

"Todos aqui presentes sonham com nova oportunidade no mundo físico, mas é preciso lembrar que a preparação é necessária para que a vitória aconteça. Não se deve ter pressa, mas sim interesse em se fortalecer no bem e no amor universal; conhecer o que, na verdade, é esse sentimento capaz de transformar nosso espírito, tornando-nos verdadeiras criaturas de Deus.

"Ao vestirmos a roupagem carnal, nosso espírito precisa estar fortalecido no amor de Deus; não se esquecer da importância da prece que nos fortalece para realizarmos nossa tarefa terrena. A prece é uma invocação; através dela os amigos que aqui ficaram se aproximam dos encarnados para auxiliar e inspirar bons pensamentos, ajudando-os a adquirir a força moral necessária para vencer as dificuldades que muitas vezes, quando encarnados, nós mesmos criamos. Todos pedem a paz, mas se esquecem de olhar para dentro de si mesmos. É no coração do homem que a paz existe, e não em bandeiras brancas que esvoaçam ao vento enquanto o coração abriga o rancor, o preconceito e outros sentimentos mesquinhos.

"Este é o grande aprendizado, meus irmãos: entender que todas as criaturas têm direito à grande casa de Deus, não importa a cor, o credo ou a posição social que ocupam. Jesus mostrou isto quando abraçou a todos que Dele se aproximaram, mas os homens se esquecem do maior exemplo de amor de que se tem notícia, o amor de Deus representado por Seu filho mais próximo: Jesus."

O passado ainda vive

Madre Teresa se calou. Respeitou a emoção que reinava absoluta em cada um dos ouvintes. Enquanto aguardava, seu pensamento fluía em direção ao Mais Alto e pedia bênçãos para todos os espíritos presentes, sabendo que o auxílio viria e cada um receberia de acordo com sua necessidade. Passados alguns instantes, disse, com sua maneira simples e alegre de se comunicar:

— Vamos então, meus irmãos, encerrar nossa palestra de hoje elevando o pensamento até nosso amado Pai, agradecendo pela sagrada oportunidade de aprendizado. Algum irmão ou irmã aqui presente gostaria de se comunicar com nosso Criador, fazendo a prece de encerramento? — perguntou Madre Teresa.

Timidamente, Constância levantou-se.

— Se for permitido, eu gostaria de fazer!

— Esteja à vontade, minha irmã; acompanharemos em silêncio sua oração.

Feliz, Constância iniciou:

— "Ah, esta paz infinita que sinto dentro de mim,
Me envolve, me domina, me leva pra lá e pra cá,
Fortalece meu espírito para continuar sempre assim.
O que será que me empurra pra este caminho tão lindo,
Que percorro com fé, sem perguntar por que,
Que deslizo na esperança e me perco na certeza.
Que no fim da linha vou encontrar o Senhor.
Quero sentir e sentir que o Senhor me espera,
Quero dormir em paz e acordar feliz,
Quero saber quem sou e que estou,

Porque o Senhor assim o quis e,

Nesse enlevo... Me olhar,

E vê-Lo, Senhor, dentro de mim!".

Madre Teresa se aproximou de Constância e, delicadamente, disse-lhe:

— Irmã, que Jesus a abençoe. Percebi em você um traço de melancolia; o que a preocupa?

— Agradeço muito sua atenção, Madre Teresa, e sinto-me feliz por merecer seu carinho. Amei a palestra, e cada palavra calou fundo em meu ser.

— Então, qual a razão de estar assim melancólica?

— Tenho receio, Madre, muito medo mesmo.

— Pode me dizer de quê?

— Solicitei ao Mais Alto nova oportunidade na Terra, mas confesso que temo cair no mesmo erro, ou seja, cometer a mesma tolice que tanto me fez sofrer ao retornar.

Com todo seu carinho e sabedoria, Madre Teresa respondeu:

— Quer conversar sobre isso?

Diante da afirmação de Constância, a querida madre levou-a novamente para dentro do salão onde realizara a palestra. Acomodando-se próxima a Constância, disse-lhe:

— Querida irmã, qual a questão que mais a preocupa?

— O preconceito, irmã; o enorme preconceito que norteou minha última encarnação. Eu não soube aceitar as diferenças, julguei-me acima de qualquer semelhante que de mim se aproximava; construí meu próprio universo de orgulho e egoísmo. Agora tenho medo do fantasma do meu passado.

— Se não se sente ainda preparada, por que solicitou nova encarnação?

— Porque não suporto mais viver sob o peso de minhas leviandades de outrora, sinto vergonha do que fiz, mas ainda temo, Madre Teresa, me enganar de novo.

Com todo o seu amor pelo semelhante, Madre Teresa afirmou:

— Constância, todos nós corremos riscos quando nos revestimos do corpo de carne, mas o que agasalhamos no nosso espírito como verdade do Criador nos dá a sustentação que precisamos para caminhar com segurança no mundo físico. O aprendizado adquirido na espiritualidade neste espaço de tempo que aqui ficamos continua latente em nós, e ele se faz presente por meio de nossa consciência, que é o termômetro das nossas atitudes. É preciso confiar; o medo nos enfraquece e abre brechas para pensamentos menos edificantes. Não sei para quando está previsto seu retorno. O que posso lhe dizer é que aproveite ao máximo o ensinamento aqui adquirido, fortaleça-se através das preces, do amor ao semelhante, preencha seu espírito com a compaixão e a caridade; entenda o que, na verdade, é o amor fraternal, pois tudo isso lhe dará direção na vida física.

Após pensar um pouco, Constância indagou:

— Por favor, Madre Teresa, diga-me o que na realidade é a compaixão.

Madre Teresa sorriu.

— Compaixão é o desprendimento, a atenção com as pessoas que sofrem, é um sentimento que nos leva à pratica da caridade plena, aquela que Jesus tão bem ensinou à humanidade, mas que os homens se negam a praticar movidos pelo egoísmo de se acharem merecedores da felicidade que relutam em proporcionar ao semelhante. Quando reencarnamos, recebemos a bênção de voltar ao nosso passado para repararmos os erros e enganos cometidos, podendo, assim, escrever nova história com mais prudência e sabedoria.

Madre Teresa calou-se por alguns minutos e, em seguida, voltou a dizer:

— É bem verdade, Constância, que muitos caem na perdição das paixões terrenas e jogam ao vento o benefício recebido.

— Por que isso acontece, Madre Teresa?

— Acontece, Constância, porque na verdade os espíritos que se afundam nos delírios das paixões humanas não conservaram no coração a presença de Jesus, presença essa que os fortaleceu enquanto na erraticidade. Nenhum sentimento foi inteiro ou verdadeiro para eles, e isso os faz cair na primeira rajada de vento. Ao retornarmos, levamos em nosso ser a vontade e a consciência de que devemos lutar para que a nossa reencarnação possa dar certo; e nossa luta será contra o brilho falso das paixões terrenas. Para isso é necessário aplicar em nossa experiência terrestre o que Jesus ensinou a toda a humanidade: orai e vigiai!

Constância bebia cada palavra da querida madre como se bebe um remédio que irá curar as feridas da alma e do corpo. Humildemente, pediu:

— Por favor, Madre Teresa, fale-me mais sobre a reencarnação; quero me fortalecer o máximo que conseguir.

Sempre fiel à grande generosidade que comandava seu espírito, a querida madre a atendeu:

— A reencarnação, Constância, é a maior prova da justiça do nosso Criador. Deus, por sua infinita bondade e sabedoria, nos concede essa oportunidade para que possamos resgatar nossas dívidas, saldar os nossos compromissos assumidos no mundo espiritual por ocasião do nosso retorno à Terra; permite o reencontro com pessoas que tenhamos prejudicado no pretérito para termos a chance de nos desculpar dos erros de outrora.

— Quer dizer que tudo o que fazemos, erros e acertos, fica registrado na nossa história para sempre?

— Os acertos, sim, Constância; os erros, não, e é aí que somos beneficiados com a suprema bondade do Criador. Vou explicar. Todos os nossos atos praticados por pensamentos, palavras e obras em vidas anteriores acarretam para nós venturas ou desgraças na proporção do bem ou do mal que deles resultou. Portanto, os seus efeitos vão atuar posteriormente na felicidade, na vontade, nos desejos ou no caráter do homem em vidas futuras; essa é a lei do carma, o que quer dizer a lei de causa e efeito.

"Se em uma existência não conseguimos cumprir a missão da maneira como deveríamos, Deus nos concede a prova de uma nova existência a fim de nos aperfeiçoarmos por meio de nossas boas ações; se voltamos vencedores porque aprendemos a amar e a respeitar nosso semelhante, cumprindo as leis divinas, consertando os erros e enganos praticados no passado, limpamos a história escrita anteriormente. Deus não permite que suas criaturas sofram pela eternidade, sempre lhes dá oportunidade de se renovar e elevar seu espírito purificando-o, e essa purificação reflete-se na sua perfeição moral, nos seus sentimentos cada vez mais puros e mais fraternos."

Finalizando, Madre Teresa completou:

— A reencarnação é consoladora, é a tábua de salvação que Deus concede às suas criaturas, na sua infinita misericórdia. A vida espiritual é consequência da vida que se constrói na Terra.

— Madre Teresa, meu espírito se encheu de coragem e esperança. Obrigada, querida irmã.

— Não me agradeça, Constância, agradeça a Jesus. Ele é o farol que ilumina nossas noites de busca. — Levantou-se, e, fazendo menção de sair, despediu-se de Constância: — Que Jesus a abençoe, minha irmã!

— Que Ele a ilumine cada vez mais.

Assim que a madre se ausentou, Constância sentiu uma grande vontade de conversar com o Pai. Humildemente ajoelhou-se e orou:

— "Senhor, eu Vos amo!

E em nome desse amor dirijo-me a Vós, porque sinto e sei que és meu amigo.

O mais verdadeiro dos amigos.

Agradeço-vos pela oportunidade que me destes e peço perdão por não ter sabido aproveitá-la.

Solicitei de Vós uma nova existência na Terra para promover minha evolução, mas, por conta da minha fraqueza, sinto medo, Senhor.

Novamente suplico auxílio para que eu possa entender que a felicidade maior só é possível quando a

O passado ainda vive 21

repartimos com nosso próximo; quando conseguimos sentir que, apesar das diferenças, somos todos irmãos".

Assim que terminou sua singela prece, Constância voltou a suas atividades.

— Onde estava? — Hortência quis saber assim que a viu.

— Recebendo a bênção de Jesus! — exclamou Constância, deixando transparecer a paz que sentia em seu espírito.

— Como assim, Constância; o que está dizendo?

— Hortência, estava com Madre Teresa, e ouvir suas explicações feitas com tanta sabedoria e carinho fez-me sentir encorajada e em paz para esperar o momento de minha volta à existência física. Anseio por poder me redimir de minhas faltas passadas. Envergonho-me do que fiz, da maneira como agi com as pessoas que estavam ao meu lado; hoje, liberta, caí na realidade e consegui enxergar minhas atitudes levianas, que muito prejudicaram meus semelhantes. O que mais desejo é mudar essa história, que nenhuma elevação traz para meu ser.

— Afinal, Constância, o que você fez que a deixou assim tão culpada? Posso saber?

— Pode sim, Hortência, mas não agora; em outra oportunidade contarei a você minha história passada e que me enche de remorso.

— Está certo. Quando você julgar que o momento chegou e sentir desejo de desabafar, estarei esperando para ouvila e ajudá-la no que puder.

— Obrigada, Hortência!

"Nenhum de nós é inocente. Trazemos em nosso currículo espiritual muitos erros cometidos no passado. Julgamos não merecer nenhum sofrimento, todavia não sabemos o que fizemos para atrair para nós tanta dor. Em algum lugar há de estar a ação que motivou a reação da dor.

"Devemos ter Jesus no coração e, assim, reformularmos nosso íntimo nos aproximando mais do Criador."

(Do livro *A Essência da Alma* — Irmão Ivo/Sônia Tozzi.)

CAPÍTULO
II

Começando a recordar

onstância, atendendo ao chamado do irmão Alípio, responsável pelo Departamento Reencarnatório, seguiu ao seu encontro. Como sempre acontecia, a ansiedade tomou conta de seu espírito.

Será que chegou o momento do meu retorno ao plano físico?, pensava. *Quero muito voltar à Terra para sossegar, acalmar meu espírito e prosseguir em minha escalada evolutiva sem culpas. Sei que só assim encontrarei a paz em mim mesma.*

No momento em que entrou no Departamento, irmão Alípio a acolheu com cordialidade:

— Bem-vinda, minha irmã!

— Irmão Alípio, mal posso controlar minha agitação para saber o porquê de haver me chamado aqui.

Alípio sorriu.

— Sei que aguarda com ansiedade o instante de retornar ao plano físico — disse-lhe —, mas toda essa agitação não é boa para você, Constância, pode prejudicar seu equilíbrio.

— Sei que tem razão, irmão, mas não posso me controlar quando penso nos erros que cometi no passado; minhas atitudes de outrora me envergonham. Quero muito essa nova oportunidade para poder recomeçar minha caminhada na Terra. Espero agir com mais prudência e harmonia, sobretudo eliminando de vez o preconceito, que foi o responsável pelo meu fracasso terreno.

Alípio tornou a sorrir.

— Calma, irmã, já lhe disse, é preciso fazer tudo com muita tranquilidade para poder estar segura naquilo que almeja, assim não correrá o risco de naufragar novamente.

— Tem razão — concordou Constância.

— Apesar de toda sua inquietação para realizar seu objetivo, digo-lhe que ainda não chegou a hora do seu retorno.

Alípio observou no semblante de Constância a sombra da decepção.

— Imaginei que seria esse o motivo pelo qual fui chamada, irmão.

Paternalmente, ele lhe respondeu:

— Constância, na espiritualidade tudo se faz com o objetivo de evolução do ser, ou seja, propiciar ao indivíduo condições de elevação, aperfeiçoamento de seu espírito; fortalecer cada um para que tenha condições de se melhorar enquanto criatura de Deus. Se as pessoas se desviam de seu objetivo é porque usam seu livre-arbítrio de maneira equivocada. Ao solicitar nova oportunidade na Terra pela bênção da reencarnação, você demonstrou o desejo de reviver as mesmas situações de outrora com o objetivo de reformular seus conceitos em relação ao próximo; mas gostaria que soubesse que achamos prudente que você tomasse conhecimento de sua encarnação anterior para que se lembre das atitudes que tomou com seu semelhante, o que, na verdade, fez com sua posição social.

Enfim, nosso objetivo é lembrá-la dos perigos que a fortuna propicia quando não se está fortalecido o suficiente e inserido no amor universal.

— Como assim?

— Desde que aqui chegou, vários anos atrás, não tomou conhecimento dos fatos que mais marcaram sua existência terrena e que a levaram aos desatinos cometidos, Constância. Você guardou na memória muito pouco do que, de fato, aconteceu; em vista disso e do seu desejo de reviver na Terra as mesmas situações, foi-lhe concedida esta oportunidade, e por intermédio dela poderá avaliar se está apta a enfrentar a prova que pediu.

Diante da indecisão de Constância, Alípio perguntou-lhe:

— Sente-se preparada para voltar ao seu passado?

Constância demorou um pouco para responder, mas, por fim, afirmou:

— Acho que sim. Gostaria de defrontar e julgar a mim mesma sem a máscara da carne. Tenho de saber de onde vem essa culpa que me consome e impede a minha paz.

— Tudo bem, Constância, será como quer. Acompanhe-me até o auditório.

Constância seguiu Alípio, sentindo a inquietação tomar conta de seu espírito. Ao chegar ao salão, notou uma grande tela no ponto mais alto, o que a fez estremecer, pois sabia que ali passaria o filme de sua encarnação passada, com toda a clareza e sem retoques. Sentindo a aproximação de um espírito, virou-se e deparou com Jacob. Ele sorriu e lhe disse:

— Vim acompanhá-la, Constância, sei que é um momento muito importante para cada um de nós, pois nos tornamos expectadores de nós mesmos e nos defrontamos com nossos erros e enganos do passado.

— Sua presença só me causa alegria, e por isso agradeço, Jacob. É reconfortante sentir-me amparada por um amigo.

— O amparo maior vem do Amigo maior, e é para Ele que seu pensamento deve estar voltado, não só neste momento, mas em todos de sua existência. — Dizendo isso, Jacob sentou-se ao lado de sua amiga e pupila.

As luzes se apagaram. Instantaneamente a tela se iluminou e as figuras foram se sucedendo com exatidão. Constância mal podia acreditar do que via.

Jacob notou sua angústia.

— Calma, Constância, beneficie-se dessa oportunidade mantendo seu equilíbrio; se você aspira a retornar à Terra para resgatar seu passado, é importante reviver na memória os principais fatos que marcaram seu espírito a ponto de as cicatrizes não se apagarem, mesmo após tantos anos na espiritualidade.

Um pouco envergonhada, Constância respondeu:

— Tem razão, Jacob, desculpe-me.

Em um segundo, uma grande casa de fazenda apareceu na tela. Constância, de imediato, reconheceu a casa abastada onde nascera e se criara ao lado de seus pais, que, por maior esforço que fizessem, não conseguiram extirpar da filha o orgulho que imperava em seu coração. Tinha ainda na lembrança o gramado no entorno da sede da fazenda; seu lindo jardim com flores perfumadas e coloridas; as imponentes palmeiras que formavam a alameda que levava à varanda da propriedade.

Tudo continuava nítido em sua mente.

De repente, Constância vê sair da casa uma garotinha de sete ou oito anos que, em disparada, começa a correr por entre as flores.

Constância imediatamente reconheceu-se naquela criança, que se alegrava com o esvoaçar da seda de seu vestido.

— Posso brincar com você? — perguntou Lucila, filha de um colono da fazenda.

Olhando-a com desdém, Constância respondeu:

— Não, não pode. Você sabe que não gosto do seu cheiro nem de suas roupas pobres e malcheirosas. Se quiser, pode ficar olhando, mas sem chegar perto de mim. Entendeu?

Com os olhos marejados de lágrimas, Lucila se afastou, indo buscar carinho no colo de sua mãe.

— Não chore, meu amor — dizia Nininha —, ela não merece suas lágrimas. De que adianta tanta riqueza se possui um coração endurecido pelo orgulho e preconceito? Um dia, minha filha, tudo isso vai se voltar contra ela mesma.

— Mãe, o que é preconceito? — quis saber Lucila, na sua simplicidade.

— Preconceito, minha filha, é quando se tem aversão, uma intolerância em aceitar pessoas que pensam e agem de forma diferente da nossa, ou seja, que têm cor, religião, situação social ou raça diferente. Constância não aceita os humildes sem se importar se são pessoas boas ou não; não as aceita somente porque são pobres. Compreendeu, filha?

— Compreendi, mamãe. Mas não entendo por que ela é tão rica e nós somos tão pobres.

— Filha, você é ainda muito nova para entender a mágica da vida, o porquê de estarmos aqui na Terra e para que viemos; quanto a esta diferença só posso lhe dizer que devemos acreditar na justiça de Deus. Nosso Pai ama todos nós igualmente, portanto, deve haver um motivo para que haja essa diferença. O que importa, minha filha, é vivermos felizes com as coisas que recebemos de Deus, praticar o bem e não permitir que o mal faça morada em nosso coração. Não queira mal a Constância, ela, decerto, não sabe o mal que faz a si mesma.

Nesse ponto Constância sentiu-se incomodada. Jacob, percebendo sua inquietação, pediu a Alípio que parasse por alguns instantes. Segurou as mãos da amiga e disse-lhe:

— Quer continuar outro dia, Constância? Sinto que está perturbada.

— Desculpe-me, Jacob, não me lembrava desse fato e fiquei muito surpresa em verificar que tudo começou na minha infância. Meu Deus, o que será que fiz e por que minha memória apagou?

— Eleve seu pensamento a Jesus e peça-Lhe auxílio.

Constância assim o fez.

Sentindo-se amparada, pediu que continuasse.

Constância aparece como uma linda donzela de dezoito anos.

A fazenda estava em festa para a comemoração do aniversário da "patroinha", como era chamada pelos colonos que trabalhavam dentro da casa grande. Josefina, mãe de Constância, exigia que tudo fosse organizado para que não houvesse uma falha sequer.

— Peço-lhes que cumpram minhas determinações com esmero, quero que minha filha se sinta feliz e não passe por nenhum aborrecimento— dizia aos empregados, com a educação que lhe era peculiar.

Todos os que serviam na casa admiravam a postura da patroa; a educação e o respeito com os quais dava suas ordens.

— Tão diferente da filha, que não passa de uma presunçosa, pensa que o mundo foi criado para ela— dizia Joana, a arrumadeira.

— É melhor ficar com a boca fechada— Nininha, a responsável pela cozinha, a repreendeu.— Se alguém a ouve, vai direto aos ouvidos de dona Josefina.

— Tem razão, é melhor mesmo me calar— concordou Joana. — Mesmo porque não adianta nada o que acho. Nós, empregados, somos pessoas inexistentes, ninguém nos vê!

— Por que isso agora, Joana? Um dia tudo isso vai acabar e seremos gente assim como os patrões. Por enquanto, vamos nos conformar e fazer direito nossa tarefa.

— Não sei como você não se revolta, Nininha. Afinal, o que essa menina Constância faz com Lucila, as humilhações, o desprezo... Acho até que tem inveja da beleza dela.

— Chega dessa prosa e vamos prestar atenção no trabalho— disse Nininha, voltando para junto do fogão.

Constância se mexia na poltrona, incomodada com o que via.

— Meu Deus, ninguém gostava de mim!

— Quer parar ou continuar? — perguntou Jacob.

— Quero continuar, Jacob, agora mais do que nunca preciso me conhecer para poder lutar contra mim mesma.

Alípio prosseguiu com a projeção.

As luzes acesas misturadas com os enormes arranjos de flores do campo colocados nas mesas de madeira entalhada, cobertas com alvas toalhas de linho, davam ao salão da fazenda uma beleza quase irreal.

Constância andava por entre os convidados exibindo toda a sua graça e formosura. Seus olhos encontraram os não menos atraentes olhos de Paulo, e seu coração bateu mais forte.

Quero-o para mim, pensou. *Não me importa a que preço, mas quero-o para mim.*

Aproximou-se dele e, ao saber que era filho de um grande amigo de seu pai, manteve com Paulo uma aproximação inadequada para moças daquela época. Paulo tratava-a com respeito, sem experimentar nenhum outro sentimento senão o de amizade. Em determinado momento, Lucila entrou na sala oferecendo aos convidados delicioso suco de manga. Trazia os copos em uma enorme bandeja redonda, que, pelo tamanho, imaginava-se estar pesada.

Paulo, impressionado com a beleza e delicadeza da jovem, perguntou a Constância:

— Quem é essa moça, Constância? Nunca vi tanta beleza e graciosidade.

No mesmo instante, o excessivo orgulho se fez presente, e Constância respondeu:

— Quem? Não vejo ninguém que possa fazer jus a tanto entusiasmo.

— Aquela que segura a bandeja de suco— respondeu Paulo. — Gostaria de conhecê-la, pois impressionou-me muito sua graça.

Remoendo-se de ciúme, Constância disse:

— Ah! Aquela é nossa empregada.

— Como se chama? — Paulo estava mesmo interessado.

— Seu nome é Lucila. Mas admira-me muito você se interessar por uma empregada! — Constância olhava com ódio para Lucila, que, alheia ao que se passava, continuava fazendo o seu serviço.

Embaraçado, Paulo comentou:

— Não estou interessado da maneira como supõe, Constância, perguntei apenas por curiosidade. — Tentando dar um fim ao assunto, Paulo convidou Constância para dançar: — Poderia me dar o prazer de dançar comigo essa valsa?

Ela se envaideceu.

— Claro que sim, Paulo! — E, em seguida, ofereceu suas mãos para que ele as segurasse.

Enquanto rodopiava pelo salão levando Constância nos braços, Paulo não tirava os olhos de Lucila, tão encantado estava com a moça.

Novamente Constância sentiu um incômodo e mexeu-se na cadeira, atraindo a atenção de Jacob. Este logo perguntou-lhe:

— Minha amiga, não perca o equilíbrio, isso é só o começo. Penso que seria melhor continuarmos amanhã, sinto-a muito tensa e angustiada.

Constância, de pronto, concordou com o amigo.

— Acho que tem razão, Jacob, estou ficando incomodada, já posso imaginar o que vem após este dia.

Despediram-se de Alípio prometendo retornar no dia seguinte.

Constância seguia Jacob em silêncio.

— Não sofra, minha irmã, tudo isso já passou; você está prestes a receber a bênção do retorno à Terra. Se Jesus a beneficiou com a reencarnação para escrever nova história, saldando seus débitos pretéritos, é porque achou justa essa nova oportunidade; deu-lhe a chance de rever a si mesma e poder fazer a opção mais feliz. Agradeça ao Divino Amigo e prepare-se para a volta.

— Eu sei, Jacob, e agradeço profundamente ao Mestre pelo auxílio que recebo, mas envergonho-me do que fiz. Humilhar meu semelhante por conta de um orgulho exarcebado... Não posso justificar a mim mesma.

— Analise com prudência o seu pedido, Constância, veja se não é ainda perigosa a prova da fortuna e da beleza; nem sempre estamos preparados para enfrentar a mesma situação de outrora, situação esta que nos propiciou a queda.

Constância permaneceu calada por alguns instantes e voltou a dizer:

— Estou tão envergonhada que proponho a mim mesma vencer esse orgulho. Quero fazer da riqueza uma fonte geradora da caridade para os menos favorecidos; talvez, quem sabe, os mesmos que tratei com tanta arrogância.

— Que Jesus a abençoe, minha irmã. Desejo sinceramente que saia vencedora; mas acho ainda muito cedo para decidir, o melhor é conhecer os fatos que sua memória apagou e só então se decidir.

— Tem razão, Jacob, amanhã retomaremos.

Jacob, despedindo-se de Constância, retornou aos seus afazeres com os recém-desencarnados.

Constância, olhando o grande amigo se afastar, pensou: *Que espírito nobre é Jacob! Quem sabe, meu Deus, um dia conseguirei me livrar desse sentimento de orgulho que noto ainda existir no fundo do meu coração...*

Dirigiu-se ao Educandário, onde Madre Teresa ministrava uma aula aos jovens desencarnados que ainda não haviam aceitado plenamente sua nova condição de vida. Pedindo à madre permissão, Constância se acomodou, discreta, em uma cadeira e direcionou toda a sua atenção aos ensinamentos da querida madre, que com carinho e amor universal dizia aos jovens:

— Meus queridos irmãos, necessário se faz esquecer os prazeres deixados na Terra e iniciar nova caminhada como espíritos eternos na Pátria de origem de todos nós, criaturas de Deus. Nossa ida à Terra tem por finalidade a evolução espiritual; é uma permanência provisória na qual devemos aproveitar o benefício da encarnação em um corpo denso da matéria e aprender a amar o nosso semelhante, fazendo todo o bem que pudermos. Nosso Criador não nos dá essa oportunidade para aprendermos a ser amados, para acumular fortunas, para satisfazer desejos nascidos do egoísmo e do orgulho, para exibir conquistas que nenhuma utilidade trazem à humanidade, a não ser a nós mesmos. Não, não é essa a finalidade, não é isso o que nosso Criador espera de Suas criaturas.

"Quando desencarnamos, o que pertence à matéria na matéria ficará. Mas o que conquistamos pelo bem praticado e pelo amor exercitado nos seguirá e nos fará enxergar as maravilhas do reino de Deus, proporcionando a felicidade duradoura àqueles que viveram em sintonia com as leis de Deus."

De repente, ouviu-se uma voz entrecortada pelos soluços de um jovem de vinte e dois anos, que perguntou:

— Por favor, Madre Teresa, explique-me a razão pela qual desencarnei tão jovem, quando tinha ainda a vida inteira pela frente. Por que deixei minha família, meus estudos, meus amigos? Por que a enfermidade roubou minha vida?

Madre Teresa olhou-o com extremo carinho e compreensão.

— Querido irmão, a morte prematura é, quase sempre, um grande beneficio que nosso Pai concede à sua criatura. Inúmeras vezes o bem está onde imaginamos ver o mal. Isso acontece porque a fé ainda é fraca, duvida-se da bondade e da justiça de Deus quando se é retirado do meio onde se julga existir a felicidade, esquecendo-se que a felicidade é uma conquista da alma, e não uma conquista do corpo. O que o trouxe para a espiritualidade?

— Um câncer no pulmão — afirmou o jovem.

— Meu irmão, porventura tem a mínima ideia do quanto sofreria se permanecesse mais tempo na Terra? Deus o retirou poupando-o de maior sofrimento.

— Mas por que surgiu um câncer em meu pulmão? — tornou a perguntar.

— Essa resposta será encontrada no seu pretérito, meu jovem. Lá irá encontrar a causa da enfermidade. No entanto, não é ainda o momento de desvendar seu passado. Por ora aconselho-o a agradecer ao Pai pela bênção recebida, aprenda a viver com seu novo corpo, receba o amor que seus pais terrenos enviam para você por meio das preces e da saudade justa e equilibrada. Entregue-se a Jesus e encontrará o equilíbrio, a felicidade e descobrirá as belezas no grande universo de Deus. A morte não é uma separação eterna, mas apenas um instante diante da eternidade.

Madre Teresa ia dar por encerrada a aula quando outro jovem indagou:

— E eu? Por que tive de morrer em um acidente de carro? O que fiz para perder minha vida assim tão de repente?

Mais uma vez o meigo olhar da madre dirigiu-se compreensivamente para o rapaz.

— O que você fez, irmão, foi andar a quase cento e cinquenta quilômetros por hora, dando vazão a sua imprudência, sem medir o perigo que corria e em que punha outras pessoas. Sua inconsequência o trouxe para cá antes do previsto, portanto, foi o único responsável por sua desencarnação prematura, causando surpresa aos espíritos que traçaram o plano de sua reencarnação, considerada em 54 anos, seguindo orientação do plano Maior.

— Por que, então, demorei a perceber que não pertencia ao mundo dos vivos? Por que perambulei solitário por lugares feios, por que minha família não percebia meu desespero, até que fui resgatado e trazido para cá? O que, de verdade, aconteceu?

Diante do embaraço do jovem, Madre Teresa continuou:

— Querido irmão, vou responder-lhe citando o que já foi desvendado para os encarnados no *Livro dos Espíritos*: "Nas mortes violentas o espírito é surpreendido, espanta-se, não aceita que esteja morto e sustenta teimosamente que não morreu. Vê o seu corpo, sabe que é dele, mas não compreende que esteja separado; procura as pessoas de sua afeição e não entende por que não o ouvem. Esse fenômeno é facilmente explicável. Surpreendido pela morte imprevista, o espírito fica aturdido com a brusca mudança que nele se opera". Foi o que lhe aconteceu, meu irmão, mas graças à bondade de Jesus você foi percebendo que não pertencia mais ao mundo terreno, notou que os encarnados não o escutavam, não percebiam a sua presença. Cansando-se de vagar, clamou por misericórdia; seu clamor foi sincero, sua vontade, plena, e o auxílio aconteceu. Agora o que de verdade importa é a conscientização do seu estado real como espírito, aprender a viver com seu novo corpo, promover sua evolução no reino de Deus, mergulhar no conhecimento das leis divinas que regem o universo e, mais tarde, ser de novo abençoado com a reencarnação.

Constância prestava atenção em cada esclarecimento de Madre Teresa. Ao ouvi-la mencionar a reencarnação, sentiu um tremor. Lembrou-se do seu pedido, aceito com reservas, para retornar ao mundo físico nas mesmas condições do passado. *Os mestres julgam-me ainda frágil para ostentar novamente a fortuna e a beleza; mas preciso vencer a mim mesma, só assim ficarei livre da culpa, do remorso pelas atitudes imprudentes cometidas contra meu semelhante. Hoje sei que somos herdeiros de nós mesmos. O efeito de tudo o que fazemos de bom ou de ruim contra nossos irmãos, na realidade, recai sobre nós.*

Madre Teresa sentiu as dúvidas de Constância e tentou auxiliá-la com suas palavras sensatas e prudentes:

— Meus irmãos, o dia do retorno ao mundo terreno há de chegar. É necessário, portanto, que estejamos preparados para enfrentar as provas que almejamos. Se assim não for, poderemos tornar a sucumbir. Deus nos deu o livre-arbítrio, e com ele podemos escolher. Todavia, é importante ouvir os conselhos dos bons espíritos para evitar que aconteça novamente a queda. É preciso escolher as provas mais proveitosas para a evolução, aquelas que servirão para sua purificação e seu adiantamento, servindo, ao mesmo, tempo para sua expiação. A fortuna, o poder, a beleza excessiva são perigosos pelo abuso e mau emprego que lhes possa dar, pois comumente ajudam a desenvolver más paixões. Não se deve optar por uma prova que esteja acima de nossas forças, pois o perigo de sucumbir será grande, e o indivíduo poderá retornar tão ou mais culpado que antes.

Constância percebeu que as palavras de Madre Teresa eram direcionadas a ela. Assim, encorajada, perguntou:

— Madre, o que se deve fazer para acertar nas decisões?

— Orar ao Senhor e pedir auxílio para entender suas próprias limitações. As provas devem estar no peso que os ombros possam suportar, é assim que Deus o quer. A evolução segue tempo diferente para cada ser, pois cada um possui um ritmo. Mas um dia todos alcançarão a felicidade, sem culpas nem remorsos; nosso Criador sabe que para todos os propósitos existe um tempo certo, compreende o tempo e a dificuldade de cada criatura e espera pacientemente o despertar de seus filhos.

Após uma singela prece, a reunião foi encerrada. Assim que todos saíram e as luzes se apagaram, Constância dirigiu-se ao lago azul para refletir sobre tudo o que ouvira. Orou ao Pai e pediu ajuda. Sentindo-se mais tranquila, retornou ao alojamento onde morava, dividindo-o com Hortência e outras cinco jovens, que, do mesmo modo, aguardavam o momento de retornar ao plano terreno.

Sua ansiedade em relação ao momento de rever mais uma vez sua existência de outrora era marcante.

CAPÍTULO
III

Preparando-se para o retorno

Com alegria e expectativa, Constância recebeu novamente o chamado de Alípio.

Sabendo que Jacob estaria com ela, como sempre, dando o suporte necessário para aqueles que ainda navegavam na incerteza, seguiu confiante, não sem antes elevar o pensamento a Jesus pedindo auxílio e equilíbrio.

— Mais tranquila para continuar sua viagem ao passado, irmã? — perguntou Alípio assim que a viu.

— Bem mais segura, apesar de receosa em deparar com uma existência que sei não ter sido das mais felizes — respondeu Constância.

— Não deve pensar assim. — Jacob se aproximava. — Pense nos benefícios que terá ao defrontar consigo mesma, analisar cada atitude que nada lhe trouxe de proveitoso; ao contrário, comprometeu sua ascensão.

— Jacob tem razão, Constância. É uma grande oportunidade para se fortalecer e construir outro caminho na sua existência terrena, promovendo sua evolução nas virtudes que acalmam o espírito e o lança em direção ao Criador.

— Escolheu uma prova difícil, minha amiga.— Jacob meneou a cabeça.— Retornar com as mesmas ferramentas que não soube usar outrora, ou seja, a fortuna e a beleza...

— Sei que tem razão, meu amigo, mas, como já disse, preciso portar essas mesmas ferramentas para vencer a mim mesma. Quero ter a oportunidade de extirpar a culpa e a vergonha do meu espírito.

— Mas você tem consciência de que poderá sucumbir outra vez, se não tiver a força e o preparo necessários para vencer, não tem?

— Não compreendo a razão de se preocuparem tanto com a escolha da minha prova, Alípio. Acho normal, natural que eu queira enfrentar esse desafio.

— Nós nos preocupamos, Constância, porque sabemos o quanto é difícil a pessoa se manter no equilíbrio e na prudência quando possui as portas abertas para a satisfação de seus menores e maiores desejos de consumo em um mundo onde os encarnados sobressaem pelo que possuem, e não pelo que são como criaturas de Deus.

Constância ponderou por instantes e voltou a dizer:

— Sinto-me preparada para enfrentar esse desafio. Se Jesus o permitiu, é porque estou fortalecida.

— Não, minha irmã, não se engane. Jesus está lhe mostrando os perigos; colocando a sua frente as orientações seguras que não a deixarão cair de novo nos mesmos enganos, dando-lhe a oportunidade de repensar para não se comprometer outra vez com as leis do amor universal.

— Por que, então foi, permitida a minha escolha?

— Porque o Criador respeita o livre-arbítrio de cada

criatura, mesmo que ele não seja o melhor e o mais prudente para sua evolução. Dá a cada um de nós a liberdade de escolha, deixa-nos a responsabilidade dos nossos atos e também das suas consequências, sejam elas boas ou ruins.

— Nunca se esqueça — completou Jacob — de que somos herdeiros de nós mesmos, e que a herança que carregamos nos acompanha no retorno. Os atos bons, o bem praticado, o amor exercitado aliviam nossas dores, nos propiciam alegria e bem-estar. Os outros só nos trazem lágrimas e arrependimento.

— Sinto que não concorda com a minha escolha, Jacob; estou certa?

— Constância, concordando ou não com a escolha, ela é sua. Podemos orientá-la, mas, como já disse, o livre-arbítrio será sempre respeitado. As reencarnações compulsórias são determinadas pelo Mais Alto, mas esse não é o seu caso.

Alípio, que tudo escutava em silêncio, indagou:

— Vamos dar início a nossa projeção? Está preparada, Constância?

— Estou, Alípio, pode começar.

Acomodada ao lado de Jacob, Constância, controlando sua ansiedade, como orientara Jacob, viu desenrolar diante de si cenas de seu passado.

Alguns meses se passaram desde a festa de Constância. A amizade que se formou entre ela e Paulo transformou-se em um grande amor para Constância, que não era correspondido. A atração que Paulo sentia por Lucila incomodava sobremaneira Constância, que, ferida em seu orgulho, tentava de todas as maneiras diminuí-la perante o amigo, sempre ressaltando suas imperfeições e deixando clara a sua condição de serviçal.

A cena se apagou, e instantes depois mostrava Paulo e Lucila beijando-se no jardim da fazenda embaixo da frondosa jabuticabeira. Constância, ao ver aquilo, ficou lívida, e o ciúme apossou-se de seu coração, gerando instantaneamente o sórdido desejo de vingança.

Vocês irão me pagar por isso, pensava. *Ninguém me engana e sai impune.*

Jacob, atento às impressões de Constância, logo percebeu o que lhe ia na alma, e pediu a Alípio que interrompesse por instantes a projeção.

— Por que Alípio encerrou? — perguntou Constância, inquieta.

— Porque você está trazendo para o seu presente as mesmas impressões de outrora, minha irmã, e isso me faz entender que ainda guarda em seu espírito o resquício do orgulho que foi o responsável por sua queda.

Diante do silêncio de Constância, Jacob continuou:

— Isso não é prudente, não lhe proporciona nenhum benefício. Ao contrário, enfraquece sua disposição e coragem ao pretender retornar a uma situação para a qual, pensamos, não possui a força necessária para enfrentar novamente.

— O que, na verdade, está querendo me dizer, Jacob?

— Que o mais sensato é compreender que ainda não está bem preparada o suficiente para enfrentar o que propõe. Não seja tão severa consigo. Devemos acreditar que o tempo caminha a nosso favor quando queremos esquecer o que tanto nos feriu. Você recebeu a grande bênção do retorno. Aproveite e faça tudo para que essa nova experiência dê certo. É comum navegarmos em calmos riachos antes de enfrentarmos a turbulência dos grandes rios. Para tudo necessitamos de preparo e aprendizado.

— Posso, pelo menos, saber qual foi a vingança que cometi contra os dois?

— Acha necessário?

— Não sei se é necessário, Jacob, mas desejo muito lembrar. Penso que através dessa lembrança poderei saber contra o que, na verdade, devo lutar.

Com grande carinho por aquele espírito ainda um pouco confuso, Jacob respondeu:

— Constância, já lhe disse, devemos lutar contra nós mesmos, defendermo-nos de nós mesmos, pois somos a fonte geradora do bem e do mal. Temos de saber escolher para não sofrermos mais tarde. A vida aqui ou na Terra não é feita de ilusões, mas sim de verdade, transparência e amor pleno.

— Mesmo assim, permita o acesso ao meu passado.

O olhar de Alípio encontrou-se com o de Jacob, e este o incentivou a continuar. Ao lado de Constância, Jacob elevou seu pensamento ao Alto e solicitou a Jesus amparo para aquela irmã.

Assim que foi dada a continuidade da projeção, a cena esperada por Constância apareceu na tela.

Constância conversava com Theo, um rapaz sem nenhum escrúpulo que servia na fazenda.

— Entendeu? — ela perguntava ao rapaz. — Você sabe que não admito erro; não vou tolerar que alguma coisa saia errada.

— Pode ficar tranquila, sinhá, tudo ira acontecer conforme a senhora determinou. Para quando será este episódio?

— Todas as tardes Paulo vem se encontrar com Lucila debaixo da jabuticabeira que fica próxima à margem do rio. Portanto, pode ser amanhã mesmo; cuide para que ela permaneça com os braços ao redor do seu pescoço e tape o rosto dela com o seu para que ele não perceba seu estado. O importante é que Paulo a reconheça pelos longos cabelos negros, suas roupas... Enfim, você deve saber como fazer.

— Garanto-lhe, senhora, que não haverá nenhum problema.

— Faça tudo direito, Theo, e será bem recompensado.

Constância se afastou, deixando um sorriso malicioso nos lábios do empregado.

Na tarde do dia seguinte, Paulo surpreendeu Lucila deitada na grama, com os braços passados em torno do pescoço de Theo, que, cobrindo-a parcialmente com seu corpo, levantara sua saia e, sem o menor pudor, passava as mãos por suas pernas. O desespero de Paulo foi tão grande que, estarrecido com o que presenciara, afastou-se em disparada, sem sequer notar que a amada, completamente dopada por um forte sonífero, estava sendo vítima de um golpe sujo e cruel.

Lucila perdia, assim, o amor da sua vida sem entender a razão e o que acontecera para que Paulo passasse a desprezá-la daquela maneira, pois de nada se lembrava que justificasse tal atitude.

Constância, para dar o golpe final, disse a Paulo:

— Não lhe disse que ela não era o que aparentava? Sempre foi uma mulher fácil que se divertia em satisfazer os desejos dos homens que dela se aproximavam.

Horrorizado e sentindo-se insultado na sua dignidade, Paulo se afastou e nunca mais retornou à fazenda. Constância sofreu com a ausência do homem que amava até que, meses mais tarde, vítima de um tombo de cavalo, retornou à espiritualidade levando consigo as marcas dos erros cometidos.

A um sinal de Jacob, Alípio, desligando a máquina, acendeu as luzes do recinto. Os dois espíritos olharam fixamente para Constância e, sentindo-a lívida e trêmula, emitiram-lhe energia salutar, solicitando ao Mais Alto que viesse em auxílio daquele espírito ainda tão frágil, mas que sonhava em dissipar de si a culpa de seus atos levianos e inconsequentes de outrora.

Com carinho, Jacob lhe disse:

— Tranquilize-se, minha irmã, sossegue seu espírito para recobrar seu equilíbrio. Pense no Divino Amigo, entregue seu melhor sentimento, o seu amor para Aquele que possui o amor infinito e peça-Lhe auxílio. Vamos orar, irmã.

Constância se entregou ao convite de Jacob, e os dois, juntamente com Alípio, elevaram ao Senhor uma sentida prece.

Dias se passaram.

Constância prosseguia no seu aprendizado sem deixar de sonhar com sua volta à Terra. Cada vez mais sentia a necessidade de retornar ao seu passado para, vivendo a mesma situação do pretérito, refazer de maneira prudente sua caminhada de enganos e desatinos.

— Preciso aprender a compartilhar; a respeitar meu semelhante sem me importar com suas roupas, sua cor ou sua beleza física. Todos somos iguais perante o Criador, que não se importa com o que Suas criaturas possuem, mas sim com o que elas são de verdade. E eu quero me tornar verdadeiramente uma criatura de Deus — dizia para si mesma.

Recordando seu ato vingativo e cruel, pedia ao Senhor:

— Pai de misericórdia e infinita compreensão e bondade, perdoe minha fraqueza; fui mesquinha e me arrependo de minhas atitudes. Nada ganhei agindo da maneira como agi, a não ser remorso, culpa e vergonha. Abençoe-me com nova oportunidade de evolução. Preciso vencer meu orgulho, minha prepotência. Senhor, preciso vencer a mim mesma. Sei dos riscos que corro solicitando a difícil prova da beleza e da riqueza, mas creio estar preparada para vencer o desafio.

Seu pedido, aceito pelo Criador, foi encaminhado aos responsáveis pelo projeto reencarnatório de Constância, que, orientados pelo Mestre Jesus, programavam seu retorno.

Jacob preocupou-se ao ser informado do futuro terreno de Constância.

— Temo por essa irmã — dizia aos responsáveis.— Sinto-a ainda frágil para mais uma vez enfrentar o vendaval do dinheiro excessivo. Sabemos que a fortuna não necessariamente é um mal, mas aquele que a possui deve saber conduzi-la para o emprego fraterno, aliviando as dores do semelhante, criando oportunidade de instrução para seus irmãos, gerando empregos que levarão dignidade aos trabalhadores. Espalhando a sua volta o bem-estar para muitos; o amor ao Pai e ao trabalho. A fortuna pode e deve ser, para quem a possui, uma fonte de amor ao próximo. Contudo, nem sempre isso acontece, porque o espírito, fraco e imprudente, direciona sua

O passado ainda vive

riqueza para a satisfação do próprio desejo de consumo, e cada vez ambiciona possuir mais, nunca se contentando com o que tem. Não entende que o seu supérfluo pode ser o essencial de muitos; nessa hora, perde a direção de si mesmo e se afunda na própria ambição.

— Tem razão, Jacob. Constância foi inúmeras vezes orientada, e você sabe disso, pois a acompanhou desde seu retorno da última encarnação. Não lhe faltaram explicações. De todo modo, ela teimou no seu desejo, e o Senhor respeitou seu livre-arbítrio, mesmo que não seja o mais prudente para ela.

— Torna-se importante aprendermos a usar nossa liberdade de escolha — disse Jacob —, seja aqui ou na vida física; inúmeras vezes fazemos escolhas erradas e sofremos por isso.

— Dentro de dois dias, Constância será trazida aqui para o departamento, para sua preparação final. Enquanto isso, seus futuros pais terrenos serão informados, durante o sono, da chegada de sua filha caçula.

— Que Jesus a abençoe nessa nova experiência.— E Jacob retornou aos seus afazeres.

"Deus dá ao espírito a liberdade de escolha, deixa-lhe toda a responsabilidade dos seus atos e das suas consequências. Se o espírito sucumbir, ainda resta uma consolação, a de que nem tudo se acabou para ele, pois Deus permite-lhe reparar o que foi mal feito.

"É preciso distinguir o que é da obra de Deus e o que é da vontade do homem. Se um perigo nos ameaça, não fomos nós que o criamos, mas Deus. Tivemos, porém, a vontade de nos expor a ele porque o consideramos um meio de adiantamento, e Deus o permitiu.

"Nós escolhemos o gênero de provas; os detalhes são consequências da posição escolhida e frequentemente de nossas próprias ações. Só os grandes acontecimentos que influem no destino estão previstos.

"Quando o espírito está liberto da matéria cessa a ilusão e sua maneira de pensar é diferente.

"O espírito pode escolher uma prova que esteja acima de suas forças e então sucumbe; pode também escolher uma que não lhe dê proveito algum, mas, nesse caso, voltando ao mundo dos espíritos, percebe que nada ganhou e pede para recuperar o tempo perdido."

O Livro dos Espíritos – Segunda Parte – Capítulo VI – item V – Escolha das provas) — Allan Kardec.

CAPÍTULO
IV

A nova jornada tem início

Laura, sentada na imensa varanda de sua residência, admirava o pôr do sol.

Recordava-se do sonho que havia várias noites vinha tendo. Acordava sempre com a sensação de paz e uma vontade forte de novamente engravidar.

Casada com Artur fazia oito anos, gozava de excelente situação financeira, o que lhe permitia proporcionar aos dois filhos, Jonas e Berenice, uma vida confortável, estudo nas melhores escolas e uma educação rígida dentro dos padrões éticos e cristãos.

Possuía, sem dúvida, uma vida tranquila e harmoniosa. Amava seu marido e era correspondida.

Que sensação estranha, pensava. *Sinto como se alguém me dissesse para novamente receber nos meus braços outro filho, mas não sei se Artur irá concordar. Berenice e Jonas já estão crescidinhos, um filho agora poderá desestruturar uma rotina tranquila como a que vivemos. É melhor esquecer esse assunto.*

Mas algo dentro dela não a deixava esquecer, e então o desejo de ser mãe pela terceira vez preenchia seu coração.

— O que tenho a fazer é conversar com Artur e ver o que ele acha de tudo isso.

Laura se levantou, pegou um livro na farta biblioteca que possuía e, retornando à varanda, entregou-se à leitura. Não demorou muito e escutou a voz dos filhos, que chegavam da escola trazendo alegria a seu lar.

Após abraços e beijos, Laura mandou que fossem se trocar. Ao vê-los sair, sentiu uma alegria imensa tomar conta de seu coração.

— Agradeço, Senhor, por ter sido abençoada com filhos maravilhosos e um marido dedicado, honesto e com um coração do tamanho do mundo. Sou uma pessoa feliz e agradecida a Vós por tudo o que tenho.

Assim que terminou tão singela prece ao Pai, Laura tornou a sentir sua alma sendo invadida pelo desejo ardente de aconchegar em seus braços outro ser, que, com certeza, aumentaria a alegria de seu lar.

— Assim que Artur chegar, vou comentar com ele sobre essa questão. Artur sempre age com ponderação; saberá, com certeza, achar o melhor caminho.

E voltou a sua leitura.

Sua atenção se dispersou quando sentiu no rosto o contato dos lábios de Artur. Após dar-lhe um beijo, perguntou:

— Como vai minha querida esposa?

— Feliz — respondeu Laura. — Muito feliz mesmo!

— Que bom, meu amor. Sabe que adoro ver esse belo sorriso em seus lábios. As crianças já chegaram?

— Já, Artur, estão lá dentro, com certeza entregues a alguma brincadeira.

— Vou vê-las! — Afastou-se, deixando Laura novamente entregue a sua leitura.

Poucos minutos se passaram até que Laura tornou a ouvir o som característico do riso de seus filhos.

— Calma... Calma— disse, sorridente. — Qual a razão de tanta euforia? — Laura quis saber.

Imediatamente, Berenice respondeu, adiantando-se ao irmão:

— Vamos até a doceria com papai comprar sorvete para a sobremesa!

— Ótimo, porque vocês já deram sumiço no que estava na geladeira, seus gulosos! — falou Laura, brincando com os filhos.

Após o jantar, enquanto as crianças, felizes, devoravam o tão esperado sorvete, Laura, fitando-os com amor, lhes disse:

— Vocês gostariam de ter um irmãozinho para participar com vocês da alegria da nossa casa?

Antes que os filhos assimilassem o conteúdo da pergunta, Artur olhou surpreso para a esposa, fingindo não entender aonde ela queria chegar.

— Pode explicar melhor o que quer dizer com essa pergunta?

Laura sorriu e respondeu:

— Amor, quero dizer que meu coração está, há alguns dias, enviando o desejo de novamente receber em meus braços outro filho, para que possamos amá-lo da mesma maneira como amamos Jonas e Berenice. Trazer para todos nós mais um sorriso. Enfim, nossa casa é muito grande, confortável, temos mais que o suficiente para viver. Então, por que não aumentarmos nossa família?

Entusiasmados, Jonas e Berenice responderam quase a uma só voz:

— Eu quero, mãe!

— Eu também! — completou Berenice.

Laura olhou para o marido esperando sua opinião, que não demorou:

— Querida, você não acha que a diferença de idade com Berenice será muito grande? Terá disposição para começar tudo de novo, do zero?

— Por que não? Somos novos ainda, Artur. Tenho duas funcionárias que me ajudam nos serviços caseiros, e podemos contratar uma terceira que me ajudará com o bebê. Não vejo dificuldade alguma. A não ser que você não queira.

Levantando-se, Artur se aproximou da esposa, beijou-lhe o rosto e lhe disse:

— Quero muito, Laura. Ficarei feliz em ser pai outra vez. Só não desejo sobrecarregá-la. Hoje você tem uma vida tranquila; não sei se irá se adaptar de novo com a rotina de uma criança pequena em casa.

— Meu amor, o prazer de abrigar outro filho em meus braços, cantar canções de ninar para ele, vê-lo brincar e sorrir com os irmãos, para mim, não tem preço. Se Jonas e Berenice realmente quiserem, eu estou preparada para recebê-lo.

— Se é assim, vamos providenciar — Artur piscou para ela, com um sorriso nos lábios.

As duas crianças, que tudo observavam, gritaram felizes:

— Oba... Oba... Vamos ganhar um irmãozinho!

— Quando ele vai chegar? — Berenice indagou.

— Filha — respondeu Artur — , pode ser irmão ou irmãzinha, não sabemos, mas de qualquer jeito vai demorar um pouco.

— Tudo bem, a gente espera! — exclamou a menina, provocando sorrisos em seus pais.

O silêncio reinava na casa de Laura, que acabara de colocar os filhos para dormir. Assim que entrou em seu quarto, avistou Artur sentado, folheando distraidamente uma revista.

— Imaginei que estivesse deitado, Artur! — exclamou Laura, carinhosa.

— Esperava por você. Sente-se aqui ao meu lado.

Feliz, Laura obedeceu-lhe.

— Querida, vamos conversar a respeito do que você disse. Quer mesmo tornar a engravidar? Está certa do que quer?

— Você pode não acreditar, Artur, também acho estranho, mas sinto uma vontade forte de ter outro filho, meu coração está preparado.

Artur ficou pensativo por alguns instantes. Fixou seus olhos no rosto amado de sua esposa e voltou a dizer:

— Se é assim, vou unir meu desejo ao seu; seremos pais outra vez.

Entusiasmada, Laura abraçou o marido, beijou-o e lhe disse com emoção:

— Eu te amo, Artur, você não imagina o quanto!

— Também amo você, Laura. Meu desejo é vê-la sempre feliz, com esse lindo sorriso nos lábios.

A Lua brilhando no firmamento testemunhou, pela vidraça, a entrega de dois corações apaixonados.

— Constância— disse Jacob, aproximando-se da amiga —, vamos. Você será levada para a casa de seus futuros pais terrenos, onde ficará aguardando sua ligação com o corpo físico, que se efetuará dentro de poucos dias.

Ao dizer isso, Jacob percebeu um temor invadir o espírito de Constância.

— O que foi, minha irmã; por que este receio?

— Jacob, tenho medo!

— De quê? Recebe a bênção da reencarnação e sente medo?

— Temo não conseguir superar minhas imperfeições. Afinal, vou viver na Terra a mesma situação que me fez cair.

— Você vai estar no lugar que solicitou ao Mais Alto; necessário se faz se fortalecer e enfrentar com coragem a prova que escolheu. Seus pais terrenos são irmãos tementes a Deus, ensinarão a você a moral cristã, irão conduzi-la dentro das leis divinas. Pense, agora, na bênção que recebe do Criador, e não perca essa oportunidade de evolução.

Dando-se conta da fragilidade de Constância, Jacob instou:

— Vamos orar ao Pai!

Sensível, Constância pediu a Jacob que a deixasse conversar com o Criador:

— "Senhor, olhe-me, estou aqui pedindo Seu auxílio e ansiando por receber a força para enfrentar novo desafio na Terra. Que eu saiba fazer essa experiência no orbe terreno dar certo, Senhor, para retornar vitoriosa e com o espírito livre de culpas. Eu mesma escolhi essa prova e suplico Suas bênçãos para não falhar novamente. Que Seus mensageiros, os bons espíritos, possam me acompanhar nessa caminhada, inspirando-me sempre o bem e o amor pelo meu semelhante. Que eu saiba, meu Pai amantíssimo, aceitar as diferenças e lutar pela igualdade. Assim seja". Assim que terminou, Constância experimentou a sensação de paz invadir-lhe o espírito. Voltando-se para Jacob, disse-lhe:

— Estou pronta, podemos ir.

"Não devemos nos intimidar pelas dificuldades encontradas na rota da vida, mas fazer delas motivo para exercitar a paciência e a capacidade de lutar e enfrentá-las."
(do livro A Essência da Alma — Irmão Ivo/Sônia Tozzi.)

Constância foi colocada no quarto de seus futuros pais.

Vinte dias depois, seu espírito foi ligado ao corpo que iniciava sua formação no ventre de Laura.

A alegria do casal era compartilhada com Jonas e Berenice, que na inocência de seus poucos anos enchiam a mãe de carinho, demonstrando, assim, a satisfação de ganhar um irmão. Tudo era festa e alegria na casa de Laura, que, vendo seu ventre crescer, acariciava-o, emitindo assim energia de paz e amor para o feto que dia a dia se tornava mais forte, propiciando a sua mãe uma gestação tranquila e saudável.

Nove meses se passaram.

Em uma linda manhã de setembro dava entrada no mundo físico Constância, que passara a se chamar Catarina.

Iniciava-se, assim, o resgate de um passado enganoso, fruto do orgulho e da vaidade de um espírito. Evolução não se conquista sem pureza do corpo e do espírito. Constância, hoje Catarina, necessitava transformar-se, extirpar para sempre o orgulho e a pretensão de ser melhor que os demais; essa era a dura prova que escolhera. Retornara na mesma circunstância de beleza e fartura, optara por essa prova confiando em suas próprias forças, acreditando na sua capacidade de superação, mas distraída o bastante para não compreender o seguinte ensinamento:

> "O orgulho é o terrível adversário da humildade. Se o Cristo prometia o reino dos céus aos mais pobres, foi porque os grandes da Terra imaginam que os títulos e as riquezas são recompensas dadas ao seu mérito, e que sua essência é mais pura que a do pobre; eles creem que lhes são devidos e, por isso, quando Deus lhos retira, acusam-no de injustiça. Oh! Irrisão e cegueira! Deus vos distingue pelos corpos? O envoltório do pobre não é o mesmo que o do rico? O Criador fez duas espécies de homens? Tudo o que Deus fez é grande e sábio; não atribuí vós jamais as ideias que nascem nos vossos cérebros orgulhosos." *O Evangelho Segundo o Espiritismo* — capítulo VII — Allan Kardec.

O mundo é de Deus, Ele o empresta aos valentes, aos medrosos, àqueles que buscam o aprendizado e aos que vivem distraídos, porque dá a todos a mesma oportunidade. Contudo, onde estão vocês que deixam passar a chance sagrada da vida sem nada fazer para se elevar espiritualmente e progredir ao lado das forças espirituais, e contrariam as leis divinas entregando-se unicamente ao poder enganoso dos bens materiais?

Meus amados irmãos, o dia do juízo final chegará para todos, sem exceção.

Aprendam a viver com fraternidade, sem julgar o semelhante; assim, seu próprio julgamento não será tão severo. Não pretenda possuir a verdade como propriedade sua, mas busque a verdade de mãos dadas com aqueles que habitam a mesma casa de Deus. Acreditem, será mais fácil encontrá-la.

Por que se lembrar de Cristo apenas nos dias em que o calendário mostra datas significativas? O prudente e seguro é estar com o Divino Amigo aconchegado em seu coração, para que façam Dele o seu mundo, a sua verdade, a sua fé.

A existência terrena é curta diante da eternidade da vida espiritual, e esta é feita de amor verdadeiro, humildade sincera e fraternidade pura. Deus empresta o terreno fértil para o plantio do amor universal, e os bons semeadores colherão os frutos da sua semeadura no Reino de Deus.

Os anos se sucediam. Na residência de Laura e Artur, os dias eram agraciados com os sorrisos e as brincadeiras de Catarina, que se tornara o encantamento de seus pais e irmãos.

Desde os sete anos, Catarina demonstrava ser possuidora de forte temperamento. Acostumada a ser elogiada por sua beleza e a receber os mimos dos irmãos, irritava-se quando seu desejo não era satisfeito de imediato. A menina começava a dar sinais de seu orgulho, o mesmo que a levara ao sofrimento no pretérito. Mal começava sua trajetória no difícil caminho da evolução e aquilo que julgara, na espiritualidade, estar devidamente resolvido infiltrava-se novamente em seu coração.

Laura e Artur preocupavam-se com sua maneira de tratar as pessoas e, por mais que orientassem por meio de conversas e exemplos, de nada adiantava; a cada tentativa de seus pais, Catarina se justificava com palavras doces acompanhadas de seus expressivos olhos azuis, que a todos encantavam.

— Preocupa-me o temperamento de Catarina — dizia Artur a sua esposa. — Acho-a um pouco voluntariosa, diria mesmo orgulhosa. Temo pelo que possa fazer de sua vida se não mudar seu modo de ser.

Laura, movida pelo grande amor que sentia por Catarina, tentava explicar o que, na verdade, não precisava de explicação, e sim de orientação:

— Artur, você está sendo rigoroso demais com Catarina, que não passa de uma criança. Vamos dar tempo ao tempo. Tenho certeza de que, com o passar dos anos, ela deixará essas criancices, você vai ver.

— Ela não passa de uma criança? Por favor, Laura, Catarina está com treze anos, sabe muito bem o que faz. Admira-me você ser tão condescendente com ela, não me lembro de ter sido assim com Jonas e Berenice.

— Eles já saíram da adolescência, Artur! — exclamou Laura, tentando justificar-se.

Pacientemente, Artur abraçou a esposa.

— Meu bem, eles também foram crianças. Sei o quanto ama Catarina. É compreensível, visto ser a caçulinha, como você diz. Só quero que não deixe que esse amor tire o seu equilíbrio e a sua razão.

— O que quer dizer com isso?

— Que quem ama educa, e você está deixando esse amor impedi-la de enxergar o íntimo de nossa filha. Ela age com extrema altivez e preconceito no que diz respeito às pessoas que erroneamente julga como inferiores. Esses conceitos Catarina traz em sua personalidade desde tenra idade. Devemos orientá-la com firmeza e autoridade, e isso não quer dizer que iremos deixar de amá-la. Ao contrário, demonstra um amor verdadeiro e intenso.

Laura ficou pensativa.

Em seu coração sabia que o marido estava certo, mas parecia não ter forças para mudar seu modo de agir com a filha. Inúmeras vezes presenciara sua maneira altiva de se dirigir às pessoas, mas acreditava que, com o passar dos anos, com seu amadurecimento, tudo se modificaria. Enganava-se. Catarina, apesar de ser alvo das inspirações espirituais, pouca ou quase nenhuma atenção dava às intuições que sentia. Seu espírito esquecera-se facilmente do aprendizado adquirido na erraticidade; o que comprovava o despreparo para o retorno ao passado que a levara ao sofrimento.

Em seus momentos de solidão, Laura refletia sobre tudo o que o marido lhe dizia, e seu bom senso lhe mostrava que Artur tinha razão; necessário se fazia tomar uma atitude mais enérgica quanto à educação de Catarina.

— Jesus, permita-me entender de verdade minha missão em relação a minha filha; ter força e sabedoria para conduzi-la ao caminho da fraternidade e da compaixão por aqueles que nada possuem e pouco sabem.

Certa tarde, Laura, como sempre fazia, entregava-se à leitura quando Catarina, impetuosa, colocou-se a sua frente dizendo:

— Mãe, a senhora precisa tomar uma providência!

— Sobre o que você está falando? — Laura já previa algum desentendimento com a filha de uma das empregadas da casa.

Irritada, Catarina respondeu:

— Sobre o que seria? A mesma questão de sempre: Dorinha.

— O que foi desta vez, Catarina? Sua implicância com Dorinha já está passando dos limites. Por que não a vê com amizade, minha filha? O que tem contra ela?

— O que tenho contra ela, mãe, é sua mania de tomar posse das minhas coisas sem que eu autorize, só isso. Dorinha tem a coragem de pegar o que me pertence e, pior, usar na minha frente! Sabe o que fez agora? Desfilou naturalmente pela casa usando meu sapato. A senhora acha isso certo?

— A partir do momento em que eu dei a ela esse sapato, acho natural que ela o use onde quiser!

Surpresa, Catarina falou com indignação:

— A senhora deu a ela uma coisa que me pertence, mãe?! Não posso acreditar!

Lembrando das palavras de Artur, Laura, com paciência, explicou à filha:

— Catarina, sei bem que meu gesto não foi o correto. Deveria tê-la consultado. Mas você não estava aqui, voltaria tarde e havia urgência. Esse sapato você não usava fazia meses, dizendo estar fora de moda. Imaginei, então, que não iria se importar. No entanto, vejo, minha filha, que me enganei. Você continua agindo com o mesmo impulso de sempre, ou seja, de acordo com esse orgulho que a faz rejeitar qualquer atitude solidária. Aliás, filha, a maneira como você se comporta às vezes me faz crer que o egoísmo está se infiltrando em seu coração.

Desarmada em sua prepotência, Catarina, baixando o tom de voz, disse:

— Mãe, apenas quero ser informada daquilo que me diz respeito, só isso.

— Quantas vezes tentei lhe dizer coisas que você não escutou?! E se quer saber o porquê de não haver escutado, eu lhe digo: simplesmente porque o egoísmo só escuta o que lhe convém.

— Por que a senhora diz isso?

— Vou lhe dar um exemplo: agora mesmo eu lhe disse que não a esperei porque havia urgência, mas você não deu o menor sinal de querer saber qual urgência era essa.

Um pouco sem jeito, Catarina afirmou:

— Eu não ouvi, mãe!

— Exatamente o que digo, filha. Você não ouviu porque seu egoísmo não permitiu que ouvisse. Não lhe convinha, era mais importante questionar a perda de algo tão sem importância como um par de sapatos que nem usava mais.

Catarina ficou pensativa. Por alguns instantes, percebeu que sua mãe tinha razão. Não se importava com o que acontecia com os outros, não queria saber a verdadeira razão das coisas. Colocava-se sempre em primeiro lugar.

— Desculpe, mãe, acho que a senhora tem razão. Vou tentar controlar meus impulsos. Mas, diga-me, o que está acontecendo com Dorinha?

— Sente-se aqui, filha, vamos conversar.

Catarina sentou-se ao lado de sua mãe. Antes que Laura iniciasse, Berenice e Jonas se aproximaram.

— Podemos fazer parte dessa reunião? — perguntaram, brincando.

— Não só podem como devem — respondeu Laura.

Rodeada pelos filhos, Laura, com tristeza na alma, relatou:

— Dorinha está passando por uma aflição muito dolorosa.

— Fale, mãe, o que ela tem? — Catarina quis saber.

— Descobriram um tumor em seu intestino. Dorinha irá fazer os exames complementares; os médicos temem ser algo mais grave. — Nesse instante, Laura olhou para Catarina. — Essa era a urgência, filha. Dorinha precisava de um sapato decente para ir ao médico. Imaginei que você não iria se importar, mas, com tristeza, percebi que estava enganada.

Catarina sentiu-se envergonhada de sua atitude mesquinha. Diante dos olhares surpresos de seus irmãos, disse:

— Peço que me desculpe pelo que fiz, mãe, mas não sei por que tenho uma antipatia por Dorinha desde que veio trabalhar aqui em casa com Inês.

— Ela fez alguma coisa para você, Catarina? — indagou Berenice.

— Para ser franca, não fez nada que justificasse minha implicância. No entanto, também sinto que ela não gosta de mim, apenas me tolera porque sabe que sua mãe precisa do emprego.

— Que estranho — comentou Jonas. — Nunca vi uma coisa dessas, uma antipatia assim tão forte sem nenhuma razão, sem nada ter acontecido.

O passado ainda vive 63

— Essas coisas acontecem, meu filho — ouviram a voz de Artur, que acabara de chegar e ouvira um pedaço da história.

— Pai! — Os garotos correram para beijá-lo.

— O que está acontecendo, Laura? Por que falam sobre esse assunto?

Em poucas palavras, Laura colocou o marido a par de tudo.

— Infelizmente, eu já havia percebido a implicância de Catarina com essa menina, que praticamente tem a mesma idade que ela.

— Por que essa rejeição de uma pela outra — Jonas tornou a perguntar. — Uma antipatia gratuita, não consigo entender.

Laura, olhando para o marido, incentivou-o a explicar.

— Bem — iniciou Artur —, vocês já sabem que somos algo mais que apenas um corpo de matéria. A nossa essência verdadeira é espiritual. Em razão disso, nós nos tornamos seres circulares, ou seja, viemos da espiritualidade para o mundo físico com o propósito de nos aperfeiçoar e retornar à pátria de origem no momento em que o Criador nos chamar. No período em que ficamos na erraticidade, aprendemos, nos fortalecemos e nos preparamos para nova experiência na Terra; encontramos nossos afetos e também aqueles desafetos que nossa imprudência criou no pretérito. Quando retornamos em outra encarnação, não raro nos encontramos com os que amamos, mas também com aqueles pelos quais nutrimos certa antipatia. A antipatia instintiva que apresentamos por certas pessoas à primeira vista, sem que nada possa justificar, tem origem em outras existências. Trata-se de espíritos antipáticos que se percebem e se reconhecem sem se falarem.

Catarina, que prestava atenção nas palavras do pai, questionou:

— Pai, quer dizer que eu e Dorinha podemos ser espíritos que por algum motivo, no passado, nos tornamos antipáticas uma à outra?

— Não falo de você especificamente, minha filha. Não devemos pensar assim, porque, na realidade, não sabemos das nossas atitudes passadas; o melhor a fazer, o mais prudente é tentar, de alguma forma, reverter nossos sentimentos e nos aproximar dos nossos desafetos, vendo-os, senão como amigos, mas como criaturas de Deus. A verdadeira criatura de Deus não sente rancor contra o outro, nem alimenta ódio ou inveja. Procura evitá-lo sem prejudicá-lo. Por algum motivo que ignoramos, nos envolvemos com as pessoas. A evolução se faz com compreensão das situações adversas e, consequentemente, com a prática do amor fraternal; agindo assim, sem percebermos, os rancores se apagam e a antipatia desaparece.

Laura, que ouvia a exposição do marido, disse com admiração:

— Guardem no coração tudo o que o pai de vocês explicou. O conhecimento da verdade nos torna pessoas mais alegres e mais felizes, porque nos dá condição de distinguir o bem do mal; anular o que faz mal para nosso corpo e para a nossa alma; e nos entregarmos àquilo que nos torna mais saudáveis física e espiritualmente.

Catarina sentiu o quanto precisava rever seus conceitos. *Por que sou tão orgulhosa, meu Deus*, indagava-se. *O que me faz ser assim, tendo ao meu lado pais e irmãos tão conscientes do bem? Tenho medo de mim mesma!*

— O que foi, filha? Parece-me que ficou triste... — comentou Artur.

— Não foi nada, pai. Tive apenas uma crise de consciência, mas vai passar.

— Antes que passe, Catarina, tente ver o que de verdade ela quer lhe dizer.

— Como assim?

Com muito carinho, Artur passou o braço sobre os ombros da filha.

— Querida, a nossa consciência age como uma guardiã das nossas atitudes, mostra-nos se estamos no exagero ou no déficit. Precisamos prestar atenção no que ela nos diz, porque sempre aponta nossos erros. Quando vivemos em acordo com as virtudes morais, cristãs e fraternas, ela silencia, e nosso coração fica em paz. Você consegue compreender seu pai?

— Compreendo, pai, só não consigo entender por que tenho reações de extremo orgulho ou egoísmo. Por que penso que tudo deve ser do jeito que eu quero que seja?

— Quem sabe hoje é o momento oportuno para reavaliar os seus conceitos, sua postura diante da vida, diante do seu próximo e, acima de tudo, diante de Deus?

— O senhor tem razão, vou ponderar sobre isso.

Laura, aproveitando-se da oportunidade, obtemperou:

— Por que não nos acompanha às reuniões do centro espírita que frequentamos, Catarina? Com a Doutrina Espírita aprendemos a viver como criaturas de Deus; ouvimos bons conselhos e adquirimos forças para trabalhar nossas imperfeições, tomamos consciência de quem somos e o que viemos fazer no mundo físico.

— Desculpe, mãe, mas acho o Espiritismo uma tolice, não quero me envolver com essas coisas.

Com segurança, Laura respondeu:

— Acreditar no Espiritismo não faz de ninguém um tolo, minha filha. Tolos são aqueles que mentem, enganam e pensam apenas na vida material, esquecendo-se das sábias palavras de São Mateus: "Aquele que cuida apenas da vida material, em detrimento da vida espiritual, é sábio por um dia, mas tolo para sempre".

Artur interveio:

— Calma, Laura, para todos os propósitos existe um tempo. Vamos aguardar o tempo de Catarina. Com certeza, o momento certo irá chegar para ela, que, a partir daí, compreenderá a necessidade e a importância de trabalhar as imperfeições que agasalhamos em nosso coração, fruto de longas experiências nem sempre bem-sucedidas.

— A que experiências o senhor está se referindo, papai?

— Estou falando de reencarnações, minha filha; das nossas idas e vindas para nos aperfeiçoar.

Catarina, por uns instantes, calou-se, sentindo um incômodo, uma sensação diferente que não sabia explicar. Artur, percebendo, indagou:

— O que foi dessa vez, filha? Parece-me angustiada.

— Nada, pai, não foi nada; apenas não entendo muito bem sobre essas idas e vindas de que o senhor fala. Mas gostaria de não conversar sobre isso agora, talvez em outro momento.

Sem esperar pela resposta de seu pai, ela se dirigiu para seu quarto.

O passado ainda vive 67

Laura e Artur olharam-se, estranhando a reação da filha.

— Não fiquem espantados — disse Berenice aos pais —, isso é bem próprio de Catarina.

— Berenice tem razão, toda vez que Catarina se vê acuada prefere fugir — completou Jonas. — Amanhã ela terá esquecido.

CAPÍTULO V

Esperança para um coração endurecido

C hegando a seu quarto, Catarina jogou-se na cama.

Que coisa estranha, pensava, *sempre que alguém fala em reencarnação experimento uma sensação esquisita que não consigo definir. Acho que tenho medo dessas coisas.*

Hortência, que aceitara a missão de acompanhar Constância em sua nova roupagem física, aproximou-se e, em nome do Divino Amigo, inspirou Catarina:

— "Querida irmã, não se esqueça dos motivos pelos quais solicitou com empenho sua nova encarnação na Terra. Esforce-se para superar sua tendência ao orgulho e ao preconceito. Lembre-se de Jesus, que amou todos os que Dele se aproximaram, mostrando, com esse gesto, que todos somos filhos do mesmo Criador e que se torna necessário aceitar as diferenças, pois elas são importantes na evolução de cada ser. Estarei sempre auxiliando-a com dedicação em sua nova caminhada na Terra; mas lembre-se de fazer o que lhe compete para superar suas fraquezas. Que Jesus ilumine seu coração".

Catarina não pôde perceber a aproximação de Hortência, nem ouvir seus conselhos. Entretanto, sentiu em seu íntimo uma grande paz invadir seu coração, dando-lhe a intuição de que não estava sozinha. Todos possuem espíritos protetores que, incansáveis, mostram aos seus protegidos, pela intuição e por sua própria consciência, a melhor direção a seguir. Contudo, imprudente e distraído, o encarnado prefere correr atrás do que pensa ser a felicidade, vai em busca do prazer efêmero, que, na maioria das vezes, proporciona a alegria ao corpo, mas corrompe a alma.

Catarina pensou em Dorinha.

Por que será, meu Deus, que uma pessoa tão jovem, que apenas começa a viver, torna-se vítima de doença tão grave? Vou perguntar ao meu pai, com certeza ele saberá me responder.

Decidida, levantou-se e, com passos rápidos, foi à procura de Artur. Encontrou-o na varanda, lendo o jornal ao lado de Laura, que bordava, trabalho que fazia regularmente com a finalidade de doar para as obras sociais da casa espírita que frequentavam.

— Pai, posso falar com o senhor?

Surpreso, Artur respondeu:

— Evidente que sim, minha filha, o que a preocupa? Imagino que deve ser a respeito da conversa que tivemos ainda há pouco, não?

Catarina se sentou ao lado dele e, certa de que teria uma resposta para sua dúvida, indagou, entusiasmada:

— Pai, não consigo entender a razão do sofrimento de uma pessoa tão jovem e que, pelo menos que eu saiba, nada fez de tão grave para merecer tal castigo.

— De quem esta falando, Catarina?

— Falo de Dorinha. O que ela fez em seus poucos anos de vida para ser vítima dessa doença tão terrível e temida por todos? Na verdade não gosto dela, mas também não desejo vê-la sofrer tanto assim.

Artur sentiu-se aliviado ao perceber que sua filha, sempre tão crítica e inflexível quanto aos que considerava, erroneamente, inferiores, era tomada por um sentimento de fraternidade, preocupando-se com a enfermidade que Dorinha apresentava. Encontrando as palavras mais simples, Artur explicou:

— Filha, não estamos na Terra pela primeira vez. Quando aqui chegamos, trazemos na nossa bagagem as atitudes de outrora, ou seja, tudo o que realizamos em encarnações passadas, atos bons e maus. Nossas aflições são geradas pelos atos infelizes que praticamos com nossa imprudência. A oportunidade concedida pela infinita bondade do nosso Criador de mais uma vez encarnar tem a finalidade de nos aperfeiçoar, consertar os erros, resgatar nosso passado praticando o amor e a fraternidade, mas isso não nos exime de sofrer a consequência de nossas leviandades. Nossas enfermidades são o remédio que irá equilibrar novamente nosso perispírito.

— Todas as doenças são geradas no passado? — Catarina quis saber, muito interessada no assunto.

— Não necessariamente, filha. Podem se originar no nosso presente, na nossa vida atual por conta da inconsequência com que vivemos; mas precisamos saber que a dor que nos atinge nunca é origem, mas sim consequência dos atos que praticamos.

— Se é assim, penso que não devemos aliviar a dor de ninguém, mas deixar que sofram, pois foram eles mesmos que cavaram essa situação!

— Não, Catarina, devemos ter compaixão dos que sofrem, aliviar suas dores com carinho, praticar a caridade plena ofertando-lhes nossa amizade, cuidar para que se sintam seguros e amparados, enfim, dar a eles o que gostaríamos de receber.

— Por que, pai, se foram eles mesmos que procuraram essa situação de sofrimento?

— Você está se esquecendo do que nos ensinou Jesus: "Quem não tiver pecado que atire a primeira pedra". Hoje são os outros, amanhã seremos nós. Quem poderá afirmar o contrário?

Catarina ficou pensativa por alguns instantes, e voltou a falar:

— Quer dizer, então, que preciso me aproximar de Dorinha, é isso?

— Filha, quer dizer que o conhecimento das coisas intensifica o seu valor realmente quando compartilhamos com o nosso próximo. De que vale conhecermos as leis divinas e vivermos longe delas?

Catarina ia formular outra pergunta quando foi interrompida por Laura:

— Artur, Inês veio me dizer que Dorinha não está bem, sente fortes dores no abdômen.

Artur, imediatamente, levantou-se.

— Vamos vê-la, Laura. Talvez seja o caso de a levarmos ao médico.

— Acredito que será necessário— concordou Laura.

Artur se dirigiu à filha:

— Venha conosco, Catarina, é uma oportunidade de colocar em prática o que estávamos conversando.

Embora indecisa, Catarina acompanhou seus pais.

Chegando ao aposento que Dorinha dividia com a mãe, encontraram-na se contorcendo de dor.

— Como foi isso, Inês?

— Não sei, doutor Artur. Estranhei que ela não aparecesse para me ajudar e vim chamá-la. Quando cheguei, deparei com essa situação; não sei o que fazer.

— O melhor é levá-la de novo ao médico, e vamos fazer isso agora, vou retirar o carro da garagem.

Ao sair do quarto, Artur olhou para sua filha querendo dizer: "Aproveite este momento, filha, é um bom começo".

Catarina ficou perdida em si mesma, observando sua mãe e Inês levando, com cuidado, Dorinha para o carro. Não sabia o que fazer. Lutava contra o sentimento de desamor por aquela que sofria e o dever fraternal e caridoso de que seu pai falara.

Artur, perspicaz, notou o conflito da filha.

— Catarina, venha, acompanhe Inês até o hospital.

Laura endossou o que Artur dissera.

— Isso mesmo, Catarina, não vou poder ir, faça companhia para Inês.

No hospital, Dorinha foi encaminhada para realizar os exames necessários. Artur retornou ao trabalho, deixando Inês e Catarina aguardando o resultado. Após horas de espera, o médico chamou Inês e lhe disse:

— Infelizmente, confirmou-se o que esperávamos, trata-se de um tumor com todas as características de malignidade.

Inês sentiu-se desfalecer ao ouvir diagnóstico tão trágico.

— Pelo amor de Deus, doutor, isso quer dizer que ela vai morrer?

O passado ainda vive

— Senhora, morrer todos nós vamos. O tumor não significa uma sentença de morte, mas sim que temos de operá-la o mais rápido possível.

— Mas, se for confirmado ser realmente um câncer, o que será dela?

O médico esclareceu.

— O câncer do intestino, quando diagnosticado no início, tem uma probabilidade grande de cura, é o caso dela. Vamos operá-la com urgência.

— Dorinha vai ficar internada?

— Sim — afirmou o médico. — Não posso mandá-la para casa. Ela ficará aguardando a cirurgia aqui no hospital.

— Mas aguardando o que, doutor?

— Vaga, minha senhora. Este é um hospital público e funciona dessa maneira. Mas não se preocupe, porque ela estará medicada.

Catarina, vendo o pranto de Inês, disse impensadamente:

— Ela não pode ir para um hospital particular, doutor?

Sorrindo, o médico respondeu:

— Claro que pode. Precisa apenas ter condições para isso.

— Você ficou louca, Catarina? Não tenho como pagar um hospital particular.

— Mas, se o caso dela é urgente, terá de operar o quanto antes!

— Sabemos disso, mas existem outras pessoas que também têm urgência. Agora, se me dão licença, preciso cuidar dos meus pacientes.

Catarina desenvolveu dentro de si um sentimento até então pouco conhecido dela: a compaixão.

— Tenho de falar com meu pai. Ele pode resolver isso. — Aproximou-se de Inês e disse-lhe: — Irei até o escritório de papai, preciso falar com ele; pode ficar tranquila que em pouco tempo eu voltarei. Fique calma.

— Catarina, como você irá? O escritório fica longe daqui.

— Tomarei um táxi, vou rapidinho.

— Você está com dinheiro para pagar a corrida?

— Não, mas chegando lá peço para meu pai, não tem problema.

Sem demora, Catarina tomou um táxi e chegou ao escritório de Artur. Ao vê-la tão agitada, Artur imaginou que algo terrível pudesse ter acontecido com Dorinha.

— Pelo amor de Deus, Catarina, por que essa pressa toda? O que aconteceu que a deixou assim transtornada?

Mal podendo falar graças ao nervosismo em que se encontrava, Catarina respondeu:

— Pai, não aconteceu nada, mas se não tomarmos uma providência poderá acontecer.

— Meu Deus do céu, diga logo o que quer!

— O médico que atendeu Dorinha disse que, pelos exames feitos, tudo indica ser realmente câncer de intestino. Disse, também, que ela precisa ser operada com certa urgência, porque quanto mais cedo operar, maior será a chance de se curar.

— E por que não operam?

— Porque não há vaga no hospital público, e a fila de espera está grande.

— Mas por que tanta urgência?

— Porque Dorinha está perdendo sangue pelas fezes, sente muita dor, está fraca. O médico disse que no início esse tumor é indolor. Quando começam os sintomas, eles estão mais desenvolvidos.

Catarina terminou afirmando:

— Não há tempo a perder, pai.

— O que você quer que eu faça, minha filha?

— Que a leve para um hospital particular para que Dorinha opere o mais rápido possível.

Artur se surpreendeu com o pedido da filha.

— Catarina, você tem ideia de quanto fica uma cirurgia dessas?

— Pai, não foi o senhor mesmo quem disse que devemos ter compaixão por aqueles que sofrem? Então, já pensou se Dorinha morre por falta de atendimento rápido? O que iríamos sentir e o que falaríamos para Inês? Consolar? E o que faríamos com a culpa?

Artur pensou, por instantes, e uma ideia lhe ocorreu.

— Filha, a única maneira de ajudar Dorinha neste momento é você desistir da viagem que pretende realizar no fim do ano. Se assim não for, a chance se torna nula, pois não tenho condições de arcar com duas despesas tão grandes. O que me diz?

Catarina empalideceu.

— O que o senhor está dizendo, pai?

— Que depende de você abdicar da sua viagem em favor de Dorinha.

— Pai, estou sonhando com essa viagem desde o começo do ano! Não acho justo ter de desistir do meu sonho por causa de outra pessoa! Não tenho culpa de nada!

Artur insistiu:

— Minha filha, você chegou aqui reivindicando uma atitude para o problema que aflige Dorinha e a mãe dela. Quando encontro a solução, você não concorda?

Catarina estava confusa. Por fim, disse ao seu pai:

— Não é porque tentei encontrar um caminho para Dorinha que sou obrigada a desistir do meu sonho. Minha intenção era o senhor resolver, ou seja, ajudar e pagar a cirurgia dela. Agora senhor exige que eu abra mão do que quero apenas para antecipar o procedimento médico? Não concordo e não vou desistir do que espero com ansiedade. Tudo já está bem planejado na minha cabeça. Sinto muito, pai, mas o senhor me decepcionou.

Artur esboçou um leve sorriso que denotava sua tristeza ao constatar o egoísmo da filha.

— Eu já esperava por isso, Catarina. Minha sugestão não teve outro propósito se não o de testar sua generosidade.

— O que quer dizer, papai?

— Quero dizer que fiquei realmente feliz quando você veio com essa proposta, que julguei ser sincera. Mas tudo caiu por terra quando o seu egoísmo falou mais alto.

— Não o estou compreendendo, papai.

— Estou falando, Catarina, que se a sua generosidade, o seu amor fraternal fossem sinceros e verdadeiros, a sua reação seria outra. É muito fácil encontrar soluções quando não somos atingidos e não precisamos abortar nossos sonhos, nossas aquisições em favor do nosso próximo. Você foi sincera no seu pedido, mas a generosidade não foi tão grande a ponto de desistir do seu sonho, que poderia ser realizado em qualquer outra época, e doar o necessário para a realização do desejo de viver de outro alguém, que, a bem da verdade, não possui a mínima condição financeira para realizá-lo.

— Pai, por que está me dizendo tudo isso?

— Para acordá-la, minha filha, para ajudá-la a sair de si mesma e conseguir enxergar o outro. O que é supérfluo para nós torna-se essencial para muitas pessoas como Dorinha.

— Pai, não tenho culpa de ter uma condição melhor que muitos.

— Tem razão, Catarina, você não tem culpa. Mas quando essa situação nos impede de enxergar o próximo, de agir com fraternidade, de minimizar o sofrimento alheio, passamos a ter culpa, sim, porque deixamos o egoísmo falar mais alto em nosso coração, e isso, filha, afasta o homem do Criador. É preciso aprender a compartilhar, dar uma direção altruísta à nossa fortuna. É isso o que Deus espera de suas criaturas, a união como verdadeiros irmãos que somos, porque viemos do mesmo Criador.

Artur, diante do silêncio da filha, pensou: *Permita, Senhor, que ela reflita sobre si mesma.*

Passando o braço sobre os ombros da filha, convidou-a:

— Vamos até o hospital. Tratarei da transferência de Dorinha para o hospital particular.

Catarina nada respondeu. Acompanhou seu pai e, assim que saiu do prédio, avistou o táxi, que a esperava.

— Pai, esqueci-me do táxi. Tenho de pagar a corrida, mas não trouxe dinheiro.

— Vamos, filha, eu acerto com o motorista.

Assim feito, entraram no carro e partiram.

Pai e filha seguiam calados, cada um com seus pensamentos. Artur analisava o comportamento da filha e, de certa maneira, entristecia-se com a imprudência de Catarina em agir sempre em favor de si mesma.

Como pode ser tão diferente dos irmãos?, indagava-se. Jonas e Berenice sempre permaneciam solidários com as aflições do próximo, ao contrário de Catarina, que se colocava sempre na defesa dos seus desejos. Achava justo minimizar as aflições do seu semelhante desde que não a atingissem.

Deve, mesmo, ser uma característica do espírito, Artur concluiu.

Catarina, por sua vez, tentava entender a razão de seu pai querer privá-la de uma viagem tão sonhada e esperada com tanta ansiedade para resolver uma questão, que na verdade, não era sua.

Por que renunciar àquilo a que tenho direito para resolver um problema que não é meu? Fiz o que devia fazer, procurei ajuda para ela. Acho que isso basta. Pratiquei a caridade!, tentava convencer a si mesma.

> "Caridade e humildade; tal é, pois, o caminho da salvação; egoísmo e orgulho, tal o da perdição. Amareis a Deus de toda a vossa alma e ao vosso próximo como a vós mesmos; toda a lei e os profetas estão contidos nesses dois mandamentos.
>
> "Não se pode verdadeiramente amar a Deus sem amar ao próximo, nem amar ao próximo sem amar a Deus; portanto, tudo o que se faz contra o próximo se faz contra Deus.
>
> "São Paulo de tal forma compreendeu essa verdade que disse: 'Ainda quando eu tivesse a linguagem dos anjos;

quando eu tivesse o dom da profecia e penetrasse todos os mistérios; quando eu tivesse toda a fé possível, até transportar montanhas, se eu não tivesse caridade, eu nada seria. Entre essas três virtudes: a fé, a esperança e a caridade, a mais excelente é a caridade. Coloca assim, sem equívoco, a caridade acima mesmo da fé', porque a caridade está ao alcance de todo o mundo, do ignorante e do sábio, do rico e do pobre, porque independe de toda a crença particular.

"E fez mais: definiu a verdadeira caridade, mostrou-a não somente na beneficência, mas na reunião de todas as qualidades do coração, na bondade e na benevolência para com o próximo."

O Evangelho Segundo o Espiritismo — capítulo XV — Allan Kardec.

Chegando ao hospital, Artur foi direto à enfermaria encontrar-se com Inês e saber do real estado da filha dela.

— Ela não está nada bem, doutor Artur. Estou preocupada e com muito medo. Dorinha está sofrendo, precisa operar, mas não tem vaga. O médico disse que teremos de esperar.

— Fique calma, Inês, vou falar com o médico que a atendeu. Volto em seguida. — Virou-se para Catarina. — Filha, fique com Inês.

Ela fez que sim.

Artur tornou a se dirigir a Inês:

— Você sabe o nome do médico?

— Sei, sim. Doutor Jairo.

Artur afastou-se e foi à procura do doutor. Encontrou-o indo em direção à enfermaria.

— Doutor, pode me atender um instante?

Com simpatia o doutor Jairo respondeu:

— Claro, em que posso ser útil?

— Gostaria de falar-lhe sobre o estado de saúde de uma paciente da enfermaria.

— De quem se trata?

— Dorinha. É uma jovem que deu entrada algumas horas atrás com fortes dores e, pelo que me disseram, seu estado requer uma cirurgia de urgência.

— Sei quem é. O senhor é parente?

— Parente, não, doutor, mas ela e sua mãe moram na minha casa, trabalham para nós há bastante tempo, e as consideramos muito. Gostaria muito de ajudar no que fosse preciso.

— Venha, vamos conversar em minha sala.

Assim que entrou no consultório do doutor Jairo, Artur foi perguntando de imediato:

— Por favor, gostaria de saber do estado real de Dorinha.

— Foi constatado, pelos exames, que de fato existe o tumor em uma parte do intestino, que parece maligno. No entanto, somente a biópsia, após a intervenção cirúrgica, nos dará a certeza.

— O que fazer a princípio, doutor?

— Cirurgia o quanto antes. Ela está com sintomas importantes, sofre de dores fortes, precisamos considerar seu estado clínico.

— Desculpe-me, mas... ela tem alguma chance de cura?

Pacientemente, Jairo respondeu:

— O que, na verdade, vai importar será o quanto o tumor invadiu a parede do intestino. Se o tumor se disseminou para linfonodos ou locais mais distantes. Quanto mais profundamente o tumor penetrar, pior será o diagnóstico.

Muito preocupado, Artur voltou a inquirir o médico:

— Após a cirurgia, tudo estará sanado ou poderá ocorrer a volta do tumor?

— O câncer do intestino tratado pode voltar, sim, no mesmo local ou em algum ponto próximo do inicial.

— Estou entendendo...

Percebendo a preocupação de Artur, Jairo voltou a dizer:

— A incidência desse tumor costuma se tornar mais comum em pessoas mais velhas, acima de cinquenta anos, mas aconteceu com essa moça. O que vamos fazer agora é operá-la e, em seguida, iniciar o tratamento adequado. Necessário se faz evitar pensar sempre no pior, cultivar a esperança e proporcionar a ela todos os motivos para querer viver, evitando que caia em depressão, em desespero. Devemos mostrar-lhe que acima de tudo a vida sempre vale a pena, e que devemos adicionar a esperança, a fé e a determinação, para lutar e enfrentar as aflições com coragem.

— Estou pensando em transferi-la para um hospital particular. Qual sua opinião?

— Penso que, se o senhor tiver condições e fraternidade suficiente para assumir todos os gastos, é o melhor a fazer.

— Pois é o que farei!

— Sendo assim, tomarei as devidas providências. Por favor, acompanhe-me.

Artur seguiu o médico. Após todos os procedimentos necessários, Dorinha, acompanhada da mãe, de Artur e Catarina, dava entrada no hospital particular.

Inês não sabia o que dizer para seu patrão. Queria demonstrar seu agradecimento pelo gesto de amor que beneficiara sua filha, mas não encontrava palavras para expressar o que, na verdade, sentia.

Com Dorinha devidamente instalada, os três ficaram aguardando o médico cirurgião que fora indicado por Fausto, grande amigo de Artur.

— Pai, tem certeza de que esse médico virá?

— Claro, minha filha, conversei com Fausto, que me disse ser esse um médico muito competente. Ele garantiu que Dorinha estará em boas mãos. Vamos aguardar.

Inês, que a tudo ouvia calada, aproximou-se de Artur e, para espanto dele, beijou suas mãos, dizendo:

— Não sei falar bonito, doutor Artur, portanto só posso lhe dizer muito obrigada. O senhor está salvando minha filha, e jamais poderei pagar por isso.

Artur, soltando-se, respondeu:

— Não faça isso, Inês. Não sou melhor que você. O que nos separa é apenas uma condição financeira que não tem importância alguma. O importante, na verdade, é o respeito e a fraternidade com os quais nos tratamos e o pronto restabelecimento de Dorinha.

Os olhos sofridos de Inês mais uma vez se encheram de lágrimas e, no íntimo de seu coração, agradeceu a Jesus por ter colocado em seu caminho pessoas tão generosas.

— Pai, estamos nos esquecendo de avisar mamãe. Tenho certeza de que ela vai querer vir até o hospital.

— Tem razão, minha filha, vou telefonar para Laura avisando.

Quando Laura chegou ao hospital acompanhada de Berenice, a cirurgia havia começado. Diante da angústia de Inês, Laura sugeriu que fizessem uma prece ao Senhor, no que foi prontamente atendida, e ambas se uniram com confiança no Criador:

— "Senhor, unimo-nos neste instante para rogar auxílio. Dai-nos a força necessária para passarmos por esta aflição. Dai-nos o entendimento da vida espiritual para que possamos acalmar nossos corações e aceitar Vosso desígnio, seja ele qual for. Imploramos pela saúde física dessa irmã, mas, se Vossa vontade for a saúde espiritual, levando-a para Vosso reino, baixaremos nossas cabeças e abriremos nossos corações para aceitar, com sofrimento, sim, mas sem revolta, porque sabemos e cremos que Vós sois o amor, a bondade e a justiça infinita".

Catarina impressionara-se com tudo o que acontecera.

Meu pai realmente vive dentro dos seus conceitos cristãos, pensava. *Na verdade, falei por falar, porque não acreditava que ele iria assumir a cirurgia de Dorinha. Entretanto, aqui estamos, aguardando o término da intervenção, que só foi possível graças à generosidade de meu pai. Por que não consigo agir como ele? Nem abdicar da minha viagem fui capaz. Sempre me coloco em primeiro plano. Em compensação, meu pai não pensou duas vezes.*

— Pensativa, minha filha? O que a faz ficar assim?

Sem saber ao certo o que dizer, Catarina respondeu:

— Estou preocupada com Dorinha. Será que ela vai ficar boa, mãe?

— Estamos vibrando para isso, mas, se a vontade do Senhor for contrária à nossa, teremos de aceitar, minha filha, porque Deus sempre sabe o que de fato é melhor para suas criaturas.

— Fico pensando em Inês, mãe. Se acontecer o pior, não sei o que será dela. Afinal, Dorinha é sua única filha! — Catarina estava realmente consternada.

— Temos de manter a calma e não perder a esperança. O médico disse que a condição dela não é das piores; precisamos ter fé.

Horas se passaram até que o médico veio avisar do término da cirurgia.

— Dorinha vai ficar na UTI, por pelo menos setenta e duas horas, portanto vocês podem ir para casa descansar.

— Como foi a cirurgia, doutor? — Artur quis saber.

— Foi bem, melhor do que se esperava. Tudo indica que a jovem terá uma boa recuperação.

Satisfeitos com a informação, todos voltaram para casa com o compromisso de retornar no dia seguinte a fim de obter notícias.

"A alma ressurge no equipamento físico transportando consigo as próprias falhas a se lhe refletirem na veste carnal, como zonas favoráveis, a eclosão de determinadas moléstias, oferecendo campo propício ao desenvolvimento de vírus, bacilos e bactérias inúmeros, capazes de conduzi-la aos mais graves padecimentos, de acordo com os débitos que haja contraído, mas também carreia consigo as faculdades de criar no próprio cosmo orgânico todas as espécies de anticorpos, imunizando-se contra as exigências da carne, faculdades essas que podem ampliar consideravelmente pela oração, pelas disciplinas retificadoras a que se afeiçoe, pela resistência mental ou pelo serviço ao próximo, com que atrai preciosos recursos a seu favor. Não podemos esquecer que o bem é o verdadeiro antídoto do mal.

"A enfermidade longa é uma bênção desconhecida entre os homens e constitui precioso curso preparatório da alma para a grande libertação. Sem a moléstia dilatada, é muito difícil o êxito rápido no trabalho da morte."

(Do livro *Ação e Reação* – espírito André Luiz e psicografia de Chico Xavier.)

CAPÍTULO
VI

Antigos sentimentos afloram

Em uma tarde fria e chuvosa, Dorinha retornou à casa de Artur e Laura.

Trazia em seu coração a esperança de cura, mas sabia que deveria tomar alguns cuidados para sustentar o sucesso da operação. Inês a cercava de carinho, demonstrando-lhe o quanto a amava, e ela se sentia agradecida ao Senhor pela mãe que recebera. Após dois dias de sua chegada, Dorinha estranhou a ausência de Catarina, que em nenhum momento fora a seu quarto saber como passava.

Ela deixa claro que não gosta de mim, pensava. *Nunca conseguimos ser amigas, embora morando na mesma casa. Catarina afirma sempre que sou uma empregada, e ela, a patroa. Não consigo entender a arrogância dela. É a única que faz essa diferença ser tão gritante. Nem Berenice, nem Jonas jamais deixaram transparecer nada referente à nossa diferença social.*

Seu pensamento se dispersou quando ouviu a voz de sua mãe dizendo:

— Filha, olhe quem veio vê-la!

Com surpresa, Dorinha viu Catarina entrar em seu quarto segurando algumas revistas.

— Catarina! Não achei que viesse.

Sempre impulsiva, Catarina respondeu:

— Não queria mesmo vir, mas pensei melhor e aqui estou.

— Sente-se — convidou Inês —, fique à vontade. Se me der licença, Catarina, vou terminar meu serviço.

— Não se preocupe, Inês. Mesmo porque mamãe não vai gostar se deixar alguma coisa por fazer.

Inês se afastou e, de imediato, Dorinha disse:

— Estou mesmo surpresa, Catarina. Pouco nos falamos, e, mesmo assim, soube que foi você quem pediu ao doutor Artur que me transferisse para o hospital particular. Sou-lhe muito agradecida. Graças à sua atitude já estou operada e passo bem; você foi muito generosa.

Ao ouvir a palavra "generosa", Catarina experimentou um mal-estar. Sentiu, em seu íntimo, que não tinha generosidade, pois não conseguira abdicar do seu desejo de viajar em favor da saúde de Dorinha.

— Não sou generosa, Dorinha. Meu pai, sim. Ele, mais do que ninguém, é generoso; não pensa duas vezes quando o assunto é o bem-estar do próximo. Meu pai, sim, Dorinha é uma pessoa realmente fraterna.

— O doutor Artur é um homem de bem! — exclamou Dorinha.

Catarina se sentou ao lado de Dorinha e permaneceu em silêncio; na realidade, não sabia o que dizer.

Meu Deus, pensou, *o que devo dizer a ela?*

Hortência, presente, inspirou-a:

— "Diga-lhe o que estiver em seu coração, mas faça-o sem constrangimento, com verdade, com a intenção plena de tornar-se sua amiga, desculpando-se por todas as ofensas que a ela dirigiu".

A vibração de Hortência atingiu seu objetivo. Catarina sentiu em seu peito que era chegada a hora de se entregar a uma amizade verdadeira, sem ostentar seu orgulho e sua pretensão de se achar melhor que Dorinha.

Com timidez, falou:

— Dorinha, sei que por diversas vezes fui grosseira e pretensiosa com você, mas quero lhe dizer que, presenciando sua luta, sua coragem em enfrentar uma doença tão agressiva, senti que estava perdendo a oportunidade de desfrutar de uma amizade bonita, sincera, com uma pessoa forte e valente, que muita coisa poderia me ensinar. Sobretudo a extirpar do meu coração esse orgulho enraizado sem nenhuma razão de ser. Se você me perdoar, gostaria de ser sua amiga de verdade.

Antes que Dorinha dissesse qualquer coisa, continuou:

— De repente, tomei consciência de que necessito ter ao meu lado alguém da minha idade que possa compreender meus impulsos e orientar-me quanto a eles; alguém que, como eu, também lute bravamente contra seus próprios enganos, mas que tenha mais sabedoria para reconhecer onde eles estão.

Tomada pela surpresa, Dorinha não sabia o que dizer para aquela que durante anos a humilhara, sentindo prazer no que fazia.

— Mas... Seu pai pode orientá-la, Catarina. Ele tem amor e conhecimento suficientes para lhe mostrar um caminho melhor!

— Sei disso, Dorinha, meu pai e minha mãe são as melhores pessoas que conheci. Mas estou tão longe de compreender o amor que sentem pelas pessoas, a fraternidade com a qual norteiam suas vidas... Preciso de alguém que, como eu, ainda não chegou à metade do caminho. Consegue me entender?

— Não sei se entendo realmente sua intenção, nem se possuo condições de mostrar alguma coisa a alguém, mas agrada-me a ideia de ser sua amiga. — Sorrindo, completou: — Estou disposta a arriscar!

As duas jovens sorriram.

Após alguns instantes, Dorinha disse:

— Mas por favor, Catarina, para que possamos usufruir realmente de uma amizade é necessário estarmos dispostas a ouvir sem nos ofender, nem você, nem eu. Afinal, trazemos longos anos de uma "guerra silenciosa".

— Tem razão, Dorinha, nossa relação sempre foi uma guerra, mas isso vai acabar, porque estou disposta a isso.

— Assim eu aceito. — Abriu os braços e falou: — Vamos iniciar com um abraço.

Quando Inês e Laura entraram no quarto de Dorinha, depararam com as duas se abraçando como duas irmãs.

— Meu Deus!— disse Laura. — É verdade o que estou vendo, ou não passa de alucinação?!

— O que é isso, mãe? Não acredita que possamos ser amigas?

— Para ser sincera, minha filha, tenho dificuldade em crer.

Dorinha interveio:

— Pode acreditar, dona Laura, Catarina e eu vamos esquecer nossas desavenças e construir uma amizade sincera. Essa é nossa intenção, não é mesmo, Catarina?

— Claro, Dorinha, é isso que o desejo!

— Filha, quanta alegria sinto ao ouvi-la dizer isso!— afirmou Laura.

— Eu também— completou Inês.

Hortência, observando as reações de sua protegida, orou a Jesus:

— "Senhor, que haja sinceridade em suas palavras, força moral e real para conviver com seu desafeto do passado anulando seu orgulho, que a faz acreditar ser diferente dos demais. Faça entender, Senhor, que ninguém pode viver em paz quando permite que sua vida gire em torno da satisfação dos seus próprios desejos".

Durante os dias em que Dorinha permaneceu em repouso, Catarina fez-lhe companhia. Suas conversas abordavam diferentes temas, desde os mais banais ate os mais sérios. Dorinha não cabia em si de contente por ter conseguido a amizade de Catarina; acreditava que tudo se modificara e que as pedras existentes em seu relacionamento antigo com Catarina estavam se transformando em flores que perfumavam seu coração.

Aos poucos melhorava e adquiria força para retomar sua vida de antes.

Em um de seus momentos com Catarina, confidenciou que estava apaixonada, havia algum tempo, por Marcos, filho de Fausto, mas que nunca se aproximara dele por receio de ser rejeitada.

Catarina estranhou a confissão de Dorinha, mais ainda quando ela lhe pediu que os aproximasse. O que parecia ter sido excluído estava apenas adormecido, e Catarina, num impulso, falou:

O passado ainda vive

— Dorinha, não posso fazer isso!

Sem entender, Dorinha indagou:

— Não pode por quê, Catarina? O que a impede?

— Ora, Dorinha, a sua condição social. Você é apenas filha de uma empregada, possui doença incurável, e Marcos, filho de um rico empresário, jamais olharia para você. Acho mesmo que iria rir dessa situação.

Dorinha sentiu seu sonho, seu mundo interno desmoronar. A crueldade com a qual Catarina expôs sua opinião magoou profundamente seu coração sensível. Diante da palidez da amiga, Catarina disse:

— Você ficou pálida. Está sentindo algo? Quer que eu chame Inês?

— Não. Não quero que chame ninguém, gostaria que você me deixasse sozinha, por favor.

— O que aconteceu, Dorinha? Por que ficou desse jeito?

— Não aconteceu nada, só quero ficar sozinha, só isso.

Antes de sair, Catarina se voltou para a amiga.

— Se é por causa do que lhe falei, não adianta ficar assim. É preferível saber a verdade a ficar na ilusão de que possa acontecer algo entre vocês, porque não acontecerá, Dorinha.

Tudo bem, Catarina, agora me deixe sozinha.

— Como você quiser! — exclamou e saiu sentindo uma pequena satisfação.

É melhor sofrer agora do que mais tarde, mesmo porque eu estou interessada em Marcos. É evidente que tenho mais chances que ela, sem sombra de dúvida.

Assim que Catarina se foi, Dorinha, não suportando a dor, chorou copiosamente.

Inês, entrando em seu quarto, encontrou-a abatida e entregue à angústia que dominava seu coração.

— O que houve, minha filha? Vi quando Catarina entrou em casa, achei-a estranha e logo imaginei que alguma coisa pudesse ter acontecido; você sabe muito bem que não confio na amizade que ela diz ter por você! O que aquela menina fez que a deixou assim?

— Nada, mãe, ela não fez nada. Eu é que sou uma boba sonhadora e não enxergo meu lugar, só isso.

— Dorinha, quero que me diga com todas as letras o que foi que ela fez para deixá-la assim.

— Já falei, mãe, Catarina não fez nada, apenas me lembrou de quem eu sou, na realidade.

— O que está querendo dizer, minha filha? Não estou entendendo.

— Mãe, às vezes a gente sonha com o impossível e não se dá conta disso. Catarina apenas me lembrou desse fato. Acho até que ela fez bem; assim, acordo de uma vez.

— Não sei, Dorinha, não estou convencida disso, continuo achando que existe algo mais e você não quer me dizer.

— Não existe nada, mãe.

— Tudo bem. Por ora vou acreditar no que está me dizendo. Mas deve ter muita cautela com Catarina, ela é uma boa menina, mas sempre foi muito orgulhosa, desde pequena, completamente diferente de Berenice e Jonas, e jamais deixou de conseguir o que deseja. Tenho receio de que a faça sofrer humilhações.

— Pode ficar tranquila, mãe, não vou deixar que ela me faça mal algum, sei tomar conta de mim e sei muito bem quem Catarina é.

— Espero que saiba mesmo. Mas vá com calma, Dorinha, não posso perder este emprego. Afinal, aqui temos casa e comida e somos respeitadas pelos patrões. Não é fácil arrumar outra colocação que nos proporcione essa segurança.

— Fique tranquila, mãe, tomarei cuidado.

Assim que Inês saiu, Dorinha, pensando em tudo o que acontecera, falou para si mesma:

— Agora que minha cabeça esfriou posso raciocinar com mais clareza: quem é Catarina para direcionar meu destino? Como ela pode julgar atitudes de outras pessoas? Quem tem de decidir, nesse caso, é Marcos, ele é o alvo do meu interesse. Agora sei que não posso contar com ela, portanto, vou agir sozinha da maneira como acho certo. Se ele não me quiser, respeitarei. Pelo menos não terei arrependimento por não haver tentado.

Tomando essa decisão, sentiu-se mais calma.

Catarina, entrando em seu quarto, também se deixou levar pelos pensamentos.

Dorinha ficou louca?! Será que ela pensa mesmo que Marcos olharia para ela? Filha de uma empregada, doente, uma beleza medíocre que jamais irá atrair o interesse de Marcos, um rapaz bonito, culto e rico... Não vou deixar que ela alimente essa ilusão, mesmo porque tenho interesse nele e vou conseguir o que desejo.

Mais uma vez, Catarina se deixava levar pelo orgulho de se achar superior. O sentimento do pretérito encontrava-se latente em seu ser; provocado, voltava com força, impelindo-a a cometer as mesmas imprudências de outrora. Corria o risco de novamente se perder pela inconsequência de se achar melhor e merecedora de satisfazer todos os seus desejos.

Ninguém pode escolher a maneira de deixar a Terra, mas todos podem escolher a forma de viver nela, ou seja, optar pelo bem, o equilíbrio, a sensatez, viver em acordo com as leis divinas, ou escolher o oposto, que levará fatalmente ao sofrimento em seu retorno.

Catarina esquecera seu aprendizado na erraticidade; isto é, na verdade, as orientações recebidas não calaram fundo em sua essência, e o que apenas se achava adormecido — seu orgulho, que a colocava equivocadamente na posição de superioridade em relação a tudo que a envolvia — acordou no momento em que se viu rodeada das circunstâncias confortáveis em que renasceu. Jesus orientou os que O ouviam para que lutassem contra o orgulho, arrancassem de seus corações a raiz desse sentimento, pois ele entravava todo o progresso espiritual, e o que se espera é que todos evoluam e alcancem a felicidade por meio das virtudes adquiridas.

Tanto Dorinha quanto Catarina agasalhavam dentro de si uma frustração e experimentavam, mais uma vez, a repulsa de uma pela outra. A amizade que julgaram construir era frágil, e ao primeiro sopro de leve brisa abalara-se. Todas as orientações que receberam quando na espiritualidade foram aceitas, mas não compreendidas. Aí estava a questão que precisavam trabalhar, compreender o verdadeiro significado do bem-querer; entender que todos somos iguais perante o Criador. Se existem diferenças, fomos nós que as criamos com a imprudência que sempre norteou nossa existência na Terra.

Laura entrou no quarto de Catarina e perguntou-lhe:

— Filha, vi quando você passou pela sala e não pude deixar de notar sua expressão de descontentamento. Aliás, que conheço muito bem. O que houve? Desentendeu-se novamente com Dorinha?

— Mãe, prefiro não comentar!

— Acho que deve comentar sim, minha filha. Quem sabe, falando sobre o assunto, não percebe que o caso não foi tão grave como a faz crer?

— Melhor esquecer, mãe, sei que nada vai mudar, e, sendo sincera, cada vez mais tenho certeza de que Dorinha e eu não suportamos uma à outra. Acho que é mesmo coisa de um passado bem distante, não vale a pena insistir.

— Vale, filha, vale muito a pena investir na elaboração dos bons sentimentos. Esse é um trabalho de evolução, sobretudo quando temos a intuição de que o que sentimos está ligado ao passado. Deus coloca ao nosso lado, na nossa vida, todos os ingredientes, e é preciso prestar atenção em tudo o que nos envolve, as situações e as pessoas. Só assim conseguimos trabalhar em nós mesmos as imperfeições, eliminando os sentimentos menores que nos trazem sofrimentos atuais e futuros.

Catarina ouvia com atenção o que sua mãe lhe expunha. Hortência a envolvia com energia salutar, inspirando-lhe bons pensamentos. Após alguns instantes, disse:

— Mãe, ouvindo-a falar assim, tenho a sensação de que preciso dominar em mim um sentimento que não é bom, mas não sei como fazer isso e nem que sentimento é esse.

Laura percebeu que sua filha experimentava um conflito interno que não sabia como resolver, algo que trazia em si por varias existências e que não era capaz de extirpar do seu coração. Segurou as mãos de Catarina e, com suavidade, disse-lhe:

— Filha, você é, sem dúvida, uma boa menina, ótima filha, mas sinto que devo lhe dizer que às vezes age sem controle, impulsiva, e isso não é favorável ao seu equilíbrio. Falta-lhe sensatez, compreensão e paciência.

— Mas por que me comporto assim, mãe?

— Porque traz em si um sentimento que ofusca sua sensibilidade, sua humildade, e não a deixa se aproximar das pessoas com verdadeira amizade.

— Mas que sentimento é esse, mãe?

— Filha, não quero magoá-la, mas preciso dizer, como sua mãe e em nome do profundo amor que sinto por você, que o que a faz agir assim de maneira tão impetuosa é o orgulho que traz enraizado no seu coração e que a impede de ser fraterna o suficiente para receber em seu coração e em seus braços o seu semelhante, sem se importar com a aparência ou com sua condição social.

Catarina ficou aturdida com o que acabava de ouvir de sua mãe.

— A senhora pensa mesmo assim?

— Filha, quero o seu bem. Portanto, aconselho-a a pensar sobre isso, analisando suas atitudes em relação a Dorinha. Seja mais acessível, tente compreender mais os enganos, a fragilidade, a dificuldade que todos temos na maior parte do tempo. Ninguém sabe tudo; ninguém é permanentemente perfeito, nem eu, nem você. Por isso, seja mais amiga de quem se aproxima de você sem se importar com a roupa que veste ou com a casa onde mora.

Hortência, que inspirava Laura, aproximou-se mais de Catarina, dizendo-lhe:

— "Ouça o que lhe diz sua mãe, Catarina, ela tocou no ponto que sempre foi sua dificuldade: extirpar de seu coração o orgulho. Há várias existências vem sofrendo com isso, e sempre retorna devedora. Você foi longamente preparada para essa nova vida no planeta Terra, considerou-se apta o bastante para retornar nas mesmas condições do passado. É chegado o momento de agir em favor de si mesma".

Catarina sentiu que sua mãe falava a verdade. Ela, de fato, era orgulhosa.

Pensava: *Que sentimento é esse que derruba quem o abriga, que se enraíza no coração e torna difícil sua remoção?*

Mais uma vez, Hortência veio em seu socorro, e aproximou-se de Laura dizendo-lhe:

— "Irmã, explique o que, na verdade, é o orgulho e as consequências que ele traz para quem o abriga".

Laura, sensível à inspiração do nobre espírito, voltou a dizer:

— Filha, o orgulho e o egoísmo andam de mãos dadas, impedindo o progresso espiritual. São, sem dúvida alguma, os sentimentos mais perniciosos e daninhos que pode sentir a alma humana. É a negação da caridade, porque destroem a sensibilidade do coração e não deixam quem os sente perceber o sofrimento do seu próximo. Tanto o orgulhoso quanto o egoísta correm de uma maneira desenfreada em direção às conquistas materiais, querendo a qualquer preço satisfazer seus desejos, sejam eles quais forem, sem se importar com o estrago que deixam atrás de si.

"O egoísta vive em função de si mesmo, e o orgulhoso, na preocupação constante de se posicionar acima das outras pessoas julgando-se melhor, conhecedor de tudo e muito além das fraquezas de seu semelhante. Veja, filha, quanto mal provocam no ser humano esses sentimentos nocivos. É preciso ser benevolente com o nosso próximo, repartir, estar perto para poder enxugar as lágrimas dos que sofrem; essa é a receita da felicidade."

— Mãe, estou surpresa com tudo isso que a senhora está me falando!

— Gostaria que, além da surpresa, houvesse a reflexão, pois é ela que a ajudará a mudar sua postura perante os demais.

— Onde a senhora aprende tudo isso?

— Estudamos e aprendemos nas reuniões que frequentamos no centro espírita, minha filha— respondeu Artur, que acabara de chegar e ouvira com satisfação as explicações de Laura.

— Mas... Essas reuniões não são para receber espíritos? — perguntou Catarina.

Os olhares de Laura e Artur se cruzaram.

— Explique você, Artur — pediu Laura.

— Catarina, as reuniões espíritas são realizadas, antes de mais nada, com o intuito de orientar seus frequentadores a se tornar pessoas melhores por meio do conhecimento do *Evangelho Segundo o Espiritismo* e das obras básicas da Doutrina Espírita, nas quais encontramos respostas coerentes para nossas perguntas mais frequentes; esclarecimentos para as dúvidas que muitas vezes atormentam nosso coração. Enfim, encontramos nessas obras a verdade sobre nós mesmos, de onde viemos e para vamos.

— E os espíritos? — indagou Catarina, interessada.

— Os espíritos se comunicam quando se faz necessário, nunca para satisfazer a curiosidade dos encarnados, mas para orientar e mostrar a importância de se praticar o bem, de estar conectado com o seu semelhante. Aprendemos com esses amigos espirituais que não estamos sozinhos no Universo e que todos, sem exceção, possuem o mesmo direito na grande casa de Deus.

Hortência sentia-se feliz e agradecida ao Criador por presenciar momento tão especial, no qual pais e filha se entrosavam buscando o conhecimento. Incentivou Artur a aproveitar mais esse momento, o que ele fez sem demora.

— Como sua mãe lhe disse, filha, o orgulho e o egoísmo nos levam ao apego excessivo aos bens materiais e, quanto mais nos apegamos aos bens do mundo, menos compreendemos sua destinação. Por isso, devemos extirpar de nós os primeiros sintomas desses sentimentos, antes mesmo que eles se enraízem na nossa alma.

Catarina sentia uma inquietação cuja origem não compreendia. Acreditava em seus pais, mas não sabia por que era incapaz de lutar contra tudo aquilo que ouvira.

É como se eu fosse à aula, aprendesse a lição, mas não conseguisse trazer para minha vida o aprendizado, pensava. *Sinto como se já tivesse escutado tudo isso que meus pais me dizem, mas me faltam forças para reagir.*

— "Catarina" — inspirou-lhe Hortência — "esse é um momento importante, lute contra você mesma, olhe-se no espelho e veja como você é na realidade: uma criatura de Deus como qualquer outra, porque Deus criou todos os seus filhos iguais. A diferença está na maneira como cada um conduz sua vida na Terra, por meio do que abriga no coração."

Sendo sensível por alguns instantes, Catarina disse a seus pais:

— Quero melhorar, vou me esforçar para que isso aconteça. Mas tenham paciência comigo!

— Claro que teremos paciência com você, querida. Mas esforce-se o mais que puder, porque, se deixar para depois, poderá ser tarde demais.

Laura, dando um beijo na testa da filha, disse-lhe:

— Vamos descer, está na hora do jantar. Berenice e Jonas devem estar à nossa espera.

Segurando a mão de seu pai e de sua mãe, Catarina acompanhou-os até a sala de refeição.

— "Senhor, que essa irmãzinha consiga compreender que é tempo de estender a mão e oferecê-la ao nosso semelhante; que é tempo de entender que a felicidade é maior e mais verdadeira quando a compartilhamos com alguém; quando conseguimos sentir que, apesar das diferenças, somos todos irmãos." Feliz pelo dever cumprido, Hortência cruzou os céus em direção à espiritualidade.

CAPÍTULO
VII

Repetindo os mesmos erros

Dorinha, sentindo-se melhor, voltara a cumprir suas obrigações na casa de Laura.

Em sua visita ao médico, soube que suas chances de cura eram elevadas por estar no grau um da doença; em vista disso, renovara sua esperança de um dia ser alvo do interesse de Marcos. Sabia que não poderia contar com a ajuda de Catarina, entretanto, não iria desistir do rapaz que tocara seu coração preenchendo-o de amor.

— Sei que Catarina fará de tudo para que Marcos não se aproxime de mim, mas vou lutar, ela querendo ou não; tenho esse direito e, depois, quem tem de decidir se me quer ou não é ele, e não Catarina com seu orgulho— dizia a si mesma.

Inês percebia o interesse de sua filha e não o via com bons olhos, pois acreditava que ela poderia sofrer se viesse a se envolver com alguém de outro nível social.

— Somos pobres, minha filha, temos de viver dentro do nosso mundo e não sonhar alto, como você está fazendo.

— Sonhar é um direito de todos, mãe. Por que eu não posso?! — exclamava Dorinha.

— Porque estamos muito longe do mundo a que ele pertence, você precisa entender isso. Por falar nesse assunto, como está sua relação com Catarina?

— Não sei ao certo. Um dia ela está superbem comigo, no outro ostenta seu ar de superioridade. Acho que não tem jeito, jamais seremos amigas de verdade.

— Entende, agora, por que me preocupo com esse seu interesse pelo filho do melhor amigo do doutor Artur?

— Nem todos são como Catarina, que anda com o nariz empinado. Um dia ela acaba caindo do seu orgulho, e o tombo, mãe, vai ser feio.

Preocupada, Inês respondeu:

— Não diga isso, filha, não se deve desejar nenhum mal para ninguém.

— Não estou desejando nenhum mal para ela. Se acontecer alguma coisa, a responsável será a própria Catarina, que teima em se achar melhor que todo mundo. Por que Berenice e Jonas não são assim? Tratam todos da mesma maneira, sem se importar se são pobres ou ricos; o doutor Artur e dona Laura sempre foram gentis conosco, respeitam-nos e tratam-nos com educação, apesar de serem nossos patrões. Até minha cirurgia ele assumiu. Por que Catarina tem de ser tão diferente do resto da família? O que eles ensinaram foi igual para os três filhos. Se dois aprenderam, por que Catarina não?

— Não sei, não tenho nenhuma instrução para responder sobre esse assunto, só sei que cada um é diferente do outro. E agora chega de conversa, vamos tratar dos nossos afazeres.

Dizendo isso, Inês se afastou, deixando a filha ainda entregue aos seus pensamentos.

O passado ainda vive

Dorinha deixava que seu coração agasalhasse a não aceitação de ser diferente de Catarina. Não conseguia compreender a vida, nem as diferenças; analisava as atitudes de Catarina, mas não percebia que ela também tinha questões que continuavam mal resolvidas em seu coração, como sua posição menos favorecida.

Só aprendemos a amar de verdade quando compreendemos a vida; quando aceitamos o lugar que ocupamos e lutamos com coragem e dignidade cristã para melhorar, elevando nossa posição pelo trabalho digno, sem jamais esquecer a razão pela qual estamos no mundo físico, que, sem dúvida alguma, é o nosso progresso espiritual.

Ao ouvir a voz de Inês chamando-a, Dorinha animou-se e foi cumprir suas obrigações.

— Você demorou em vir arrumar meu quarto, Dorinha — disse Catarina, assim que a viu.

— Desculpe, não tive a intenção de aborrecê-la. Fique tranquila, arrumo num instante.

— Sua boba, estou brincando com você! Para mim, tanto faz a hora que você vem, contanto que venha.

Sentindo que Dorinha estava tensa, Catarina voltou a dizer:

— Como está se sentindo?

— Estou bem, Catarina, muito bem.

— Não se esqueça de que foi graças a mim que tudo deu certo!

— Não vou esquecer. Aliás, nem que eu quisesse, pois você não deixa!

— O que quer dizer com isso?

— Que você fala isso todas as vezes que me vê. E, já que tocou novamente nesse assunto, vou lhe dizer o que penso. Eu devo a seu pai, e não a você. Quem assumiu foi o doutor Artur, que me tratou como a uma filha, foi generoso e nunca cobrou agradecimentos intermináveis, como você faz. Ele sabe que tanto eu quanto minha mãe somos e seremos gratas a vida inteira, mas a bondade dele é tão verdadeira que não precisa ouvir isso o tempo todo.

Catarina ficou perplexa com o que ouviu.

— Puxa, Dorinha, não precisava ser tão áspera assim.

— Desculpe, Catarina, mas cansa ouvir toda hora essa sua cobrança. Mais uma vez me desculpe.

— Desculpo, mas saiba que não tem o direito de falar assim comigo.

— Mais uma vez peço desculpas; agora, se me der licença, vou cuidar do meu serviço.

Ferida em seu orgulho, Catarina ainda alfinetou Dorinha:

— Acho bom, mesmo, você é paga para isso.

Laura ia entrando no quarto da filha quando escutou o que ela dizia.

— Catarina! — disse com energia. — O que é isso?

Embaraçada diante de sua mãe, respondeu:

— Nada de mais, mãe, dizia apenas para Dorinha se apressar em arrumar meu quarto, só isso.

Vendo que a filha mentia, pois escutara muito bem o que ela dissera, Laura, sem dar atenção a Catarina, dirigiu-se a Dorinha:

— Vá cuidar de outros afazeres. Catarina irá arrumar o quarto dela.

— O que é isso, mãe?! Está brincando comigo?!

— Não, minha filha, estou colocando você no lugar que deveria estar, ou seja, tentando fazê-la entender que ninguém é menos que o outro só porque o serve; nenhum trabalho desmerece quem o faz com dignidade, e acho que já é tempo de você aprender isso.

Impetuosa, Catarina gritou:

— Saia do meu quarto, Dorinha, e será um favor se não entrar mais aqui!

— Ela mesma pediu, Dorinha. A partir de hoje a própria Catarina irá limpar seu quarto. Está desobrigada de fazê-lo até que Catarina aprenda a respeitar as pessoas.

Dorinha saiu.

— Não posso aceitar a humilhação que a senhora me fez passar na frente de uma empregada! Sinto muito, mãe, mas vou levar isso ao conhecimento de meu pai.

— Gostaria mesmo que o fizesse, filha. Ele saberá melhor do que eu como resolver essa situação.

Assim que a mãe saiu, Catarina bateu a porta e, jogando-se na cama, chorou lágrimas de revolta.

Laura, realmente, ficara impressionada com a atitude de sua filha. Culpava-se por não ter conseguido arrancar de seu coração a semente do orgulho que se manifestara desde cedo.

Artur sempre me alertou sobre a maneira como eu a tratava, pensava, *diferente da educação de Berenice e Jonas. Acho que a grande diferença de idade entre eles motivou-me a mimar demais Catarina; não sei o que fazer agora, meu Deus, para que essa menina compreenda a inutilidade de seu orgulho sem propósito, que somente a leva para um caminho perigoso.*

Lembrando-se de Dorinha, resolveu ir falar com ela.

Encontrou-a ao lado de sua mãe. As duas conversavam sobre o ocorrido, e, assim que viram a patroa, tentaram mudar de assunto, mas Laura já escutara o suficiente para entender o que planejavam fazer.

— O que eu ouvi procede, Inês? Sua filha quer ir embora daqui?

Inês, com seu temperamento tímido, respondeu:

— Sim, é verdade, dona Laura, Dorinha quer ir embora, diz não suportar mais a maneira como Catarina a trata. Um dia é sua amiga, outro dia a humilha. Desculpe, mas ela está cansada e pretende viver a própria vida longe daqui.

Laura não escondeu sua surpresa.

— Perdoe-me pelo que vou dizer, Dorinha, mas como vai fazer para continuar seu tratamento?

— Eu estou boa, dona Laura, vou trabalhar e cuidar de mim mesma.

— Acho isso uma imprudência, Inês. O desentendimento com Catarina não é motivo para uma atitude tão radical; ir embora!

— Não posso fazer nada, dona Laura. Já há algum tempo ela me diz isso, acho que hoje foi a gota d'água.

— Você já tem para onde ir, Dorinha?

— Ainda não, mas a partir de amanhã vou procurar emprego. Se a senhora não se importar em me dar uma carta de recomendação, penso que seria mais fácil.

— Isso não é problema, darei com prazer, você merece. Mas acho que vou fazer algo melhor por você.

Interessada, Inês perguntou:

— Posso saber o que pretende, dona Laura?

— Inês, você se lembra daquele amigo de Artur que indicou o médico que operou Dorinha?

— Claro, dona Laura. Não é o senhor Fausto?

— Esse mesmo. Há uma semana, mais ou menos, estive conversando com Zuleica, sua esposa, e ela me disse que procurava uma moça para trabalhar em sua casa que pudesse dormir no emprego. Vou telefonar para ela e recomendar Dorinha. O que acha?

Ao ouvir a proposta de Laura, Dorinha quase se sentiu desfalecer.

Meu Deus, não é possível, justo na casa de Marcos, é muita sorte mesmo!

— O que acha, Dorinha? — Laura tornou a perguntar. — Gostaria de trabalhar lá? Garanto que são ótimas pessoas. Zuleica é muito doce, afável, educada, creio que você se daria bem com ela.

Temendo mostrar sua felicidade com a proposta de Laura, Dorinha disfarçou o interesse.

— Para mim esta ótimo, Dona Laura, prefiro mesmo estar em uma casa de gente conhecida da senhora.

— Pois então vou falar com ela. Acredito que tudo irá se acertar.

Assim que Laura saiu, Dorinha se jogou nos braços da mãe e lhe disse:

— Mãe, a sorte está do meu lado.

— O que quer dizer com isso, menina?

— Deixe isso para lá, mãe, bobagem, falei por falar.

Inês voltou aos seus afazeres. Dorinha, assim que sua mãe saiu, disse para si mesma, em voz alta:

— E agora, Catarina, a sorte está do meu lado. Não preciso de você, nem do seu orgulho, e muito menos da sua falsa amizade.

Dorinha acreditava que tudo iria mudar na sua vida e que conseguiria realizar seu sonho maior, de se aproximar de Marcos.

Catarina, assim que soube da intenção de sua mãe, tentou, de todas as maneiras, fazê-la desistir do seu intento.

— Mas por que, filha, você não quer Dorinha trabalhando naquela casa?

— O fato de eu não querer já não é um bom motivo?

— Não querer o quê, posso saber?— perguntou Artur, aproximando-se.

— Querido, você veio mais cedo hoje para o almoço, algum motivo especial?

— Nenhum, apenas senti desejo de vir para casa. Mas o que Catarina não quer?

— Aconteceu de novo um episódio entre Catarina e Dorinha, que culminou com a intenção de Dorinha de ir embora daqui.

— Ir embora? — Artur mal podia acreditar.

— Isso mesmo.

— E você permitiu, Laura? Essa menina está conosco desde criança, encontra-se em tratamento, não pode ir embora assim, de uma hora para outra.

— Eu sei, penso como você, mas não consegui fazê-la mudar de ideia.

O passado ainda vive 109

— E Inês, o que pensa disso?

— Apoiou a filha. Dorinha disse estar cansada das humilhações que Catarina a faz passar por conta de ser empregada. Quer construir sua vida longe daqui.

Artur olhou para a filha e disse-lhe, tristonho:

— Nada do que eu lhe disse adiantou, não é, Catarina? Você continua agindo do mesmo jeito imprudente, continua dando corda para esse orgulho sem sentido; não consegue enxergar nada além de si mesma!

— Pai, o senhor não pode falar comigo desse jeito, sou sua filha!

— Por isso mesmo posso falar. É minha filha, e é meu dever orientá-la. Não consigo ver onde você foi arranjar esse orgulho tolo, se nenhum de nós, nem eu, nem sua mãe, nem seus irmãos, age como você. Não sei mais o que fazer para que entenda que alimenta o menor dos sentimentos, porque ele anda de mãos dadas com o egoísmo. Já foi dito isso para você, lembra? Ou esqueceu?

— Pai!

Sem dar ouvidos a Catarina, Artur perguntou a sua mulher:

— Para onde ela vai?

— Dorinha pediu-me uma carta de recomendação. Eu lhe disse que daria, sem problema, porque ela merece mais que isso, e nesse instante lembrei-me de Zuleica, esposa de Fausto, que comentou estar precisando de uma pessoa para trabalhar em sua casa e dormir no emprego. Garanti que iria falar com ela, mas Catarina, quando soube da minha intenção, ficou nervosa e se opôs. Não quer que eu a leve para a casa de Zuleica.

Estranhando a atitude da filha, Artur indagou.

— Pode me dizer por que, Catarina?

— Por nada, pai, apenas acho que ela não está apta para trabalhar em um ambiente tão refinado.

— Quem deve decidir isso é a dona da casa, no caso, a dona Zuleica.

Impetuosa, Catarina respondeu, dirigindo-se ao seu quarto:

— Está bem, façam como quiserem. Depois não digam que não avisei!

Antes de sair do local, ouviu a voz de Berenice dizendo:

— Ela gosta de Marcos, pai, e tem medo de perdê-lo para Dorinha.

— Ela o quê? — perguntou Laura. — Repita o que disse.

— Disse que ela gosta de Marcos.

Catarina voltou-se, furiosa, e, se não fosse impedida por sua mãe, teria dado um tapa no rosto da irmã.

— O que você ia fazer, Catarina?

Descontrolada, Catarina correu para seu quarto sem responder à pergunta do pai.

Assim que a filha se foi, Artur, preocupado, sentou-se.

— Laura, o que fizemos de errado com essa menina? Parece tão diferente de todos nós!

— Não sei, meu amor, eu também já me fiz essa pergunta um milhão de vezes, mas não encontro resposta que me satisfaça.

— Vamos até o aposento de Inês, quero conversar com Dorinha.

Assim fizeram.

O passado ainda vive

Encontraram-na sentada em sua cama, com o olhar fixo em um ponto, deixando que mil sonhos povoassem sua cabeça. Ao perceber a presença de Laura e Artur, assustou-se.

Levantou-se com pressa e, alisando seu vestido, disse:

— Desculpem-me, não os vi entrar. A senhora precisa de alguma coisa, dona Laura?

— Não preciso de nada, Dorinha, Artur deseja falar com você.

— Estou às ordens, doutor Artur.

— Com licença. — Artur se sentou em uma cadeira perto da janela.

— Fique à vontade.

— Dorinha, por que não desiste dessa bobagem de sair daqui? O que aconteceu não foi tão grave assim para chegar a esse ponto.

Meio sem graça, Dorinha afirmou:

Lamento, mas não posso mais suportar a maneira como sou tratada por Catarina. Pensei que tivesse se tornado minha amiga, estávamos nos dando bem, mas de uma hora para outra tudo volta a ser como antes. Não quero que me vejam como mal agradecida, sou lhes muito grata por tudo o que sempre fizeram por mim e minha mãe, mas preciso cuidar da minha vida, e aqui não vejo possibilidade disso.

— Por que pensa assim, Dorinha?

— Porque, doutor Artur, Catarina não permite que eu esqueça a minha condição de empregada, e sei que posso ser muito mais que isso.

Artur se entristeceu, pois percebeu que a jovem tinha razão. Catarina se comportava com superioridade mesmo nos momentos em que dizia ser amiga dela.

— Muito bem, Dorinha, não posso desmenti-la quanto ao comportamento de minha filha, mas posso lhe garantir que estarei atento a você, pronto para ajudá-la no instante em que precisar.

— Agradeço, doutor Artur, e sei que seu oferecimento é sincero. Dona Laura ficou de conseguir um trabalho para mim, espero que consiga, pois necessito de algum lugar para morar.

— Eu mesmo vou falar com meu amigo Fausto, sei que ele confiará em mim. Mas tem certeza de que é isso mesmo o que você quer?

Dorinha, em seus pensamentos, disse para si mesma: *Não vou perder a oportunidade de estar perto de Marcos; é a minha chance de me fazer notar por ele.*

— Claro, doutor Artur, é isso o que quero. O que seria melhor que estar em uma casa decente, entre amigos do senhor e de dona Laura?

— Bem, se é assim, fique tranquila. Hoje mesmo falarei com ele, e creio que tudo dará certo.

Ao vê-los sair, Dorinha não se conteve e, rodopiando pelo seu quarto, dizia:

— Tudo vai dar certo! Vou me livrar dessa chata da Catarina e ficarei perto do homem que eu amo.

— Quem é esse homem que você ama? — Inês quis saber.

Dorinha se assustou.

— Olá, mãe, não vi a senhora entrar...

— Mas entrei, e escutei você dizer que estará perto do homem que ama. O que significa isso?

Raciocinando rápido, Dorinha respondeu.

— Ora, dona Inês, significa que terei mais oportunidade de encontrar alguém que me queira de verdade, e assim poderei estar mais perto do homem que eu amar, só isso.

Experiente e conhecendo a filha, Inês comentou:

— Espero que seja isso mesmo, Dorinha. Não vá se meter com o filho desse casal, ele não é para você. E, por favor, não me traga problemas.

— Pode ficar sossegada, mãe, não vou causar-lhe nenhum problema. Tudo o que eu fizer será com o único intuito de dar-lhe uma vida melhor.

— Mas que seja com dignidade e transparência! — exclamou Inês, sentindo em seu coração que não seria assim. — Agora, chega dessa conversa. Venha me ajudar a servir o almoço. Por enquanto ainda está aqui, então cumpra sua obrigação.

A contragosto, Dorinha seguiu a mãe.

Enquanto isso, Catarina, em seu quarto, se remoía de raiva só de imaginar Dorinha perto de Marcos.

Sem se darem conta, as duas, mais uma vez, disputavam o mesmo amor.

Ela não vai conseguir atrair Marcos, eu não vou deixar. Quem Dorinha pensa que é? Sei que está fazendo tudo de caso pensado, percebeu que eu não ia fazer nada para aproximar os dois e resolveu bancar a ofendida. E meus pais caíram como patinhos! Posso ser orgulhosa e nem sempre agir de maneira correta, mas ela é uma dissimulada, age sob a aparência de boazinha e todos acabam ficando com pena dela e jogando toda a culpa em cima de mim! Mas, continuava com seus pensamentos, *se eu perceber que está jogando sujo para conquistar Marcos, vou pagar com a mesma moeda, sem me importar se é correto ou não.*

— Catarina, sua mãe a chama, o almoço já está servido — a voz de Dorinha se fez ouvir.

Sem dar resposta, ela se levantou e passou por Dorinha como se não a visse.

Durante toda a refeição, Catarina e Dorinha se olhavam como se quisessem fulminar uma à outra. Desafiavam-se, cada uma com seus pensamentos de disputa, como se dissessem: "Vamos ver quem ganha".

Berenice notou a guerra silenciosa entre sua irmã e Dorinha; não conseguia entender a razão que levava as duas a estar sempre se desafiando.

— O que aconteceu com você, Catarina? Está com uma fisionomia tensa; algum problema?

— Deixe-me em paz! — Catarina respondeu, e foi imediatamente repreendida por Laura.

— Filha, respeite sua irmã. Chega de se comportar como uma menina mimada, já está bem grandinha para isso.

— Então diga a ela para me deixar em paz.

— Catarina — disse Artur —, Berenice não interferiu na sua paz, como diz, porque a paz só existirá em seu coração a partir do momento em que compreender a vida e passar a amar as pessoas com a consciência de que todos somos iguais. Antes que isso aconteça, viverá sempre em conflito.

Catarina fez menção de se levantar da mesa.

— Sente-se e termine seu almoço— ordenou seu pai, enérgico.

O passado ainda vive   115

— Perdi a fome!

— Se não quiser comer, não coma, mas não vai sair da mesa. A hora da refeição é sagrada, e temos de valorizar esse momento.

— O senhor fala sempre de respeito, mas não está me respeitando!

Com a paciência que lhe era peculiar, Artur afirmou:

— Não estou lhe faltando com o respeito, minha filha, estou apenas tentando lhe mostrar que necessário se faz dominar nossos impulsos, que quase sempre nos impelem a atitudes desastrosas, como a sua neste momento.

— O que quer dizer? Por que desastrosa?

— Porque a está impedindo de desfrutar da companhia da sua família em uma hora abençoada como esta, por conta de nada.

— Como nada, pai? Será que ninguém percebe que estou triste?

— Triste? Sinceramente, minha filha, não consigo ver razão para essa tristeza. O que vejo é, mais uma vez, seu orgulho ameaçando seu equilíbrio. De novo está agindo por causa do seu amor-próprio ferido por bobagem, sem nenhuma consistência. Aprenda a viver, Catarina, e deixe os outros viver como quiserem.

Dorinha, que a tudo escutava, pensou: *Pelo menos seu pai consegue colocá-la no devido lugar. Um dia essa menina vai aprender que não pode interferir na vida das pessoas, nem exigir que elas façam somente o que ela quer.*

— Tomás — dizia Hortência —, entristece-me ver que Catarina está se afastando do seu propósito de resgate. Foi preparada quando na erraticidade para enfrentar nova experiência na Terra; orientada para o perigo de retornar na mesma situação de outrora, quando se perdeu por conta de sua beleza, riqueza e orgulho excessivo. Mas julgou-se apta a enfrentar os mesmos riscos. No entanto, esqueceu-se de suas intenções, e afasta-se de minhas inspirações.

— Quando o espírito veste novamente sua roupagem física é comum se esquecer do que, de fato, importa e se entregar às armadilhas da matéria — afirmou Tomás. — Não percebe o grande espírito que tem ao seu lado como seu pai, que incansavelmente lhe mostra onde está o engano; mas, afinando-se com seu orgulho, não consegue se dar conta de sua imprudência nem dos riscos que corre. O mesmo se dá com Lucila, hoje Dorinha, que no íntimo não esqueceu nem perdoou Constância, hoje Catarina, por haver interferido em seu romance no pretérito com Paulo, hoje Marcos; e luta para viver com ele o amor que não conseguiu consumar no passado. Reencontraram-se para resgatar o passado desastroso, mas perdem-se mais uma vez, porque Catarina não consegue aceitar o amor que uniu Dorinha e Marcos em suas encarnações passadas, e tenta separá-los sem se dar conta de que são dois espíritos afins.

— Mas e Marcos, como se comportará diante dessa situação?— Hortência quis saber.— Preocupa-me o caminho que esses três irmãos possam seguir, esquecendo o aprendizado e a proposta desta existência.

— Como ele irá se comportar, Hortência, não se pode prever, visto ter ele o seu livre-arbítrio. Mas vamos esperar pelo melhor, confiar e inspirar a esse irmão a melhor direção a seguir.

— Os sentimentos menores nada mais fazem do que atrasar o progresso espiritual daqueles que os abrigam em seu coração. Agem de maneira leviana, arbitrária e egoísta em nome do amor, provando que ainda não aprenderam, nem conseguiram sentir o que, na verdade, é esse sentimento que consegue transformar o homem em verdadeira criatura de Deus.

Após uma pausa, Hortência continuou:

— O nobre espírito André Luiz, no livro *Nosso Lar*, ensina: "Nem ódio é justiça, nem paixão é amor; a ausência de preparação religiosa no mundo dá motivo a dolorosas perturbações".

— O homem está longe de assimilar isso, Hortência! — exclamou Tomás.

— Tem razão. A ausência de Deus no coração dá margem a muitos enganos que levam o homem ao sofrimento, mas os egoístas só ouvem o que lhes convêm; a eles nada mais importa a não ser sua própria satisfação. Fazem guerra, trapaceiam, enganam e caluniam tudo em nome do amor; pobres infelizes, pagarão muito caro por causa dessa cegueira.

Completando, disse Hortência:

— É melhor aguardarmos o anoitecer, Tomás. Vamos tentar conversar com Catarina assim que seu espírito estiver liberto pelo sono do seu corpo físico. Enquanto isso, oremos ao Senhor.

Os dois espíritos uniram-se em prece, solicitando do Mais Alto auxílio para sensibilizar o espírito de Catarina.

CAPÍTULO VIII

Reencontro

Após cinco dias de angústia para Dorinha, que esperava com ansiedade a resposta de Zuleica, ela, enfim, foi comunicada por Laura de que tudo dera certo como imaginara. Tanto Zuleica quanto Fausto apreciaram a ideia de tê-la trabalhando em sua casa, pois sabiam que era pessoa de inteira confiança de Laura e Artur; praticamente fora criada junto deles e era considerada membro da família.

— Vai ser muito bom — disse Zuleica ao marido — não ter a preocupação que sempre nos causa uma pessoa estranha em nosso lar.

Fausto, concordando, dizia:

— Tem razão, Artur garantiu ser ela uma moça de bons princípios e bem disposta para o serviço.

— Só uma coisa me preocupa, Fausto.

— Posso saber o quê?

— Claro. Eu a vi poucas vezes, mas pude observar ser uma garota muito bonita, e isso me aflige.

Espantado, Fausto respondeu:

— Não entendo você, Zuleica. O que isso tem a ver com o fato de Dorinha trabalhar em nossa casa?

— Tem a ver com nosso filho.

— Nosso filho? — Fausto se admirou. — Não vejo aonde você quer chegar.

— Ora, não seja ingênuo, Fausto! Hoje em dia se tornou comum moças simples se insinuarem para os rapazes com nível social superior, com a finalidade de se darem bem na vida. Sem contar com as mais atiradas, que engravidam apenas para prender o namorado para sempre.

— Não acredito no que estou ouvindo de você, Zuleica. Que julgamento faz do nosso filho?

— O julgamento de uma mãe que conhece a fraqueza de seu único filho.

— Posso saber que fraqueza é essa?

— A mesma que a maioria dos rapazes tem quando se depara com um rosto bonito. Mas é melhor ficar quieta por enquanto; afinal, não passa de suposição.

— Acho bom mesmo você ficar calada. Isso não passa de preconceito, Zuleica. Nem conhece a moça direito e já faz julgamento.

— Vou lhe confessar uma coisa, Fausto. Sempre tive a esperança de ver Marcos casado com Catarina. Eles formam um lindo casal. Mas, pelo amor de Deus, não vá comentar nada com Artur!

— Evidente que não teria essa coragem. Artur e eu nunca misturamos assuntos particulares com nosso relacionamento profissional e de amizade, isso é coisa de mulher — disse Fausto, provocando a esposa.

Zuleica sorriu e afastou-se do marido, que se perguntava se aconteceria o que ela temia. *Acho que não. Marcos é muito seletivo, não se envolveria com uma doméstica. Zuleica se preocupa sem motivo. Bem, é melhor ir para o escritório. Não vou ficar pensando em algo só porque Zuleica supõe que possa acontecer.*

Enquanto Dorinha, feliz, arrumava suas coisas para ir embora, Laura lhe dizia:

— Sei que não preciso alertá-la quanto ao seu procedimento na casa de nossos amigos, Dorinha. Demos as melhores recomendações sobre você, e peço-lhe que não nos coloque em situação difícil. Sabe a que estou me referindo, não sabe?

— Fique tranquila, dona Laura, sei o meu lugar. Nada farei que possa deixar a senhora e o doutor Artur desgostosos comigo.

Catarina, que observava a euforia velada nos olhos de Dorinha, pois sabia o quanto ela gostava de Marcos, disse, querendo alfinetá-la com suas palavras:

— Será que não irá fazer mesmo, Dorinha? Tenho dúvidas quanto a isso!

Laura, não gostando do que a filha dissera, perguntou-lhe:

— O que quer dizer, Catarina?

— Nada, mãe, falei por falar.

— Pois se não sabe nada, não fale, deixe Dorinha em paz; afinal, não era o que vocês duas queriam?

— Queríamos o quê, mãe?

— Ver-se uma longe da outra. Pois bem, vocês conseguiram. Vejamos se agora vocês sossegam.

Dorinha se aproximou de Laura e disse-lhe:

— Dona Laura, jamais quis magoá-la, mas existem situações que nem mesmo nós sabemos como resolver; fogem do nosso controle, do nosso entendimento. Catarina e eu não sabemos dizer a razão, mas nunca conseguiremos ser amigas de verdade.

— Mas logo que você operou, Dorinha, tivemos a impressão de que haviam se tornado amigas. Se não íntimas, ao menos cordiais. Porém, de repente tudo mudou novamente.

Foi Catarina quem respondeu:

— Para ser sincera, bem que tentamos, mas, como disse Dorinha, não dá. Está acima de nós mesmas, é algo inexplicável.

— Foi por isso, dona Laura, que resolvi ir embora. Agora a senhora me entende?

— Entendo, Dorinha. — Laura estava comovida. — E espero que você seja muito feliz no seu novo lar, até o dia em que terá sua própria casa, construindo sua família ao lado de um rapaz bom e honesto. É isso o que desejo a você.

— Sei que quer o meu bem, e sou muito grata por isso.

Os olhares de Dorinha e Catarina se cruzaram.

Ela não me engana, pensava Catarina. *Fez tudo de caso pensado e acabou conseguindo o que queria: ficar ao lado de Marcos.*

Meu dia está chegando, Catarina, era o que ia no íntimo de Dorinha. *Vou lhe mostrar que a gata borralheira vai se transformar na cinderela; é só uma questão de tempo.*

Laura sentiu o clima tenso entre as duas e, para amenizar, falou com alegria:

— Vamos tomar um café juntas para comemorar sua despedida, Dorinha.

Chamou Inês, e todas se reuniram na cozinha, para desfrutar dos quitutes que Inês fazia tão bem.

O dia tão esperado por Dorinha finalmente chegou.

Instalada com relativo conforto na casa de Zuleica, olhava tudo a sua volta, admirando a beleza simples de seu quarto.

Mal consigo acreditar que estou na mesma casa que Marcos, vendo-o todos os dias, respirando o mesmo ar que ele respira, vivendo ao seu lado. Não importa que por enquanto como empregada, mas um dia tenho certeza de que estarei como sua namorada e, possivelmente, esposa.

Lembrou-se de Catarina.

Ela deve estar sentindo ódio de mim, mas ninguém manda no coração; o fato de ser pobre não anula o meu direito de ser feliz e, se eu tiver uma chance, não vou desprezá-la. Ao contrário, lutarei para que tudo saia dentro do previsto pelo meu coração.

A chegada de Zuleica tirou-a de suas reflexões.

— Dorinha, se já estiver com seus pertences arrumados no armário, gostaria que assumisse seu lugar nesta casa.

— Tudo já está em ordem, é só a senhora designar minha tarefa.

— Você ocupará o lugar de arrumadeira e servirá as refeições. Teresinha, a cozinheira, irá colocá-la ciente de tudo o que precisa saber. Quero apenas deixar claro para você, Dorinha, que não permito liberdade com meu filho ou com qualquer outro rapaz que estiver em minha casa, entendeu?

Surpresa, Dorinha respondeu:

— Não precisa me prevenir quanto a isso, dona Zuleica. Sei muito bem qual é o meu lugar.

— Está certo. Sendo assim, acho que se dará muito bem nesta casa, e eu fico mais tranquila.

Assim que Zuleica virou as costas, Dorinha colocou o uniforme, pensando: *Não fique tão tranquila assim, dona Zuleica. Amo seu filho, e farei de tudo para que ele também se apaixone por mim.*

Lembrando-se das palavras de Laura, quando se referiu a Zuleica, disse para si mesma com ironia: *Essa é o doce de pessoa a que dona Laura se referiu... Bem se vê que dona Laura não a conhece!*

Fechou a porta do quarto e foi ao encontro de Teresinha.

Encontrou-a atarefada com a preparação do jantar; assim que a viu, Teresinha disse-lhe, querendo ser simpática com a nova funcionária:

— Como você ficou bem com esse uniforme!

Acostumada a ouvir comentários a respeito de sua beleza, Dorinha respondeu, quase indiferente:

— Que importa ficar bonita ou não, Teresinha? De um jeito ou de outro somos empregadas, e jamais deixaremos de ser.

— Noto uma ponta de amargura em sua voz; ainda não se acostumou com sua posição?

— Nem vou me acostumar, se quer mesmo saber. Se todos somos iguais, como todo mundo prega, por que uns mandam e outros obedecem? Por que a fortuna cai nas mãos de uns enquanto os outros lutam para sobreviver e nem sempre são reconhecidos? Às vezes penso que isso não passa de uma injustiça.

— Acha mesmo que nosso Criador comete injustiças? Que Ele presenteia alguns com a beleza e a fortuna e outros com a miséria?

— Sei que Ele não é injusto, mas não consigo entender as diferenças sociais tão grandes!

Teresinha ia responder, quando ouviu a voz de Zuleica:

— Por favor, parem com essa conversa. Aqui não é lugar para discussões desse tipo; quero que cada uma cuide de seu serviço. Se quiserem conversar sobre crenças, façam em suas horas de folga.

— Desculpe-nos, senhora. — Teresinha olhou firme para Dorinha, querendo dizer a ela, com seu olhar, que também se desculpasse.

Entendendo o recado da colega, Dorinha também se desculpou:

— Não se zangue, dona Zuleica, isso não irá acontecer outra vez; desculpe-me.

Zuleica gostou da atitude de suas funcionárias.

— Tudo bem, estão desculpadas, mas, por favor, como já disse, a cozinha não é lugar para outros assuntos que não sejam referentes à casa.

Dizendo isso, afastou-se, pensando: *Não posso deixar passar esse tipo de coisa, preciso manter a ordem.*

— Aprendeu, Dorinha? Somos apenas empregadas aqui, e devemos agir como a dona da casa pensa e quer.

— Qual o mal de conversarmos enquanto cumprimos nossas tarefas?

— Mal não existe. No entanto, nossa obrigação é atender ao desejo dos patrões, são eles que nos pagam e, como eu, penso que você também precisa desse emprego, não?

— Na verdade, Teresinha, não precisaria se onde eu

trabalhava com minha mãe há anos não existisse uma pessoa tão presunçosa e arrogante como Catarina.

— Catarina?

— Sim! Você a conhece?

— Claro, ela já esteve aqui várias vezes com os pais. Não é a filha do doutor Artur e da dona Laura?

— Essa mesma. Resolvi sair de lá por causa dela, que fazia questão de dizer a todo instante que não passo de uma empregada, apesar de seus pais e irmãos considerarem a mim e a minha mãe como pessoas de casa. Afinal, eu praticamente nasci lá.

— Estou surpresa. Ela não me parece ser assim.

— Mas é — afirmou Dorinha, colocando toda a sua indignação nessa afirmação.

Preocupada com Zuleica, que poderia aparecer novamente, Teresinha disse:

— É melhor pararmos com essa conversa antes que dona Zuleica volte. Gostaria de saber mais sobre sua vida; se não se importar, é claro.

— Não me importo. Quando estivermos em nosso horário de folga conversaremos.

Afastaram-se, cada uma para cuidar de seus afazeres.

Acho que encontrei uma amiga, pensou Dorinha. *Preciso mesmo de alguém para conversar, e ela me parece confiável.*

Ao se aproximar a hora do jantar, o coração de Dorinha batia aceleradamente, pois sabia que iria se encontrar com Marcos.

Preciso ficar bonita mesmo usando este uniforme, ele tem de me notar. A primeira impressão, geralmente, é a que fica. Meu Deus, esse rapaz nunca falou comigo nas poucas vezes em que foi à casa de dona Laura! Como posso amá-lo tanto, mesmo sabendo que para ele eu não existo?

Deixando solta a imaginação, prosseguiu:

Mas posso passar a existir, tudo é possível!

Dirigindo-se à sala, arrumou a mesa para a refeição usando toda a etiqueta que aprendera com Laura e seguindo as orientações de Teresinha.

— Não se esqueça de colocar um pequeno arranjo de flores no centro da mesa — recomendara Teresinha. — A patroa não abre mão disso. Mas com flores baixas.

— Entendi, Teresinha, pode deixar, vou fazer tudo direitinho conforme ela gosta— respondera Dorinha, cada vez mais ansiosa.

Teresinha, perspicaz, pensara: *Essa menina está muito nervosa. Espero que não alimente nenhuma ideia em relação ao senhor Marcos, pois só iria atrair sofrimento.* E balançando a cabeça: *Que ideia absurda me passou pela cabeça. Ela nem conhece o senhor Marcos. Pelo menos é o que acho. Bobagem minha.*

Às vinte horas em ponto Dorinha servia o jantar para seus patrões.

Ao entrar na sala, seus olhos procuraram Marcos, que, alheio a sua presença, conversava com o pai.

Dorinha sentia-se tremer unicamente pelo fato de estar tão próxima do homem que amava em silêncio desde o momento em que o conhecera, na casa de Catarina. O seu coração romântico imaginara que, assim que ele a visse, iria reconhecê-la e alegrar-se com sua presença, mas a realidade não condizia com sua ilusão. Marcos parecia nem se dar conta de que ali estava a nova empregada de sua mãe.

— Dorinha? — disse Zuleica. — Estou me dirigindo a você, mas parece não escutar o que lhe digo. Gostaria que prestasse mais atenção no seu serviço.

— Desculpe-me, senhora, estou um pouco nervosa, só isso. Mas não tornará a acontecer.

— Assim espero.

Nesse momento, Marcos notou Dorinha, ao olhar distraidamente para ver de quem se tratava, e reconheceu a moça que vira por várias vezes na casa do amigo de seu pai.

— Desculpe-me perguntar, mas você não é a filha da funcionária de dona Laura?

Tentando esconder seu nervosismo, Dorinha respondeu:

— Sim, senhor, sou eu mesma.

— Não me recordo do seu nome. Como se chama?

— Dorinha.

— Muito prazer, Dorinha. Creio que nunca nos falamos na casa de Catarina, ou então não me lembro.

— Nunca nos falamos, senhor Marcos. — Sem saber por que, voltou a falar: — Sou daquelas pessoas inexistentes, aquelas que ninguém se preocupa em enxergar.

Tanto Zuleica quanto Fausto estranharam a resposta de Dorinha; Zuleica, mais determinada e fria, logo interferiu:

— Não aprecio sua maneira de se expressar, Dorinha. Você precisa aceitar sua posição, e não ficar questionando, como já percebi que gosta de fazer.

Dorinha se deu conta de que fora longe demais.

— Perdoe-me, senhora.

— Espero que mude seu comportamento; do contrário, sua permanência nesta casa será impossível.

— Já pedi desculpas, senhora, isso não vai mais acontecer.

— Espero que seja assim.

Marcos, olhando com mais atenção para Dorinha, sentiu um lampejo de simpatia por ela e admitiu que gostou do que ela dissera. *Ela tem razão*, pensou. *Existem mesmo pessoas que ninguém vê. Fazem parte de um contexto a que ninguém dá importância, mas, se não existissem, a rotina de muitos viraria de cabeça para baixo; como a da minha mãe, por exemplo.*

Diante da insistência de Zuleica em recriminar Dorinha, Marcos interveio:

— Mãe, que mal há no que ela falou? Não entendo tanta indignação. Se analisar bem, Dorinha tem razão.

— Marcos, não quero que se intrometa no meu relacionamento com as empregadas desta casa, isso compete somente a mim, e quero que continue assim.

Dorinha, sentindo-se feliz pela intercessão de Marcos, voltou a dizer:

— Não precisa ficar zangada, dona Zuleica. Volto a dizer que não irá mais se repetir; foi uma bobagem minha.

Essa menina tem personalidade, concluiu Marcos. *Gosto do seu jeito.*

Dorinha dirigiu o olhar para Marcos e disse em seguida:

— Com licença. — E retirou-se, deixando Zuleica nervosa e arrependida de tê-la contratado.

— Se eu soubesse que essa menina era tão atrevida, não a teria trazido para cá.

— Você está exagerando, Zuleica — disse Fausto. — Penso como Marcos, ela não falou nada de mais, apenas colocou para fora um sentimento que deve, de alguma forma, atormentá-la.

— Vocês não conhecem as mulheres!

— Então, por favor, não vamos deixar que um simples episódio desses estrague nossa refeição.

— O senhor tem razão, pai.

Zuleica, sem dizer nada, pensava: *Essa menina não me engana, alguma coisa nela me incomoda; vou ficar de olhos bem abertos.*

Assim que chegou à cozinha, Teresinha percebeu o nervosismo de Dorinha.

— O que aconteceu lá na sala, Dorinha? Você demorou a voltar e, pelo visto, está nervosa.

— Aconteceu o que sempre acontece conosco, Teresinha, as pessoas invisíveis!

— Pessoas invisíveis? O que quer dizer com isso?

— Quero dizer que somos pessoas que não existem. Ninguém nos conhece, ninguém se preocupa em saber nosso nome, não somos importantes, e nosso trabalho só aparece e é reconhecido quando deixamos de fazê-lo.

Teresinha sentiu uma grande revolta no coração de Dorinha.

— Não penso como você, nem todos são assim como diz.

— São sim, Teresinha. Você é que já se acostumou e não luta para que as coisas mudem.

— Lutar! E com que armas, Dorinha?

— Com a arma da palavra; da indignação em ser tratada com tamanha indiferença.

— E perder o emprego que me sustenta, que me dá oportunidade de enviar o dinheiro para minha família que mora em outro estado e necessita dele para sobreviver? Não, Dorinha, não me importo de ser invisível para os homens, sei que não sou para Deus, e isso é que faz toda a diferença.

Dorinha se calou. Sabia que de nada adiantaria confrontar Teresinha, pois a opinião dela já estava formada, e sua fé a impedia de questionar muitas situações que para Dorinha eram inaceitáveis.

Não sei quem está certa, pensou, *se eu ou ela.*

Percebendo que todos haviam se retirado da sala de jantar, Dorinha dirigiu-se até lá para retirar os pratos, quando se surpreendeu com Marcos, que lhe disse sem rodeios:

— Esperava por você, sabia que viria.

Sua agitação fez com que, mais uma vez, seu coração disparasse e, temendo que Marcos notasse, em sua emoção fez menção de se retirar.

— Fique. — E Marcos se aproximou mais dela.

— O que o senhor deseja, senhor Marcos? Posso ser-lhe útil?

— Não desejo nada, apenas lhe dizer que concordo com o que disse hoje ao servir o jantar.

— Não me lembro do que disse!

Fingindo acreditar nela, ele insistiu:

— Concordo com sua colocação de seres invisíveis; acho que tem razão, e, como você, não aprovo essa atitude, que julgo preconceituosa. Precisamos pensar em uma maneira de mudar isso.

— Mudar isso? Quem sou eu para tentar alguma coisa desse porte? Isso não cabe a mim nem a Teresinha, nem a qualquer outra invisível que seja, mas sim às pessoas que nos comandam por causa do salário que nos pagam.

Como é orgulhosa! Não sei até que ponto isso é bom.

Mas, antes que Marcos dissesse qualquer outra coisa, Dorinha, pedindo licença, afastou-se, indo em direção à cozinha.

Lá chegando, encostou-se na beirada da pia e tapou o rosto com as mãos.

— O que foi, Dorinha? Parece-me nervosa. Dona Zuleica lhe disse alguma coisa?

— Não, Teresinha, encontrei o senhor Marcos na sala. Ele disse que estava me esperando para falar que concordava comigo sobre o que falei no jantar.

— Meu Deus do céu! Sinto que não ficará muito tempo aqui nesta casa.

— Por quê? O que foi que eu fiz?

— Nada. Mas isso não está me cheirando muito bem.

— Isso o quê, pode se explicar?

— Você começou mal, Dorinha, falou o que não devia, conversou com o senhor Marcos na sala... Posso garantir que se dona Zuleica souber disso irá despedi-la.

— Por quê? Falar com o filho dela fere a integridade da senhora?

— Porque ela teme que o filho possa se engraçar com alguma funcionária, alguma empregada, entende? Se isso acontecer, ela não poupará seja lá quem for.

Sem pensar e agindo com impulsividade, Dorinha respondeu:

— E eu com isso? Ela que me aguarde.

— Meu Deus... — repetiu Teresinha.

Essa menina vai trazer tempestade para este lar.

CAPÍTULO

IX

Punhalada na alma

Laura, aproximando-se de Catarina, perguntou-lhe:

— Filha, percebo que desde a partida de Dorinha você anda muito calada. Devo imaginar que seja saudade dela? Afinal, estão juntas desde pequenas. Ou existe outro motivo que desconheço?

Não querendo prolongar a conversa com sua mãe, Catarina respondeu, lacônica:

— Não sinto saudade dela nem tenho nenhum outro motivo.

Laura insistiu:

— Desculpe-me, minha filha, mas é evidente sua melancolia.

— Não quero falar sobre isso, mãe, gostaria apenas de ficar sozinha, se a senhora não se importar.

— Não me importo, filha, vou respeitar sua vontade, apesar de estar preocupada com você.

— Não se preocupe comigo, por favor, não tenho nada, daqui a pouco isso passa.

Laura se afastou sem deixar de perceber os olhos úmidos da filha.

O passado ainda vive 133

— Ela está com algum problema, tenho certeza disso.

Não reparou que falara alto, e assustou-se ao ouvir a voz do marido:

— Quem está com problema, Laura, posso saber?

— Claro, Artur. Tenho notado que Catarina anda tristonha, calada; estive com ela agora, mas não consegui que me dissesse o motivo dessa tristeza.

— Acha que seria bom eu falar com ela?

— Se você quiser, meu bem... Demonstração de carinho nunca atrapalha, ainda mais acompanhada de palavras sensatas como só você sabe falar.

Artur deu um beijo na face de Laura, dizendo:

— Você me faz muito feliz Laura!

Emocionada, Laura afirmou:

— Também sou muito feliz com você, querido.

Artur foi se afastando.

— Vou conversar um pouco com Catarina.

— Vá, meu bem. Quando o jantar estiver servido vou chamá-los.

Vendo seu marido se afastar, Laura pensou: *Como Artur me faz feliz! Agradeço a Deus por ter me presenteado com companheiro tão amigo, digno e cheio de conteúdo moral para oferecer a quantos o procuram.*

Ao se aproximar de Catarina, Artur percebeu de imediato que sua esposa tinha razão. Encontrou-a com o rosto apoiado sobre as mãos, permitindo que algumas gotículas de lágrimas o molhassem.

Sentiu seu coração se apertar. Amava aquela filha, e sabia o quanto era diferente dos irmãos. Desde tenra idade demonstrava ser voluntariosa e tentava esconder o orgulho que seus pais, com tristeza, percebiam.

No início, Laura, excessivamente feliz com a chegada de uma nova filha, enganara-se, tratando-a com muito mimo, mas, com o passar do tempo e sensível às orientações de Artur, conscientizara-se do seu equívoco e unira-se a ele com a finalidade de orientá-la de uma maneira mais segura, procurando extirpar de seu coração esse sentimento danoso.

— Pai! O senhor me assustou...

— Desculpe-me, filha, não tive essa intenção. Mas você estava tão absorta em seus pensamentos que não percebeu minha aproximação.

Diante do olhar tristonho da filha, perguntou:

— Posso lhe fazer companhia?

Indecisa, respondeu:

— Claro, pai, sente-se ao meu lado.

Acomodado junto da filha, Artur pegou suas mãos, fez-lhe um carinho e lhe disse:

— Catarina, sei que não está bem. Gostaria de conversar sobre o que a está afligindo?

— Gostaria, pai, mas não sei se o senhor irá me entender.

— Por que não tenta e me dá a oportunidade de poder ajudá-la de alguma forma?

Antes de falar, Catarina abraçou o pai.

— Amo muito o senhor, papai!

— Eu também, filha, amo muito você.

Laura, que se aproximava sem ser vista, escutou-os e, com um pouco de tristeza, pensou: *É incrível como Catarina é apegada ao pai; desde pequena foi assim. Sei que me ama também, mas com Artur é diferente. É uma questão mesmo de afinidade espiritual, e quanto a isso não posso lutar, nem quero, de maneira alguma, atrapalhar uma união de almas. Artur é a pessoa certa para conduzila no caminho do progresso espiritual.*

Assim, afastou-se, deixando Catarina entregue aos sábios conselhos de Artur.

O diálogo entre pai e filha continuava, alheio ao pensamento de Laura.

— Filha, não tema em se abrir comigo; sou seu pai e quero o seu bem. Vamos conversar.

Confiante, Catarina disse-lhe

— Pai, estou sofrendo muito desde que Dorinha se foi desta casa, indo morar na casa de dona Zuleica.

Artur não conteve sua surpresa.

— Está sofrendo pela ausência de Dorinha? — indagou, admirado.

— Não, pai, estou sofrendo pelo fato de ela estar vivendo na casa de Marcos.

Artur ficou mais confuso ainda.

— Por favor, minha filha, explique isso direito. O que tem a ver Dorinha estar morando na casa de Fausto e a sua tristeza? Não faz sentido, a não ser que você esteja...

— Sim, pai, eu amo o Marcos, e a Dorinha também.

Mais espantado, ainda, Artur disse:

— Vocês duas amam o filho de Fausto? É isso?

— Sim, é isso!

— E o rapaz sabe disso?

— Imagino que não, nunca conversamos a respeito com ele. Pelo menos eu não.

— E Dorinha?

— Penso que também não; nunca a vi conversar com ele aqui em casa, a não ser...

— A não ser?

— ...que se encontrasse com ele fora daqui.

Após ponderar, Artur concluiu:

— Isso não é possível, Catarina. Dorinha não teria coragem de proceder dessa maneira, envolvendo-se com o filho do meu amigo; ou teria?

— Não sei, pai. Na verdade, ninguém conhece as pessoas em seu íntimo.

— Devo concluir que o que a preocupa é o medo de que Marcos venha a se apaixonar por Dorinha pelo fato de ela estar mais perto dele que você?

— É exatamente isso, pai.

— Querida, não está fantasiando muito as coisas? Você pensa mesmo que Marcos olharia para ela dentro de sua própria casa, sabendo o que sua mãe pensa desse tipo de envolvimento?

— Não sei, pai, tudo é possível quando se trata do coração.

— O que quer dizer?

— Que o coração não obedece à razão. Ele age sozinho, vai sempre em busca do que julga trazer felicidade, e não se importa se está indo atrás do sofrimento.

Artur ponderou sobre tudo o que a filha lhe confidenciara.

— Catarina, preocupa-me esse estado de melancolia ao qual está se entregando. Se realmente ama esse rapaz, aproxime-se dele como amiga, mas não interfira em suas decisões. Deixe-o livre para pensar sobre seus sentimentos, não o pressione; o que tiver de acontecer, acontecerá.

— O senhor acha que existe possibilidade de ele se interessar por Dorinha?

— Não sei, minha filha, mas você mesma acabou de dizer que ninguém manda no coração. E, se ninguém manda, tudo pode acontecer, até o que julgamos improvável.

Aconchegando-se nos braços do pai, Catarina se encolheu como se fosse uma criança. Artur, sensível ao sofrimento da filha, abraçou-a com carinho, dizendo-lhe:

— Catarina, não sofra tanto por antecipação, não sabemos nada do futuro, mas podemos conduzir o nosso presente de uma maneira equilibrada e sensata para promover um futuro promissor.

— Quando o senhor fala, pai, tudo parece tão fácil!

— Nada é fácil, filha, mas tudo é possível quando conduzimos nossa vida dentro da dignidade e das leis universais.

— E o que faço agora?

— Continue a viver como sempre, com alegria, prazer, responsabilidade, e coloque uma pitada a mais de bom senso — disse Artur, brincando.

Catarina olhou para o pai e, com um sorriso nos lábios, exclamou:

— Pai!

Artur, levantando-se, pegou-a pelas mãos.

— Vamos, o jantar deve estar servido, sua mãe chegou por duas vezes na porta, penso que não quis nos interromper, por isso não nos chamou.

Catarina, sentindo-se mais aliviada na sua dor, seguiu seu pai.

Quando todos se encontravam à mesa, Laura deu por falta de Jonas.

— Inês? Onde está Jonas, que não veio jantar?

Apressada, Inês atendeu ao chamado de Laura.

— Não sei, dona Laura, ele não está em casa.

Artur estranhou.

— Como assim? Jonas nunca falta às nossas refeições. Aconteceu alguma coisa, Laura?

— Não que eu saiba. Também estou estranhando sua ausência. Você sabe de alguma coisa, Berenice?

Apesar de saber o que estava acontecendo com seu irmão, Berenice permaneceu em silêncio. Artur insistiu:

— Berenice, você não respondeu à pergunta de sua mãe. Sabe de alguma coisa?

Convicta de que quem deveria responder era o próprio Jonas, Berenice se esquivou, dizendo:

— Não sei de nada, mãe.

Pela expressão da filha, Artur desconfiou que escondia algo que não queria dizer. Por isso, insistiu:

— Berenice, se você sabe de alguma coisa a respeito de Jonas, não tenha receio de nos falar, temos o direito de saber, minha filha.

— Não sei de nada, pai — tornou Berenice a afirmar.

Certo de que sua filha sabia, mas não queria falar, Artur encerrou o assunto:

— Bem, assim que ele chegar teremos a explicação que queremos.

O passado ainda vive

— Pai, desculpe, mas não posso interferir nos problemas de Jonas, isso é assunto dele. É mais velho que eu, e cabe a ele pedir a ajuda de que precisa.

— Pedir ajuda? — Artur, ansioso, desconfiava de que algo de muito sério estava acontecendo com o filho.

Berenice, receosa de se intrometer na vida de seu irmão, apesar de triste pelo que descobrira, levantou-se e, pedindo licença aos pais, retirou-se para o seu quarto.

Artur e Laura olharam-se e, preocupados, sentiram que algo de muito grave estava por vir.

A refeição, sempre tranquila, tornou-se tensa devido à ansiedade e ao receio que tanto Laura quanto Artur experimentavam.

Artur ainda tentou saber de alguma coisa interrogando Catarina:

— Você está a par do que acontece com seu irmão, filha?

— Não, pai, posso lhe garantir que de nada sei.

— Nesse caso, só nos resta aguardar a chegada de Jonas.

O assunto, embora encerrado, deixou no coração de Artur e Laura marcas de preocupação.

Berenice, assim que chegou a seu quarto, chorou.

Meu Deus, proteja meus pais, eles não merecem o que está por vir; o golpe vai ser grande, e eles vão sofrer muito. Por que Jonas, com toda a estrutura familiar que temos, o amor de nossos pais, a orientação que recebemos, se deixou envolver? Sempre desfrutamos do afeto e da presença constante de nossos pais. Entretanto, agora o sofrimento irá se instalar em nossa casa. Ele, que sempre se comportou com educação, com respeito às pessoas, atencioso com todos, independentemente de posição social, cair nessa armadilha... Não posso entender.

"Quando os pais fizeram tudo o que deviam para o adiantamento moral dos filhos, se estes não se saem bem, não têm censuras a se fazer, e sua consciência pode estar tranquila; mas, ao desgosto muito natural que experimentam do insucesso dos seus esforços, Deus reserva uma grande, uma imensa consolação, pela certeza de que não é senão um atraso, e que lhes será dado acabar em outra existência a obra começada nesta, e que um dia o filho ingrato os recompensará com seu amor."

O Evangelho Segundo o Espiritismo — capítulo XIV — Allan Kardec.

Percebendo o adiantado da hora e a demora de Jonas, a preocupação de Artur e Laura aumentou consideravelmente. Nervoso, ele foi ter com Berenice e obrigou-a a dizer o que sabia.

— Filha, não vê que pode ter acontecido algo grave com seu irmão? E nós estamos aqui ansiosos, sem saber nada e sem ter a chance de poder ajudá-lo. Se tiver conhecimento de alguma coisa, diga-nos, caso contrário, poderá ser tarde demais.

— Seu pai tem razão, filha, é seu dever colocar seus pais cientes de tudo. Sabemos que quer proteger seu irmão, mas pode estar protegendo de uma maneira equivocada. Se nos disser, teremos a oportunidade de tentar ajudá-lo.

Berenice sabia que seus pais tinham razão.

Assim, abraçou sua mãe e lhe disse:

— Mãe, tenho receio da reação de Jonas quando souber que o traí. Ele não vai gostar.

Artur considerou:

— Querida, admiro sua lealdade, mas em certas circunstâncias ela não faz sentido, porque pode prejudicar exatamente a pessoa que queremos proteger, entende? Sinto que algo de muito grave está acontecendo. Queremos ter a oportunidade de auxiliar nosso filho, seja lá o que for que estiver acontecendo; é nosso dever, e é o que queremos fazer: ajudá-lo.

Após pensar por um instante, Berenice falou:

— É, o senhor tem razão. É melhor saberem mesmo; mas devo adiantar, pai, que sofrerão um choque muito grande.

O coração de Laura disparou no peito.

— Meu Deus, o que está por vir?!

— Diga, minha filha.

— Pai, há pouco tempo descobri que Jonas é usuário de drogas.

A revelação de Berenice fez Laura quase desfalecer. Pálida, não teve outra reação senão jogar-se na cama da filha e chorar. Artur, mais comedido, embora sentisse a dor dessa revelação cravar-se em seu peito, perguntou:

— Isso é verdade ou apenas suposição sua?

— Infelizmente, é verdade, pai.

— Como descobriu?

— Descobri por acaso. Entrava em uma perfumaria quando ouvi chamarem meu nome; olhei e deparei com um rapaz que me perguntou se eu era a irmã de Jonas. Diante da minha afirmativa, ele me pediu para dar um recado a ele. Respondi que sim, e minha surpresa veio assim que o rapaz me disse o que era.

— E o que foi?

— Disse que era para eu dizer a Jonas que o CD que ele encomendara já estava com ele, que poderia ir buscar, mas não se esquecesse de levar o pagamento. Pai, não sou tão esperta, mas também não sou boba; desconfiei na hora que se tratava de droga, o que se confirmou quando passei o recado para Jonas. Perguntei a ele que CD era esse que ele tanto queria e por que comprava nas mãos de um amigo, e não em uma casa comercial. Ele, nervoso, respondeu que era coisa dele e que eu não devia me meter.

— Meu Deus! — Artur exclamou.

— Continue — pediu Laura.

— Fiquei de olho em Jonas e, quando percebi que ele ia se encontrar com o tal amigo, eu o segui. Realmente, mãe, era verdade, o amigo entregou um pacotinho que Jonas logo guardou no bolso, pagou e foi embora. A partir daí, eu o pressionei até que ele confessou ser usuário de drogas e exigiu que eu não comentasse com vocês. É isso.

Diante do silêncio dos dois, Berenice abraçou-os amorosamente e disse-lhes:

— Não fiquem assim. Sempre confiaram em Deus, sempre lutaram com valentia em todas as situações aflitivas da nossa vida e nos ensinaram isso; confiem e lutem mais uma vez, estarei sempre por perto para dizer-lhes o quanto eu os amo.

Laura e Artur olharam para Berenice surpresos ao ouvi-la falar com tanta segurança e relativa calma sobre um assunto tão grave.

— Filha — disse Artur —, sabemos que podemos contar com você, que sempre foi uma excelente filha; amorosa, dedicada, solícita. Nós também a amamos muito.

O passado ainda vive   143

Catarina, enciumada, aproximou-se dos pais.

— Podem contar comigo também — disse.

— Você também, filha, é muito amada por nós.

— Artur, precisamos saber onde nosso filho está. Já é tarde, e ele ainda não chegou. Estou preocupada e com receio de que tenha acontecido algo grave.

— Você tem alguma ideia de onde Jonas possa estar, Berenice?

— Infelizmente não, pai, não sei mais nada sobre ele.

— Jonas sempre foi muito reservado — Laura comentou —, não fala quase nada sobre sua vida. Talvez tenhamos errado, Artur, em não forçá-lo a uma interação maior conosco.

— Mãe — interveio Berenice —, não se entregue à culpa, porque vocês não têm nenhuma. Tudo o que ele deveria saber vocês ensinaram. O que Jonas fez foi por vontade própria, ninguém o forçou a nada, e ele não pode nem dizer que foi por carência afetiva; tanto eu quanto Catarina somos testemunhas do grande amor e atenção que sempre nos deram, por isso, mãe, volto a dizer: não se culpe.

— Berenice tem razão — confirmou Catarina —, não podemos nos queixar de nada. Ao contrário, devemos agradecer cada minuto com vocês.

— Obrigada, filhas, nós amamos muito vocês três, são nosso filhos queridos.

— Bem, agora vamos à parte prática. Já são vinte e três horas, e Jonas não aparece. É necessário irmos atrás dele; e vou começar indo até a delegacia me informar se houve algum acidente ou assalto em que pudesse estar envolvido.

— Vou com você, Artur.

— Não, é melhor papai ir sozinho, mãe, a senhora está muito nervosa.

— Não, prefiro ir. Se permanecer aqui, ficarei mais nervosa ainda. Vou pegar um casaco.

No instante em que saíam de casa, ouviram a voz de Catarina gritando:

— Pai, telefone para o senhor!

— Diga para ligar mais tarde, estou com pressa.

— É melhor atender, pai, é da delegacia.

Ao ouvir a palavra delegacia, Artur e Laura, assustados, voltaram correndo para a sala.

— Alô! — atendeu Artur, com voz trêmula.

Em silêncio, ouviu o que diziam do outro lado da linha. Por fim, disse:

— Obrigado, estou indo.

Desligou o telefone, sentou-se e, com as mãos cobrindo-lhe o rosto, deixou as lágrimas cair e escorrer por sua face, sem se importar se era feio ou não um homem chorar na frente de suas filhas e esposa.

— Artur, pelo amor de Deus, o que houve com Jonas? Que notícia é essa que o deixou assim nesse estado? — Laura quis saber.

Quase sem voz, sentindo-se impotente diante de uma situação que para ele era gigante, respondeu:

— Laura, as coisas são piores do que imaginamos.

— Diga, pai, o que foi?

— Jonas foi preso, Laura. Nosso filho foi preso por suspeita de tráfico de drogas.

Laura sentiu o chão desaparecer embaixo de seus pés, e, sem que ninguém pudesse fazer alguma coisa para ampará-la, caiu desfalecida.

— Inês! Inês! — gritou Berenice, desesperada —, corra aqui, venha nos ajudar!

Sem demora, Inês apareceu.

— Traga água, álcool, sei lá, o que quiser. Mamãe desmaiou, é preciso acordá-la!

Artur carregou a esposa e colocou-a, ainda desacordada, sobre a cama. Berenice e Catarina choravam desesperadas, tentando fazer com que a mãe voltasse a si, o que aconteceu alguns instantes após.

Laura retornou do desmaio sem entender direito o que estava acontecendo.

— Artur, o que foi mesmo que você disse?

— Meu amor, procure ficar calma, deve ser um engano; não acredito que Jonas teria coragem de fazer o que eles estão dizendo.

— Repita, Artur, o que eles estão dizendo?

Artur olhou para as filhas e, tentando aparentar calma para não assustar tanto a esposa, disse:

— Vou repetir, Laura: acredito que seja um engano.

— Por favor, Artur, diga logo!

— Ele foi preso por suspeita de tráfico de drogas.

— Não pode ser... Não pode ser... — repetia Laura, desesperada. — Meu filho não. Senhor, venha em nosso socorro!

— Calma. — Berenice acariciava a mãe. — Acho que papai tem razão; tudo não vai passar de um terrível engano. Jonas é usuário, não traficante.

Mais equilibrado em suas emoções, Artur tomou a medida necessária antes de ir à delegacia. Telefonou para seu advogado e, juntos, deixando Laura sob os cuidados das filhas, foram ao encontro de Jonas. Assim que se viu diante do pai, Jonas, chorando e aos gritos, dizia ser inocente.

— Pai, acredite em mim, não sou traficante! Sei que estou dando ao senhor a maior tristeza e decepção, mas sou usuário, e não traficante.

Esforçando-se ao extremo para manter-se controlado, Artur abraçou o filho.

— Calma, querido, vamos resolver um problema de cada vez. O doutor Ulisses vai cuidar do caso, tudo será devidamente esclarecido. É preciso manter a calma.

Apesar dos esforços do advogado, Jonas permaneceu detido por alguns dias até que o juiz, relaxando o flagrante, e após Artur ter pago a fiança, soltou o rapaz.

Nos dias que se seguiram, Valdo, o traficante que fornecia as drogas para Jonas, foi pego em uma diligência policial em uma comunidade da cidade, e ficou provada, inclusive com a confissão dele, a inocência de Jonas: Valdo era o verdadeiro traficante, e Jonas, mero usuário.

Durante todo esse processo, a casa de Laura e Artur tornara-se um lar triste, produto da amargura que se instalara no coração do casal. A alegria antes reinante dera lugar ao silêncio e à decepção. Artur sabia da necessidade de conversar com o filho, mas ainda não tivera forças para tanto. Pela primeira vez, sentia-se frágil, sem saber o que fazer ou dizer, apesar da consciência de que algo precisava ser feito para tentar a recuperação do filho.

O passado ainda vive

147

Jonas, recuperado do medo por que passara, continuava sua vida de sempre, com saídas sem hora para chegar; saídas essas que todos sabiam ser para se perder na imprudência da droga.

Artur ouvira, certa vez, alguém dizer que a "droga é a saída para quem não tem saída"; e essa colocação o martirizava sobremaneira.

Se esse for o caso de Jonas, pensava, *o que será que o perturba tanto a ponto de se sentir sem saída? O que lhe faltou para buscar o que queria nas drogas.*

Sentindo o coração apertar em seu peito, Artur buscava alívio nas preces habituais. Laura, assim como o marido, culpava-se por não haver percebido bem antes o que acontecia com seu filho dentro de sua casa; fora incapaz de notar.

— Onde estava minha atenção, o que fazia eu, que nada percebi?! — exclamava a todo instante.

Berenice e Catarina amparavam seus pais nesse momento, que para eles era a dor suprema. Por mais que falassem que nenhuma responsabilidade tiveram, pois sempre foram pais presentes, atuantes e amorosos, percebiam que tanto Laura quanto Artur, no íntimo, se culpavam. Sem saber como ajudá-los, acharam que poderiam encontrar consolo na casa espírita que frequentavam.

— Pai, por que o senhor e a mamãe não vão buscar consolo na espiritualidade? Sempre o auxílio vem quando o pedido é justo, não é o que sempre nos disseram? — perguntou Berenice.

— Também penso assim — disse Catarina. — Eles não irão resolver o problema para vocês, mas receberão o suporte para agir de maneira equilibrada, consoladora, mostrando o caminho mais seguro para enfrentar tudo o que está por vir.

Artur e Laura se surpreenderam com o que acabavam de ouvir.

— Nunca imaginei escutá-las falar com tanta propriedade e sensatez; estou surpreso!

— Pai, esqueceu que sempre ouvimos de vocês tudo isso que dizemos? — Catarina sorriu.

Sentindo seus corações mais serenos com o carinho recebido das filhas, Laura e Artur se abraçaram e, disfarçadamente, deixaram sair de seus olhos pequenas lágrimas, que Berenice e Catarina, emocionadas, notaram.

CAPÍTULO X

Corações cheios de mágoa

Dorinha, percebendo que Marcos ainda se encontrava em seu quarto, fingiu não ter se dado conta e, abrindo a porta, entrou sem bater. Diante da surpresa de Marcos, fingiu um constrangimento que estava longe de sentir.

— Desculpe-me, senhor Marcos! Imaginei que já tivesse saído e vim arrumar o quarto. Mas já estou saindo.

Marcos, no entanto, muito gentilmente, disse-lhe:

— Fique, Dorinha, faça seu serviço. Mas, da próxima vez, por favor, bata na porta.

— Eu volto mais tarde— completou Dorinha.

— Eu disse que pode ficar.

Ela permaneceu parada à soleira. Pela primeira vez, Marcos percebeu o quanto aquela jovem era bonita, e inexplicavelmente experimentou uma sensação estranha.

— Nunca havia reparado em como você é bela, Dorinha!

— Obrigada, senhor Marcos.

— Gostaria que me chamasse apenas de Marcos.

Antes que respondesse, Dorinha ouviu a voz de Zuleica:

— Você vai continuar chamando-o de senhor Marcos. E, por favor, pode me explicar o que faz aqui, no quarto dele?

Dorinha não sabia o que responder. Marcos, diante de seu embaraço, falou:

— Nada, mãe, Dorinha acabou de chegar. Veio fazer a arrumação pensando que eu já havia saído. Foi só um equívoco, ela não imaginou que me encontraria aqui.

— Se foi só isso, pode sair. Da próxima vez, verifique se o quarto está vazio, tudo bem?

— Claro, dona Zuleica, desculpe-me.

Dorinha saiu, sentindo o coração bater acelerado de tanto ódio que sentia por Zuleica.

— Ela não perde por esperar— dizia a si mesma –, vou ser mulher dele nem que seja a última coisa que eu faça na vida!

Passou por Teresinha tão apressada que ela, estranhando sua atitude, foi ter com Dorinha em seu quarto.

— O que você quer, Teresinha? — perguntou Dorinha, assim que a viu entrar.

— Quero saber o que há com você, que passou por mim como se estivesse fugindo de alguma coisa. O que houve?

— Nada; coisa minha!

Sempre sensata, Teresinha insistiu, já desconfiando do que poderia ser:

— Não seja criança, diga-me o que houve, porque é claro que alguma coisa aconteceu para você ter essa reação.

— Foi a insuportável da dona Zuleica. Quem ela pensa que é, Teresinha, minha dona?

— Não, sua dona ela não é, mas sua patroa, sim. É dona Zuleica quem paga seu salário, Dorinha, portanto, tem direito de exigir o serviço da maneira que gosta.

— Exigir o serviço, sim, mas não o que faço com minha vida particular!

Cada vez mais surpresa, Teresinha quis saber:

— Dorinha, chega de mistério. Diga-me o que, de verdade, aconteceu para deixá-la assim tão nervosa.

Dorinha, achando que seria melhor se abrir com Teresinha, contou-lhe tudo.

— Não posso acreditar que você foi até o quarto do senhor Marcos sabendo que ele estava lá! Ficou maluca? Desafiar assim dona Zuleica?

— Não desafiei ninguém, não sabia que ele ainda estava lá.

Esperta como sempre, Teresinha disse:

— Você pretende enganar quem, a mim? Olhe aqui, menina, eu já compreendi aonde quer chegar, e o conselho que te dou é que não se envolva com o senhor Marcos. Ele não é para você, e, se quer saber, dona Zuleica tem razão, você está mexendo com o filho dela.

— Sabia que não podia contar com você. E eu que pensei em pedir que me ajudasse... enganei-me a seu respeito.

— Ajudá-la a se envolver com quem não deve? Só se eu fosse louca. E depois, quem está decepcionada com você sou eu, ao constatar o golpe que está armando. Não conte comigo para ajudá-la nesse assunto. No mais, no que eu puder, ajudarei com prazer.

— Tudo bem. Se não vai me ajudar, pelo menos não me atrapalhe. Mas preste bem atenção no que vou lhe dizer: Marcos vai ser meu, custe o que custar. Nem dona Zuleica, nem ninguém vai interferir no que decidi para minha vida.

— Virou as costas e saiu, deixando Teresinha indignada com o que ouvira.

— Essa menina sofrerá muito. Não aceita sua condição social e vai sempre pelo caminho errado. Manterei os olhos bem abertos com ela.

Hortência e Tomás, presenciando a cena, elevaram o pensamento ao Mais Alto e pediram auxílio para aquele espírito, que, uma vez encarnado, esquecera-se do compromisso assumido na espiritualidade, o sofrimento que passara quando no retorno de sua última encarnação, e, no lugar do resgate, caminhava para a aquisição de novos débitos.

— Hortência, Dorinha não é a encarnação de Lucila?

— Sim, Tomás. O triângulo novamente se formou.

— Pelo que sei da história, Lucila foi a vítima do pretérito; por que hoje age com tanta imprudência?

— Vou lhe narrar a história de Lucila para que possa compreender— disse-lhe Hortência.

E ela assim o fez:

Quando Lucila acordou e se viu deitada na relva, tendo a seu lado Theo, que a olhava com luxúria, sentiu o desespero invadir sua alma. Sem entender o que, na realidade, estava acontecendo, mas receosa do que poderia ter acontecido, gritou em pânico para Theo:

— O que você fez comigo, seu canalha?!

Com um sorriso sarcástico, este respondeu:

— Fique tranquila, Lucila. Não fiz nada, porque não deu tempo. Seu namoradinho chegou e interrompeu o que poderia ser muito bom.

Lucila se sentiu desfalecer.

— Está me dizendo que Paulo viu essa cena que você armou de uma maneira vil e repugnante, dopando-me sem nenhum escrúpulo?

— Infelizmente para você, sim, minha cara.

No mesmo instante, Lucila compreendeu que fora vítima de uma armação cruel. A figura de Constância lhe veio à mente.

— Foi ela, não foi? Foi Constância quem armou tudo isso para que Paulo me abandonasse! Ela nunca se conformou em perdê-lo para mim, uma serviçal sem nenhum brilho. Seu orgulho não permite aceitar derrota, seja ela qual for.

Diante do silêncio de Theo, compreendeu que acertara em sua conclusão. Uma revolta e um ódio gigantescos tomaram conta de seu coração.

Nos dias que se seguiram, o peso da amargura foi se acentuando e se misturando à saudade que sentia de Paulo e à vergonha perante os comentários que tomaram conta dos colonos, deixando sua mãe entristecida.

Dois meses depois, sem se recuperar da violência de que fora alvo, Lucila foi encontrada morta, tendo cedido à sua falta de fé e à depressão que se instalara, dominando sua vontade de viver.

— E como Lucila se suicidou? — Tomás quis saber.

— Ingeriu um veneno tão poderoso que destruiu seu aparelho digestivo, lesando consideravelmente seu perispírito. Ela retornou trazendo consigo a marca da imprudência, da revolta, do ódio, da incapacidade de perdoar e da falta de confiança no Criador; desrespeitou as leis divinas e sofreu as consequências de seu desatino.

— É, quando o homem se esquece de Deus, costuma se afogar no sofrimento.

— Tem razão, Tomás, Lucila amargou anos nas zonas infelizes até que seu espírito foi tocado pelo arrependimento e clamou por auxílio. Foi trazida para o hospital Maria de Nazaré, onde recebeu os primeiros socorros. Durante um tempo considerável, aprendeu a importância do perdão e seus benefícios. Ouviu palestras que a fizeram se fortalecer no sentimento do amor, preparando-a para nova experiência no mundo físico, onde a proposta seria encontrar-se novamente com Paulo, hoje Marcos, e realizar seu sonho de amor. Sabia que traria em seu perispírito as células que se transformariam no câncer, fruto do envenenamento do pretérito, mas, por meio do amor e da realização do seu progresso espiritual, seria beneficiada pela cura, podendo construir no presente seu sonho do passado.

— Por que Dorinha se desviou de sua proposta, Hortência? Percebo em seu íntimo desejos nada louváveis, diria até de vingança, apesar de inconsciente, que se agigantaram ao se encontrar com Marcos.

— Porque ao se encerrar no corpo físico, muitas vezes, o espírito, por fraqueza, afasta-se do seu propósito de evolução quando depara com a causa de sua aflição do passado. Dorinha seguiu dentro dos padrões éticos e morais até o momento em que se encontrou com Marcos. Nesse instante, seu sentimento de abandono, que permaneceu latente em sua essência, se agigantou, fazendo-a desejar, a qualquer custo, o que lhe foi tirado de uma maneira cruel e, infelizmente, usará de armas perigosas para seu resgate.

O passado ainda vive

Após pensar por alguns instantes, Tomás voltou a questionar Hortência:

— E Zuleica, por que a sensação de defesa em relação a Marcos? O que a faz temer a proximidade de Dorinha com seu filho?

— Zuleica é a reencarnação de Theo, Tomás. Recebeu Marcos em seus braços para se harmonizar por meio do amor de mãe com aquele que tanto prejudicou um dia. Pediu essa oportunidade para devolver, no presente, o que lhe foi tirado, ou seja, a oportunidade de ser feliz ao lado de quem amava. Ao conhecer Dorinha, sentiu instintivamente o perigo. Não sabe de onde vem e por que teme a aproximação dela com Marcos, mas sente que precisa protegê-lo.

Hortência prosseguiu:

— A reencarnação é a maior bênção que recebemos. O Criador permite voltarmos à vida corpórea quantas vezes forem necessárias em um corpo diferente. Isso nos facilita entender uma grande parte dos ensinamentos de Jesus que, para nós, continua velada. Proporciona a todos o progresso moral, intelectual e espiritual; permite ao ser desfazer tudo o que possui de mal, envolvendo-se por inteiro no bem. Cabe a cada um aproveitar essa oportunidade de evolução, mas é verdade que nem todos a aproveitam e, de novo, se perdem no seu próprio resgate.

— E a enfermidade de Dorinha, ela está curada?

— Estava no seu projeto de vida a restauração do seu perispírito pela cura, mas ela a trará de volta por conta dos sentimentos mesquinhos que abrigará. Sua revolta, sua vingança e o ódio que está fomentando por Catarina.

Lembrando-se de Catarina, Tomás considerou:

— Mas ela também não é muito prudente em relação ao seu orgulho, que continua predominando.

— Tem razão, mas para Catarina será mais fácil retomar seu objetivo de evolução, pois a vida se encarregará de ceifar do seu coração o orgulho, que sempre foi o causador de suas aflições no retorno.

— O que quer dizer com isso, Hortência?

— Aguarde e verá, Tomás. Não sabe que quem não chega a Cristo pelo amor chega pela dor?

Os dois espíritos, em silêncio, retornaram à colônia.

Dorinha revolvia em seu coração a mágoa por Teresinha em razão de ela não querer ajudá-la.

Não posso contar com ninguém, pensava, *mas isso não fará com que eu desista. Terei Marcos nos meus braços custe o que custar. Isso eu garanto a mim mesma, sei que mereço e vou conseguir; a qualquer preço.*

Lembrando-se de Catarina, pensou: *Preciso tomar muito cuidado com Catarina, sei que ela gosta de Marcos e vai tentar conquistá-lo. Tenho de ficar esperta, com os olhos bem abertos. Ela tem a seu favor tudo o que eu não tenho.*

Ouvindo a voz de Teresinha, muito a contragosto, foi cumprir suas obrigações.

Em sua casa, Catarina e a mãe conversavam.

— Mas por que faz tanta questão de ir à casa de Zuleica, minha filha? Você nunca se importou com isso.

— Mãe, por que a senhora não quer ir até lá? Sempre foram amigas!

— Digamos que somos apenas conhecidas. Nós nos falamos por telefone, nos encontramos de vez em quando, mas, na realidade, nossa relação não chega a ser considerada uma grande amizade.

— Mas o que tem isso?

Laura, conhecendo bem sua filha, perguntou:

— Catarina, seja sincera, você quer ir lá porque está interessada no filho dela, não é?

— Que mal há nisso? Ele é um rapaz solteiro e eu também, posso perfeitamente me interessar por Marcos.

— E ele, se interessa por você?

— Não sei, mãe, só me encontrando com ele, estando mais, perto poderei saber. Quero ir como amiga, depois...

— Depois ele, não resistindo ao seu charme, irá se transformar em namorado. É isso?

— Tomara que sim! Então, mãe, concorda em fazer uma pequena visita a dona Zuleica?

— Veremos. Vou falar com seu pai, saber sua opinião.

— Tenho certeza de que ele irá aprovar.— Catarina beijou a mãe e foi em direção à cozinha.

— Tem notícias de Dorinha, Inês?

— Ela me liga de vez em quando, Catarina. Não pode ficar telefonando sempre, sua patroa pode não gostar.

— Minha mãe e eu estamos pensando em visitar dona Zuleica. Assim que formos, trarei novidades para você.

— Que bom! Fico muito agradecida.

Ao se afastar, Catarina pensava: *Quero saber tudo sobre Dorinha. Aposto que está tramando alguma coisa para conquistar Marcos, mas não vou permitir. Se ele tiver de ser de alguma de nós duas, que seja meu. Tenho muito mais condições sociais e físicas para atrair um homem.*

Quando à noite todos estavam sentados na sala para o jantar, Artur perguntou:

— Alguma novidade, Laura? — Sua intenção era saber sobre Jonas.

— Não, querido, nada. Jonas não está em casa, como sempre, se é o que quer saber.

— Tem ideia de onde ele possa estar?

— Não faço a menor ideia de onde, mas o que deve estar fazendo, com certeza imagino. — Completou dizendo: — Infelizmente.

— Pode ser que não, mãe. — Berenice tentava levar a conversa para outro lado que não fosse o irmão, pois sabia que, se o assunto prosseguisse, o jantar seria desarmonioso, como sempre acontecia.

— Filha, como pensar o contrário se tudo nos leva sempre para o mesmo caminho?

— Calma, Laura. Talvez Berenice tenha razão. Jonas não pode se drogar todos os dias, porque se assim o fizer vamos ter de interná-lo para tentar salvá-lo.

— Pai, já ouvi pessoas dizerem que internação, nesse caso, só resolve se o paciente quiser ser internado, quiser se curar da dependência química. Caso contrário, tudo volta a ser como antes no instante em que sair da clínica.

Triste, Artur afirmou:

— Eu sei, minha filha, eu sei, mas não suporto mais ficar com as mãos atadas vendo meu filho se perder. Além do mais, muitas vezes, o dependente químico não se acha em condições de decidir, e é preciso sua internação antes que aconteçam fatos mais graves com ele e com outras pessoas. No auge da sua ilusão e insanidade, podem cometer violências irreparáveis; e confesso termer o que possa acontecer com nosso filho, que tanto amamos. Não é fácil lutar contra a dependência química, é uma batalha constante que se faz dia após dia.

— Não vamos perder a fé, pai — disse Catarina. — Ele voltará a ser o que era antes, se Deus quiser.

— Tem razão, filha, não podemos perder a fé.— No entanto, Artur sentia no peito a dor da impotência perante o monstro da droga.

A madrugada se fazia presente quando Artur e Laura, ainda acordados por conta da preocupação com Jonas, ouviram o barulho da chave na fechadura da porta.

— É ele — disse Laura ao marido.

Sem dar nenhuma resposta, Artur se levantou e foi ao encontro do filho. Ao vê-lo, estacou, estarrecido com sua aparência.

— Filho... — começou a dizer, mas foi interrompido por um Jonas muito agressivo.

— Não me venha com sermão, porque estou farto de suas palavras e seus conselhos vazios que não levam a nada!

Artur, dominando seu impulso, respondeu:

— Minhas palavras não são vazias, nem quero lhe passar sermão, meu filho, apenas ajudá-lo.

— Ajudar-me? — indagou, irônico. — Por acaso estou pedindo ajuda?

— Não está, mas precisa e quero ajudá-lo; mostrar-lhe o mal que vem causando a si mesmo. Você não vai mais à faculdade, deixou seu emprego e anda com pessoas que não querem o seu bem.

— São meus amigos!

— Amigos? — Artur se indignou. — Que amigos são esses que o empurram para o sofrimento? Você está perdendo a dignidade. Olhe bem para você, meu filho; em nada lembra o garoto saudável e feliz que gostava de estar com sua família, sempre amável e educado. Onde foi parar o Jonas de antigamente?

Por breves instantes, Jonas se calou, dando a impressão de estar ponderando sobre o que ouvia do pai. Mas, de novo, o monstro que o habitava, por conta das drogas pesadas que consumia diariamente, agigantou-se, e com palavras rudes e grosseiras deu por finalizado seu colóquio com Artur:

— Chega, pai... Chega de falar asneiras. Sei muito bem cuidar de mim, sei do que preciso e sei onde buscar. Portanto, não perca seu tempo. A única coisa que lhe peço é que me deixe em paz, vivendo como gosto de viver; a vida é minha e posso dispor dela como achar melhor.

Os olhos de Artur se umedeceram com as lágrimas que lutou para controlar. Ao ver seu filho se afastar, arrastando-se com o peso de uma idade que não tinha, ostentando os olhos opacos, o rosto cansado e a pele sem viço, sentiu a dor sufocar seu peito.

Elevou seu pensamento ao Senhor e, abatido pelo sofrimento, orou em silêncio: *"Insisto em acreditar em Vós, Senhor; insisto em dizer que, apesar do sofrimento em que me encontro, tenho fé, porque sei que todo sofrimento tem causa justa. Peço-Vos amparo para resgatar o meu passado com dignidade cristã, pois sei que a dor nunca é origem, mas consequência de erros e enganos do passado. Dai-me forças para poder lutar e, se a vitória estiver dentro dos Vossos planos, Senhor, que eu consiga a graça de saber vencer com humildade, resgatando meu filho para o Vosso caminho e para a Vossa luz de amor".*

Retornando ao quarto, encontrou Laura lendo um trecho do *Evangelho Segundo o Espiritismo*. Assim que o marido entrou, ela perguntou:

— E então, falou com ele? Jonas o ouviu? Como nosso filho está?

Artur fitou sua esposa com olhos tristes, deitou-se e, aconchegando-a em seus braços, disse-lhe:

— Venha, querida, vamos dormir... Amanhã será outro dia.

Com as lágrimas umedecendo-lhes as faces, adormeceram.

CAPÍTULO
XI

Grandes problemas se avizinham

Catarina, ao ouvir sua mãe dizer-lhe que iriam visitar Zuleica, mal pôde esconder a alegria.

— Vamos mesmo, mãe? A que horas?!

— Logo após o almoço. Fique pronta, que seu pai irá nos deixar lá. Ele tem compromissos agora à tarde. Não podemos atrasá-lo.

— Vou me arrumar! — exclamou Catarina, correndo em direção ao quarto.

Espantado com a euforia da filha, Artur quis saber:

— Por que tanta alegria pelo simples fato de visitar sua amiga, Laura? Nem tão próxima de Zuleica ela é.

— Ora, Artur, não é por causa de Zuleica que Catarina ficou assim, mas por causa do filho dela. Nossa filha gosta dele.

— Marcos? É verdade, ouvi qualquer coisa a esse respeito. Mas o que ela pretende indo visitar a mãe dele?

— Aproximar-se de Marcos, ficar sua amiga mais íntima, marcar mais presença na vida dele.

— Fique de olhos bem abertos, Laura, Catarina é impetuosa, não a deixe cometer nenhum deslize que desrespeite Zuleica ou que ponha em dúvida sua educação.

— Fique tranquilo, Artur, Catarina é impulsiva, mas tem juízo. Saberá agir de maneira educada.

— Mas, de qualquer modo, fique atenta.

Zuleica as recebeu com muita cortesia e alegria, deixando transparecer sua satisfação. Catarina, ansiosa, esperava que Marcos, a qualquer hora, aparecesse; não aguentado a ansiedade, que aumentava a cada minuto que passava, perguntou a Zuleica:

— Dona Zuleica, Marcos não está?

Zuleica sorriu, compreendendo o intuito de Catarina.

— Ele ainda não chegou, querida, mas imagino que não deve demorar.

Laura olhou para Catarina recriminando sua atitude, que achou deselegante, mas a filha, fingindo não entender o recado, continuou:

— Que bom! Gostaria de me encontrar com ele. Há algum tempo não nos vemos. Marcos quase não aparece em casa.

Mais uma vez, Zuleica entendeu a intenção de Catarina. Como sempre imaginou que seu filho e a jovem poderiam se entender e iniciar uma relação que cabia dentro de seus projetos, considerou que o momento era propício para dar uma ajuda. Assim, dando à própria voz uma entonação de cumplicidade, respondeu a Catarina:

— Sabe o que vou fazer? Telefonar e pedir que Marcos venha se encontrar conosco. O que você acha, Catarina?

— Ficaria muito feliz, dona Zuleica, mas a senhora é quem sabe se não irá atrapalhar.

— De maneira nenhuma. Creio que ele ficará feliz em revê-la.

Laura, incomodada, com a posição de sua filha, interferiu:

— Não será melhor deixá-lo trabalhar em paz, Zuleica? O escritório é cheio de problemas, coisas importantes para resolver. Outra hora eles se encontram, não é, filha?

— Mãe, qual o problema? Se dona Zuleica acha que não irá causar transtorno, por que não?

— Catarina tem razão, Laura. Afinal, Marcos trabalha com o pai, e Fausto não irá se importar. Sei que não. — Pegou o telefone e ligou para o filho. Conversaram por alguns instantes e, assim que desligou, disse: — Ele estará aqui em poucos instantes, o escritório não fica longe. — Depois completou: — Marcos ficou feliz por vir se encontrar com você, Catarina.

Mais uma vez, Laura se incomodou com o sorriso maroto da filha. Pensou: *Artur está certo, Catarina tem alguma coisa em mente em relação a esse rapaz; tenho de ficar atenta, se tiver de acontecer alguma coisa entre eles, que aconteça naturalmente, e não por imposição de Catarina.*

Em trinta minutos, Marcos entrava em sua casa. Após os cumprimentos, a conversa transcorreu animada. Em determinado momento, Marcos perguntou a Catarina:

— Não gostaria de ir lá fora conhecer nosso jardim? Minha mãe fiscaliza pessoalmente o jardineiro e, a bem da verdade, as flores estão lindas.

Mal podendo disfarçar seu entusiasmo, Catarina respondeu:

— Claro, Marcos, adoraria conhecê-lo. Gosto muito de flores e plantas em geral, não é, mãe?

— Sim, filha, gosta muito.

Ela nunca se interessou pelo nosso jardim; não sei de onde veio essa repentina paixão pelas plantas.

Sem dar atenção ao olhar da mãe, Catarina levantou-se e acompanhou Marcos, o que deixou Laura realmente incomodada.

Mostrando admiração pelo trato do jardim, Catarina e Marcos conversavam animados quando Dorinha aproximou-se deles:

— Como, vai Catarina?

— Olá, Dorinha, como está você? Tinha me esquecido de que trabalha aqui, agora. Está gostando do emprego? — indagou, irônica.

— Muito. Aqui tenho paz e sou respeitada — respondeu, ignorando sua relação nada amistosa com Zuleica.

— Que bom, Dorinha, fico contente por você. Hoje em dia as empregadas são sempre ignoradas, mas vejo que com você é diferente.

— Muito. Aliás, muito diferente de quando vivia na sua casa.

— Você quer dizer quando *trabalhava* na minha casa, não?

Dorinha pensou: *Você não muda, Catarina, continua a orgulhosa de sempre, mas a vida vai baixar o seu topete, pode esperar.*

Marcos logo percebeu que a relação entre as duas era conturbada, para não dizer de guerra constante. Tentando amenizar a humilhação que Dorinha, com certeza, sentia, perguntou-lhe:

— Não quer se juntar a nós, Dorinha? Estamos admirando o jardim de minha mãe, e sua presença me daria alegria.

Os olhares trocados entre Dorinha e Catarina fizeram Marcos ter certeza de que as duas se odiavam. Querendo testar o sentimento de Catarina, perguntou-lhe:

— Você se importa com a presença de Dorinha?

Catarina não disfarçou a irritação:

— Importo-me sim, Marcos. Afinal, a presença dos empregados sempre tira a liberdade dos patrões. Creio eu que cada um deve estar no lugar a que pertence.

Decepcionado, Marcos pensava: *Devo tomar muito cuidado com ela; é orgulhosa demais, pessoas assim só nos trazem sofrimento.*

Dorinha, notando a decepção de Marcos, aproveitou a situação para dizer:

— Não tem importância, senhor Marcos, tenho mesmo de cumprir minhas obrigações. Além disso, dona Zuleica não iria gostar.

E afastou-se, sem perceber o olhar de admiração que Marcos lhe dirigia, olhar esse que Catarina captou, e sentiu o ódio penetrar em seu coração com força gigantesca. *Você não vai interferir na minha relação com Marcos, Dorinha. E para isso vou usar todas as armas; ele será meu, custe o que custar.*

Por sua vez, Dorinha também permitia que a ira e a revolta se instalassem em seu íntimo: *Se ela pensa que vai me derrotar, está muito enganada. Chega de ser boba. Decidi que Marcos ficará comigo, e é comigo que ele vai ficar, sendo eu empregada ou não.*

A guerra gerada pela imprudência de ambas tomara conta de seus corações. Querendo amor, fatalmente cairiam na dor que a inconsequência traria. Nada se consegue de verdadeiro, nenhuma relação de amor pode frutificar se não for com sinceridade nas atitudes, pois é ela que demonstra a qualidade do sentimento.

"O amor é a essência divina. Desde o mais elevado até o mais humilde, todos vós possuís, no fundo do coração, a centelha desse fogo sagrado. Esse germe se desenvolve e cresce com a moralidade e com a inteligência e, embora frequentemente comprimido pelo egoísmo, é a fonte das santas e doces virtudes que constituem as afeições sinceras e duradouras, e que vos ajudam a transpor a rota escarpada e árida da existência humana e a felicidade durante a vida terrena. Os mais rebeldes e os mais viciosos deverão reformar-se quando presenciarem os benefícios produzidos pela prática deste princípio. 'Não façais aos outros o que não quereis que os outros vos façam, mas fazei, pelo contrário, todo o bem que puderdes'." *O Evangelho Segundo o Espiritismo* — capítulo XI, item 9 — Allan Kardec.

Assim que Dorinha se afastou, Catarina não perdeu a oportunidade de destilar seu veneno para atingi-la:

— É uma pena que Dorinha, sendo uma moça tão bonita, seja tão falsa!

Marcos, surpreso com o comentário, quis saber:

— Falsa? O que quer dizer, Catarina? Ela me parece uma boa pessoa.

— Parecer não é ser, Marcos. Conheço-a muito bem, foi criada praticamente na minha casa, crescemos juntas e nunca conseguimos ser amigas por conta de sua falsidade, que não aceito.

O coração de Marcos se apertou, pois começava a se interessar por Dorinha. Tentando disfarçar seu sentimento comentou:

— Bem, isso é com ela; afinal não tenho nada a ver com o assunto.

Catarina, perspicaz, pensou: *Tem sim, Marcos, tem muito a ver com isso. Percebo que está interessado nela, mas, no que depender de mim, esse interesse acabará, porque vou me encarregar disso.*

— Que tal esquecermos tudo, Marcos? Quero apreciar o lindo jardim de sua mãe. — Correu até as roseiras, que exibiam rosas de todas as cores. — Que perfume! As rosas são lindas!

— De fato, Catarina, são lindas. O orgulho de minha mãe.

Sentindo a falta de interesse do amigo, ela achou melhor dar por encerrado o passeio, mostrando ser o que, na verdade, jamais fora: compreensiva.

— Marcos, noto que seu humor mudou. Talvez não devesse ter dito nada sobre Dorinha. Afinal, ela mora na sua casa, trabalha para sua mãe; não deve ser fácil descobrir que não merece confiança. Peço que me desculpe, fui indelicada e impulsiva, mas não consigo conviver com a mentira.

— Vamos esquecer esse assunto.

— Já esqueci. — Sorriu. — Vamos entrar, dona Zuleica deve estar à nossa espera para lanchar.

— Certo.

Assim que entrou na sala, Catarina captou o olhar de cumplicidade de Zuleica, que, demonstrando alegria, indagou-lhe:

— Então, gostou das minhas flores?

— Amei, dona Zuleica! Principalmente o canteiro de rosas, são maravilhosas!

— Venha mais vezes aqui em casa. Como gosta tanto de plantas, poderemos conversar sobre elas. Afinal, entendo do assunto.

Ela faz gosto da minha aproximação com o filho dela. Na certa será minha aliada. E, exibindo seu lindo sorriso, Catarina respondeu:

— Agradeço, dona Zuleica, virei sempre que puder!

Laura, que até então apenas escutara, disse à filha:

— Não sabia que apreciava flores tanto assim, Catarina.

— Mãe, tem muitas coisas sobre mim que a senhora não sabe. — E fulminou Laura com o olhar.

— É, pode ser. Às vezes os gostos dos filhos passam despercebidos aos pais, não concorda, Zuleica?

— Sem dúvida, Laura, nem tudo sabemos sobre nossas crianças.

Marcos pensava: *De fato, preciso tomar cuidado com essa menina. Creio que a falsidade que tanto abomina deve estar presente no seu caráter e, pelo que conheço de minha mãe, ela vai querer jogá-la nos meus braços. Ainda mais se souber que meu coração pulsa mais forte por Dorinha; aí irá se encarregar de mandá-la embora. Não posso deixar transparecer nada até que as coisas se esclareçam e eu tenha certeza dos meus sentimentos.*

— Esteve com Dorinha, filha?

— Rapidamente, mãe.

— Ela está bem?

— Não sei, conversamos muito pouco. Mas, pelo que pude notar, acho que está sim.

Laura se voltou para a amiga:

— Você se incomodaria se eu fosse falar com ela, Zuleica? Tenho muito afeto por essa menina.

— Evidente que não, Laura, fique à vontade. Vou chamá-la.

— Se não se importar, vou até seu quarto. Pode ser?

— Claro! — Chamando Teresinha, pediu-lhe que levasse Laura até os aposentos de Dorinha.

Assim que Laura saiu, Marcos disse a Catarina:

— Sua mãe tem muito carinho por Dorinha, não?

— Minha mãe é muito ingênua, Marcos, não vê os defeitos das pessoas. Acredita que todo mundo é igual a ela.

— Vai ver os defeitos não existem, Catarina. Se fossem tão evidentes, dona Laura já os teria visto.

— Não sei... Existem pessoas tão dissimuladas que enganam facilmente os outros.

Assim como você, Catarina, ele concluiu.

Diante do silêncio do filho, Zuleica interveio:

— Do que você está falando, filho?

— De nada em especial, mãe, apenas trocando ideias com Catarina; só isso.

Ao entrar no quarto de Dorinha, Laura a encontrou chorando.

— O que há, Dorinha? Por que chora? Alguém a maltratou?

Dorinha olhou para sua antiga patroa e perguntou-lhe:

— Posso abraçá-la, dona Laura?

— Lógico, meu bem, sabe que a considero uma filha. Você foi criada na minha casa...

As duas se abraçaram.

— Conte-me o que a está fazendo chorar.

Sem jeito e sem querer magoar Laura, Dorinha respondeu:

— Não se preocupe comigo, senhora.

— Encontrou-se com Catarina? Vocês conversaram?

— Sim, um pouco.

Laura logo entendeu.

— Diga-me o que ela lhe falou que a deixou magoada.

— Nada, dona Laura, nada mesmo. A senhora sabe que nós duas nunca fomos amigas, apesar de termos tentado. Acho mesmo que é coisa do passado.

— Deve ser mesmo. Todos imaginamos que seriam amigas por ocasião de sua operação, mas logo voltaram a não se entender. É muito estranha essa antipatia que nutrem uma pela outra.

— Também acho. Mas é mais forte que nós mesmas, por isso nao se preocupe; já não moro mais lá, poucas vezes nos encontramos. É melhor assim, porque cada uma pode seguir seu destino sem interferências.

— Espero que não aconteçam mesmo interferências, Dorinha, para o bem de vocês.

— Fique tranquila, não haverá.

Laura tornou a abraçá-la.

— Juízo, Dorinha, não coloque sua felicidade em risco. — E afastou-se, deixando Dorinha pensativa.

Gosto muito da senhora, dona Laura, mas não suporto sua filha e não vou deixar que ela interfira em nenhum dos meus planos. Mesmo que a senhora venha a sofrer.

— Então, Laura, conversou com Dorinha?

— Sim, Zuleica.

— Achou que ela está bem?

— Em alguns pontos sim, mas...

— Mas?

— Algo nela me incomoda... É como se guardasse um sentimento de mágoa, uma tristeza, não compreendo.

— Deve ser coisa da juventude, Laura. Ela está bem aqui, é bem tratada... Não vejo por que poderia estar magoada.

— Talvez seja impressão minha. — Laura olhou para a filha.

Catarina, percebendo a desconfiança de sua mãe, tentou desviar o rumo da conversa, receando que Marcos se interessasse em saber mais sobre o assunto.

— Então, dona Zuleica, fale mais a respeito daquelas lindas flores.

Laura, não suportando mais a encenação de Catarina, disse-lhe:

— Por favor, filha, deixe Zuleica em paz, você está sendo inconveniente.

— Imagine, Laura, não me importo. Gosto mesmo de falar sobre isso.

Marcos apenas observava e pensava: *Não me agrada o jeito dessa menina. É daquelas que, quando têm alguma coisa em mente, vão até as últimas consequências, sem se importar com o rastro que deixam atrás. É evidente que quer impressionar minha mãe, e dona Laura está incomodada com isso.*

Assim que terminaram o lanche, Laura, dizendo estar com um pouco de pressa, despediu-se de Zuleica, agradecendo-lhe pela deliciosa tarde que passaram juntas e pedindo desculpas se sua filha lhe causara algum constrangimento.

— De modo algum, Laura. Quero mesmo que Catarina venha me visitar mais vezes. Ela é um amor de pessoa, não acha, Marcos?

Sem demonstrar muito entusiasmo, Marcos afirmou:

— Claro, mãe, será um prazer tê-la conosco.

Ao entrar em casa, Laura, ostentando uma fisionomia meio zangada, disse:

— Quero conversar com você, minha filha.

— Depois, mãe — E correu pelas escadas.

Ainda tentando impor sua vontade, Laura falou com autoridade:

— Agora, Catarina! Quero falar com você agora!

Inútil. Catarina, fingindo não ouvir, logo entrou em seu quarto e trancou a porta.

Laura pensou alto:

— Meu Deus, o que faço com essa menina?

— O que há, Laura? Por que disse isso? — Artur se aproximou dela.

— Querido! Não vi que estava aí.

— Cheguei a tempo de ouvi-la dizer que não sabe o que fazer com Catarina. O que ela aprontou desta vez?

— Ainda não sei, Artur. Mas não gostei do comportamento dela na residência de Zuleica.

— Conte-me.

Respirando mais fundo, Laura disse ao marido:

— Catarina foi exagerada. Desde o início deixou claro que esperava encontrar Marcos, a ponto de Zuleica telefonar para ele pedindo que viesse se encontrar conosco. Depois saiu com o rapaz para conhecer o jardim. Nesse momento, apesar de dizer que se encontrou com Dorinha por breves minutos, não acreditei, pois mais tarde fui ter com ela e a encontrei chorando. Dorinha não quis revelar o motivo de suas lágrimas, mas tenho certeza de que Catarina foi a responsável por elas. Quando nossa filha retornou com Marcos, você não imagina o seu exagero em comentar sobre o jardim. Acredita que falou que admira e adora cuidar das plantas? Nós dois sabemos que ela nunca gostou nem tem habilidade para isso. Enfim, foi tanta bajulação que praticamente induziu Zuleica a convidá-la para ir mais vezes lá. Posso lhe garantir que Zuleica entendeu muito bem seu interesse por Marcos, e deu-me a impressão de que o aprova.

Artur ponderou por instantes.

— Não teria nenhum inconveniente se tudo acontecesse de forma natural, e não por uma possível imposição de Catarina, nem por elogios exagerados.

— Isso é o que eu penso também, Artur. Catarina, quando decide o que quer, não tem limite. Ela teme que Marcos venha a se interessar por Dorinha.

— O que é bem possível. Afinal, Dorinha é uma moça bonita e muito atraente.

— Sabe o que acho?

— O quê? Diga.

— Zuleica entrou no jogo de Catarina porque deve recear, também, que Marcos se interesse por Dorinha. Para Zuleica, seria uma infelicidade ver o filho se relacionando com uma empregada. Seu orgulho não permitiria isso.

— Tem razão, Laura. Tanto ela quanto Fausto são boas pessoas, mas se perdem em um orgulho exagerado. Analisam o caráter dos outros pelo que vestem e pelos bens que possuem. Jamais concordariam que Marcos se unisse a alguém tão distante deles, socialmente falando.

— Gostaria muito que você conversasse com nossa filha, Artur. Explique a ela que os sentimentos verdadeiros acontecem naturalmente, e não por meio de cálculos, de estratégias que tornam falso o relacionamento por conta das mentiras que são ditas, e que mais cedo ou mais tarde aparecem. E aquele que se sentir lesado acaba indo embora.

— Você disse uma verdade, meu bem. Todos precisam entender que o que conta em um relacionamento é a sinceridade dos sentimentos, que se tornam fortes quando o amor é pleno, quando o respeito de um pelo outro está presente. Quem engana não respeita, e muito menos ama. Todos têm liberdade de escolha, aí está o nosso livre-arbítrio, que deve estar presente principalmente quando buscamos a pessoa que irá caminhar ao nosso lado pelos caminhos da vida.

— É o que Catarina precisa entender.

— Fique tranquila, vou falar com ela na primeira oportunidade.

Enquanto seus pais conversavam, Catarina, em seu quarto, dava força à sua inquietação e seu ao orgulho por sentir que Marcos não demonstrara o menor interesse por ela.

— Não posso acreditar que ele irá preferir uma empregadinha a mim, que tenho cultura, educação e beleza suficiente para encantar qualquer rapaz. Não posso deixar que aconteça nada entre os dois. Notei que dona Zuleica gostou de mim e aprova meu relacionamento com o filho. Pois vou investir nela para chegar até Marcos.

Decidida, tomou um banho demorado, como se quisesse clarear os pensamentos com a água, que deixava cair sem economia sobre seu corpo. Em seguida, vestiu-se e, achando-se bonita, desceu ao encontro dos pais para o jantar.

Hortência e Tomás observavam a atitude de Catarina com apreensão, pois sabiam que aquele espírito, que tanto pedira nova oportunidade para resgatar seu passado desastroso, mergulhava nos mesmos enganos que o levaram ao sofrimento.

— O triângulo se formou novamente, Tomás. Mais uma vez Catarina e Dorinha irão se enfrentar para a conquista do amor de Marcos.

CAPÍTULO
XII

Guerra de vontades

Dorinha se levantou apressada. Pretendia encontrar-se com Marcos logo pela manhã, antes que Zuleica acordasse. Portanto, assim que o Sol enviou seus primeiros raios, estava na cozinha tomando seu café ao lado de Teresinha.

— O que aconteceu com você, Dorinha? Falta ainda uma hora para o seu horário; por que se levantou tão cedo? — perguntou Teresinha, desconfiada da verdadeira intenção da jovem.

Querendo esconder da companheira o que, de verdade, tinha em mente, ela respondeu:

— Não aconteceu nada, Teresinha, apenas acordei mais cedo. Está muito quente, então preferi sair da cama e ficar um pouco no jardim, até que todos se levantem.

Diante do sorriso de Teresinha, quis saber:

— Por que esse sorriso? O que está pensando? Por acaso acha que estou mentindo?

— Desculpe-me, Dorinha, mas acho, sim. Desde a visita de Catarina, percebo você pensativa, dando-me a impressão de estar arquitetando alguma coisa que, em minha opinião, não deve ser nada boa.

Sem deixar transparecer seu verdadeiro sentimento em relação à colega, respondeu com amabilidade:

— Por que não acredita em mim, Teresinha? Tudo o que falo você pensa ser mentira, dissimulação. E está sempre atenta a tudo o que faço. Existe problema em querer estar relaxando um pouco antes de pegar no batente, que, diga-se de passagem, é bem pesado?

— Nenhum problema, desde que por trás desse relaxamento não esteja escondida uma armação para se encontrar com o senhor Marcos. Tenho certeza de que é isso o que planeja: encontrar-se com ele "por acaso", antes que dona Zuleica apareça.

Dorinha não se conformava com a perspicácia de Teresinha; parecia estar sempre ligada a tudo e a todos. Levantou-se e, sem responder, deu por encerrada a conversa. Dirigiu-se ao jardim e sentou-se bem próxima do portão onde, obrigatoriamente, Marcos passaria com o carro. Não demorou muito e logo avistou seu automóvel se aproximando. Assim que a viu, Marcos parou, desceu e foi em sua direção.

— O que a fez se levantar tão cedo, Dorinha? Algum problema?

— Nenhum, senhor Marcos. Não consegui dormir esta noite, e, a ficar rolando na cama, preferi levantar-me e desfrutar do nascer do Sol.

— E não dormiu por que, posso saber?

— Melhor não, senhor Marcos, é coisa minha.

— Dorinha, em primeiro lugar já lhe pedi para não me chamar de senhor, apenas de Marcos; pelo menos quando estamos sozinhos, longe de minha mãe. Em segundo, acho importante tomar conhecimento do que se passa com você, assim torna-se possível ajudá-la.

O coração de Dorinha bateu mais forte. *Ele se interessa por mim.*

Diante da insistência de Marcos, Dorinha deu vazão a seu intento.

— Pode ser que você tenha razão, Marcos, embora acredite que terá dificuldade em entender.

— Dê-me a oportunidade de tentar.

— Na realidade, não aconteceu nada em particular. Apenas há momentos em que a realidade da minha vida pesa muito sobre meus ombros.

— Explique-se melhor.

— O que ocorre é que não existo para ninguém, Marcos. Sou daquelas pessoas inexistentes pelas quais todos passam por perto, mas não enxergam, como se fossem parte de um cenário. Mas, quando são vistas, servem apenas para receber ordens e ter bem claro seu papel de empregados, cujo único direito é se alimentar para sobreviver e poder cada vez mais servir.

— Quanta amargura, Dorinha... Não a vejo assim. Não existe aí um pouco de exagero?

— Não. Apenas a constatação de uma realidade presente na vida de todos que não possuem bens que lhes deem autonomia para decidir sobre a própria vida.

Falando isso, deixou que duas lágrimas escorressem pelo seu rosto, sabendo que seriam grandes aliadas para tocar o coração daquele homem, que queria desesperadamente para si. E, de fato, aconteceu o que esperava. Marcos, sensibilizado, disse:

— Dorinha, precisamos conversar mais sobre isso; mas não agora, que preciso ir trabalhar.

— Não posso me encontrar com você, sob pena de perder o meu emprego, o que seria um desastre para mim.

Marcos pensou.

— Quando é sua folga?

— Depois de amanhã.

— Pois bem, façamos o seguinte: vamos nos encontrar para conversar mais.

— Encontrar-me com você?!

— Sim. — Pegando papel e caneta, escreveu um endereço e entregou-o a ela. — Conhece esse lugar?

— Conheço. — Dorinha quase não conseguia disfarçar seu grande entusiasmo.

— Irei encontrá-la às quinze horas. Está bem para você?

— Claro!

— Poderemos conversar tranquilamente, sem interrupções e sem que você precise dar satisfações à minha mãe.

— Combinado, Marcos.

Ele apenas dirigiu-lhe um sorriso, entrou em seu carro e partiu.

Dorinha não conseguia conter a euforia.

— Consegui, meu Deus. Vou me encontrar com ele a sós, sem que ninguém me vigie!

E, exultante, foi cumprir suas obrigações.

Ao vê-la entrar ostentando tanta alegria, Teresinha pensou: *Ela conseguiu. Sou capaz de apostar que falou com o senhor Marcos. Essa menina é mais ardilosa do que imaginei.*

O passado ainda vive

A partir daquele dia, os encontros entre Dorinha e Marcos tornaram-se constantes. Perceberam uma grande sintonia entre si, e Marcos sempre dizia, acariciando-lhe os cabelos com ternura: "Parece-me que nos conhecemos há muito tempo!".

Zuleica de nada desconfiava, pois sempre levantava-se quando Marcos já havia ido para o trabalho. O que não deixava de notar era a alegria e o grande entusiasmo com o qual Dorinha passara a realizar suas tarefas cotidianas. Teresinha, por sua vez, já percebera o que estava acontecendo entre os dois e se preocupava, pois sabia que, a partir do instante em que Zuleica tomasse conhecimento, o vendaval se abateria sobre todos. Por mais que tentasse fazer Dorinha voltar à realidade, a jovem não lhe dava ouvidos.

— Teresinha, depois de conseguir o que realmente quero nesta vida, você acha mesmo que jogarei tudo pelos ares? Ora, minha amiga, eu precisaria ser mesmo muito tola! — exclamava Dorinha sempre que advertida pela companheira.

— Você é quem sabe. Espero que não venha a derramar lágrimas de desespero mais tarde.

— Está me rogando praga, é isso?

— Não, meu bem, estou apenas constatando uma realidade que poderá acontecer, ou talvez não; mas a possibilidade existe, e se ela se concretizar seu sofrimento será muito grande.

— Fique tranquila, Teresinha, conheço o terreno que estou pisando. Marcos está apaixonado por mim.

— E você, também o ama?

— Claro que sim!

— Está apaixonada ou interessada na vida que poderá levar ao seu lado?

— Vamos dizer que os dois, e não vejo mal algum nisso. Já ouviu dizer que é bom juntar o útil ao agradável? Pois então, é o que estou tentando fazer.

Sabendo ser tolice continuar, Teresinha desistiu.

— Você é quem sabe. Afinal, a vida é sua, e o senhor Marcos possui autonomia e inteligência suficientes para perceber se de verdade existe sinceridade em seus sentimentos.

— Exatamente. Sendo assim, deixe que ele mesmo perceba. Se conseguir é, claro.

— Você tem razão, nada disso me diz respeito. — Teresinha voltou aos seus afazeres.

Dorinha, observando a companheira se afastar, pensava: *Só pode ser inveja. Afinal, ela não é bonita, não tem nenhum atrativo. Nem um amor conseguiu na vida. O que Teresinha fala vem de um coração amargurado.*

Dorinha jamais imaginaria a dor que se instalara no coração de Teresinha, fruto de um amor desfeito por conta do preconceito. Apaixonara-se sinceramente por alguém pertencente ao meio social bem acima do dela, e, mesmo dedicando a esse alguém o amor pleno, sem nenhum interesse que não fosse ser feliz ao seu lado, sofrera humilhações e a desilusão de ser passada para trás como um objeto velho sem nenhuma serventia.

Os olhos das pessoas revelam o que lhes vai na alma, mas poucos são os que conseguem enxergar, porque suas preocupações e seus desejos não vão além de si mesmos. Se cada ser não apenas olhasse, mas visse de verdade a pessoa que está momentaneamente ao seu lado, preconceitos, julgamentos e humilhações cairiam por terra, porque entenderiam que os dias passam, e muitos deles deixam marcas profundas no íntimo dos indivíduos, e o estrago será proporcional à coragem, à fé, à determinação e à capacidade de superação de cada um.

Zuleica, assim que se levantou, chamou Dorinha, que de pronto atendeu:

— A senhora precisa de mim, dona Zuleica?

Sem responder, Zuleica disse, autoritária:

— Sente-se.

Receosa, Dorinha obedeceu.

— Vou direto ao assunto. Não sou pessoa de meias palavras, portanto, escute bem o que vou lhe dizer.

— Estou ouvindo, dona Zuleica, diga o que quiser.

— É o que pretendo fazer. Estou observando você há algum tempo e noto que anda interessada em meu filho, o que não me agrada de maneira nenhuma. Portanto, se quiser continuar nesta casa, coloque-se em seu lugar e tire qualquer ideia que possa alimentar em relação a Marcos, porque não permitirei que aconteça nada entre vocês. Fui clara?

Paralisada pela surpresa, Dorinha não sabia o que dizer; deixava apenas que o ódio que nutria por aquela mulher orgulhosa cada vez mais se agigantasse dentro do seu coração. Pensou: *Não adianta me ofender, dona Zuleica, o amor de seu filho já me pertence, e não será a senhora que o tirará de mim.*

— Não sabe o que dizer, Dorinha?

— Sei sim, dona Zuleica. Digo-lhe que ninguém manda no destino. Se estiver nos planos da vida meu relacionamento com seu filho, ele acontecerá.

Atingida pela resposta de Dorinha, Zuleica respondeu:

— Você é muito atrevida, menina, e não gosto disso. Vou conversar com Laura e mandá-la de volta para a casa dela.

Receosa que, de fato, isso pudesse acontecer, Dorinha tentou reverter a situação, pois não podia se afastar de Marcos sem antes tê-lo realmente preso a ela. Com voz sentida, disse à patroa:

— Desculpe-me, dona Zuleica, falei sem pensar. Não tenho a menor intenção de me relacionar com o senhor Marcos, isso posso lhe garantir. Sei muito bem qual é o meu lugar e, se por ventura deixei-a preocupada quanto a isso, digo-lhe para se tranquilizar, pois a preocupação não procede. Gostaria muito de continuar trabalhando aqui para a senhora, não lhe darei mais motivos para duvidar do que estou falando.

Por alguns instantes, Zuleica se calou.

— Está bem, Dorinha, dou-lhe outra chance de permanecer nesta casa. Mas estarei de olho em você, e qualquer deslize não terei dúvida em mandá-la de volta para Laura. Certo?

— Claro, dona Zuleica, e agradeço muito por sua generosidade. A senhora não terá problemas comigo.

— Muito bem. Agora, volte aos seus afazeres.

Dorinha se afastou, com uma ira profunda se apossando de seu íntimo: *Você não perde por esperar Zuleica. Querendo ou não, vou ser sua nora, é só uma questão de tempo. Preciso ficar atenta para não deixar transparecer o que acontece entre mim e Marcos, sobretudo com Teresinha. Ela não gosta de mim, poderá fazer intriga ao meu respeito, e aí estou perdida. Não posso me afastar dele por enquanto.*

Por seu lado, Zuleica também pensava: *Essa menina pensa que me engana. Manterei os olhos bem abertos e, se alguma coisa acontecer, irei perceber.* Lembrou-se de Catarina. *Pedirei ajuda a Catarina; sei que ela gosta do Marcos e tenho certeza de que me ajudará a cortar o mal pela raiz.*

Catarina sentia-se inquieta desde o dia da visita na casa de Zuleica. Esperava receber da mãe de Marcos um convite para retornar, mas já se haviam passado mais de vinte dias e nada, nenhum telefonema.

Acho estranha essa atitude de dona Zuleica, pensava. *Percebi seu interesse em me aproximar de Marcos; sei que aprova uma relação entre nós dois, por isso não entendo por que não age. Enquanto isso, aposto que Dorinha está ganhando terreno no seu intento de se aproximar dele. Ela é esperta. Para Dorinha será fácil envolvê-lo na sua armadilha. Vou esperar mais um dia. Se dona Zuleica não me telefonar, eu tomarei a iniciativa.*

No fim da tarde, Catarina ouviu a voz de Inês:

— Catarina, telefone para você.

— Sabe quem é, Inês?

— É dona Zuleica, aquela amiga de sua mãe.

— Tem certeza de que ela quer falar com Catarina, e não comigo? — perguntou Laura, aproximando-se.

— Tenho sim, dona Laura. Ela disse que precisa falar com Catarina.

— Tudo bem, já vou atender. — Catarina disfarçou a ansiedade. — Alô, dona Zuleica!

— Olá, Catarina, desculpe-me por estar ligando, mas preciso muito falar com você.

— Imagine, dona Zuleica, é um prazer falar com a senhora.

— Obrigada. Bem, trata-se de um assunto para ser discutido pessoalmente. Poderia vir até a minha casa?

O coração de Catarina disparou.

— Claro, com muita satisfação. Quando quer que eu vá?

— Amanhã estaria bom para você?

— Ótimo! No fim da tarde?

— Um pouco mais cedo, Catarina. Estarei sozinha em casa, assim teremos mais liberdade para nos falar.

— Está bem, logo após o almoço estarei aí.

— Será que sua mãe não irá se importar ou estranhar meu convite?

— Creio que não. Meus pais têm um bom relacionamento com a senhora e o senhor Fausto, ela não irá se importar.

— Então posso aguardá-la amanhã?

— Pode, sim, dona Zuleica, irei com muito gosto.

— Mas, Catarina, por favor, venha sozinha. Quero falar com você, e não com Laura, entendeu?

— Certo, irei sozinha.

— Então até amanhã.

— Até amanhã, dona Zuleica, lembranças a Marcos.

Catarina não conseguiu esconder de Laura a alegria que sentia.

— Posso saber a razão de tanta euforia?

— Não exagere, mãe. Não estou tão eufórica, apenas contente por ter recebido um convite de dona Zuleica para ir até sua casa amanhã após o almoço.

— Posso saber a razão desse convite?

— Não sei, ela não me disse.

— Não gosto disso. Acho esquisito esse convite assim, sem nenhum propósito.

— Não compreendo a razão da sua preocupação, mãe. Por que ela não poderia me convidar para ir a sua casa? Não vejo mal nenhum.

— Ora, Catarina, o que uma senhora como Zuleica tem a dizer de tão importante para uma garota como você a ponto de convidá-la para ir vê-la?

— Nem imagino.

Laura ficou realmente preocupada. Teve a sensação de que Marcos poderia estar envolvido naquela história, e isso não a agradava. Conhecia a filha, seu temperamento, sua impulsividade, e sabia o quanto gostava de Marcos e como era grande o seu desejo de estar com ele. Assim, segurando as mãos de Catarina, disse-lhe:

— Filha, preste atenção no que vou lhe dizer. O encontro de duas pessoas que se sentem atraídas uma pela outra deve acontecer naturalmente, para que seja verdadeiro de ambos os lados; quando apenas uma deseja e força esse encontro, poderá estar atraindo para si mesma o sofrimento. Na questão do amor, não é prudente forçar nenhuma situação; está me entendendo?

Decepcionada, Catarina respondeu:

— Mãe, a senhora parece torcer contra sua filha. Por que Marcos não poderia se interessar por mim. Será que não tenho nada que possa atrair um rapaz como ele?

— Não se trata de torcer contra você, minha filha. Sim, você possui tudo o que agrada a um rapaz. Mas não acha que se Marcos desejasse se encontrar com você já a teria procurado e a convidado para sair? Não seria mais coerente esse convite partir dele?

Catarina pensou por instantes e voltou a dizer:

— Mas quem pode garantir que Marcos não está envolvido nesse convite de dona Zuleica?

— Filha, eu conheço Zuleica, e vi a maneira como tratou você no dia em que estivemos em sua casa. Ela vai tentar aproximá-la de seu filho. Só lhe peço, Catarina, que não entre em nenhum jogo para realizar seu intento; lembre-se do que lhe falei: é preciso ser um desejo de ambas as partes.

— Fique tranquila, mãe, não vou fazer nada que a senhora não aprove.

Laura deu um beijo em sua filha, dizendo:

— Que Jesus a abençoe!

Inês, que ouvira toda a conversa, pensou: *Por que os filhos, às vezes, se comportam de maneira tão diferente de seus pais? Dona Laura e o doutor Artur são pessoas maravilhosas, solidárias, justas. Entretanto, Catarina não passa de uma menina orgulhosa que pensa e age como se o mundo lhe pertencesse.*

"Os pais transmitem aos filhos, quase sempre, semelhança física. Transmitem também semelhança moral?

"R — Não, porque se trata de almas ou espíritos diferentes. O corpo procede do corpo, mas o espírito não procede do espírito. Entre os descendentes das raças nada mais existe do que consanguinidade.

"De onde vêm as semelhanças morais que existem, às vezes, entre pais e filhos?

"R — São espíritos simpáticos, atraídos pela afinidade de suas inclinações.

"Os espíritos dos pais não exercem influência sobre o do filho, após o nascimento?

O passado ainda vive

"R — Exercem e muito, pois, como já dissemos, os espíritos devem concorrer para o progresso recíproco. Pois bem: os espíritos dos pais têm a missão de desenvolver o dos filhos pela educação: isso é, para eles, uma tarefa. Se nela falharem, serão culpados."

O Livro dos Espíritos — Segunda Parte — Do Mundo Espírita ou Mundo dos Espíritos — Capítulo IV, perguntas 207 e seguintes — Alan Kardec.

CAPÍTULO
XIII

Lágrimas amargas

A rtur e Laura conversavam sobre o procedimento de seus filhos, que os deixava aflitos e preocupados, quando ouviram o som de vozes exaltadas.

— Mas o que é isso? — perguntou Artur.

— Parece uma discussão entre Jonas e Berenice — Laura sentia o medo invadir seu coração.

— Quando será que isso vai parar, meu Deus?! — exclamou Artur. — Cada dia surge um problema novo.

— Calma, meu bem, não deve ser nada sério. Vamos até lá. — Embora tentasse acalmar o marido, Laura sentia também que poderia ser algo realmente grave.

Como som procedia do quarto do filho, para lá se dirigiram. E pararam estarrecidos à soleira, sem acreditar no que viam. Berenice e o irmão discutiam calorosamente quando Jonas, em um ímpeto, deu um tapa no rosto da irmã. Artur não se conteve e partiu em defesa de Berenice, que, com as mãos cobrindo as faces, chorava copiosamente.

— O que é isso, Jonas?! Quem lhe deu o direito de bater em sua irmã?! — segurando o filho com força, obrigou-o a se sentar na cama. — Que falta de respeito é essa? Posso saber o motivo desse disparate?

Laura, abraçada à filha, tentava acalmá-la.

— Pelo amor de Deus, Berenice, o que está acontecendo com vocês? Por que essa agressividade toda?

Berenice, entregue ao choro convulsivo, não conseguia responder.

Jonas, enfurecido e totalmente descontrolado, tentava se soltar das mãos do pai, que o prendiam com força.

— Fique quieto! — dizia Artur, autoritário, para Jonas, que cada vez mais ficava fora de si.

Laura elevou seu pensamento ao Mais Alto e, com a sinceridade dos corações que confiam no Pai, implorou: *Senhor, vinde em nosso auxílio. Somos frágeis diante do vendaval que se abateu sobre nossa casa, mas, confiando em Vosso amparo, creio que os bons amigos espirituais virão nos socorrer.*

Chamando por Inês, pediu-lhe que trouxesse dois copos com água, que ofereceu a Berenice e Jonas. O rapaz, após relutar em beber, obedeceu à mãe, certo que não haveria outra opção.

Alguns minutos se passaram e, após os ânimos se acalmarem, Artur, sentindo o peso da dor curvar-lhe os ombros, disse aos filhos:

— Quem vai começar a explicar tamanho absurdo?

Laura percebeu o olhar ameaçador que Jonas dirigiu à irmã, que, se intimidando, tentou amenizar a situação:

— Desculpe-me, pai, não foi nada de importante, apenas nos desentendemos.

— Não lhe parece ter sido forte demais para um simples

desentendimento sem nenhuma causa maior? — Artur observava a reação de Jonas.

— É que a gente se deixou empolgar, pai, e acabou exagerando.

Laura, não se contendo, disse:

— Berenice, de que você tem medo... De Jonas?

— Por que essa pergunta, mãe?

— Porque é óbvio que você está mentindo. Jonas a está ameaçando?

Jonas, irritado, foi quem respondeu:

— Por que a senhora acha que eu estou ameaçando Berenice? Por que duvida do que ela está dizendo?

— Porque conheço os dois. A maneira como você a encarou enquanto ela tentava explicar não me deixou dúvida de que a está pressionando.

— Vocês nunca acreditam em mim, não é?

— Sempre acreditamos em você, meu filho — afirmou Artur —, mas de uns tempos para cá confesso que a confiança acabou, e você bem sabe a razão.

Jonas baixou a cabeça e se calou.

— Agora, Berenice, exijo que nos diga a verdade; por que brigavam de uma maneira tão selvagem?

— Não tenha receio, minha filha. Jonas não irá fazer nada com você, isso eu lhe garanto.

— Sua mãe tem razão, filha, vamos ficar bem atentos com ele. Seu irmão não fará nada.

Berenice, sentindo-se segura, informou aos pais:

— Ele roubou meu relógio, aquele de ouro que o senhor me deu no meu aniversário.

O passado ainda vive

A revelação de Berenice caiu como uma bomba no coração de seus pais.

Artur não queria acreditar no que acabara de ouvir.

— Você disse que ele fez o quê?

— Roubou meu relógio de ouro.

Laura, sentando-se na cama de Jonas, não teve vergonha de deixar cair lágrimas de desespero pelo que acabara de escutar.

Artur, mantendo-se mais controlado, indagou:

— Isso é verdade, Jonas?

— Eu vou devolver. Estava precisando de dinheiro e não tinha onde conseguir. Foi apenas um empréstimo, não sei por que tanta confusão.

— Você não fez um empréstimo, mas sim pegou algo que não lhe pertencia. Não respeitou sua irmã, violou as leis da moral, da dignidade e do respeito. — Artur silenciou, e voltou a perguntar: — Pode me dizer para que precisava de dinheiro? Não poderia ter pedido para mim ou para sua mãe?

— Vocês não me dariam.

— O que o faz pensar assim? A decisão seria nossa; se achássemos justo seu pedido, daríamos, sim, o dinheiro. Agora diga-nos: para que necessitava de dinheiro? Está lhe faltando alguma coisa?

— Não me falta nada pai, é que...

Antes que Jonas falasse qualquer coisa para esconder a verdade, Berenice afirmou:

— O dinheiro era para pagar o traficante que fornece a droga para ele.

Mais uma vez Laura e Artur sentiram a dor cortar-lhes o coração. Olharam-se fixamente, tentando encontrar um no outro a força para suportar tamanha aflição. Jonas encarou a irmã, deixando transparecer o ódio que sentia.

— Não posso acreditar que você chegou a esse ponto, meu filho. — Artur meneou a cabeça. — Roubar sua própria irmã, desrespeitar sua casa e, pior ainda, violar as leis de Deus cravando em si mesmo o sofrimento que o levará ao fundo do poço.

Entre lágrimas, Laura completou:

— Jonas, o que lhe faltou para buscar nas drogas a compensação para sua insatisfação? Onde você acha que seus pais falharam?

Jonas permanecia em silêncio.

Mais uma vez, Laura elevou seu pensamento ao Senhor, implorando auxílio. Hortência e Tomás já se encontravam no local, testemunhando a resposta do Criador ao pedido sincero e justo feito por aquela mãe que sofria.

Artur reforçou a indagação de sua esposa.

— Responda, Jonas. O que lhe faltou nesses anos todos que o fez cair no vício das drogas?

— Não sei, pai, não sei. Acho que já nasci diferente de vocês, não tenho como explicar. Eu também não queria, mas não tenho forças para me afastar.

Artur e Laura sentiram sinceridade nas palavras do filho. Sabiam a grande dificuldade que era abandonar a dependência química, e que, sem ajuda profissional, difícil seria conquistar a libertação. Artur passou as mãos sobre a cabeça de Jonas e perguntou-lhe:

— Você aceitaria se internar, meu filho, para ter a chance de se libertar dessa prisão, retomar sua vida com consciência, saúde e responsabilidade?

— Nós estaremos ao seu lado, Jonas, apoiando-o e vivenciando com você os momentos difíceis que certamente virão.

Para a surpresa de ambos, Jonas, num impulso, ficou de pé e, sem que Artur ou Laura pudessem impedir, saiu em disparada, deixando seus pais e Berenice atordoados com a rapidez com que se desvencilhara e alcançara a rua.

— Meu Deus... O que vamos fazer para tentar salvar nosso filho, Artur? — E Laura caiu em copioso pranto.

— Calma, querida, é preciso ter muita calma nesta hora. As soluções só aparecem com a cabeça fria, que nos permite raciocinar com exatidão.

— Papai tem razão, mãe, vamos encontrar uma solução para Jonas — disse Berenice, tentando acalmar Laura.

— Sei que proporcionamos aos nossos filhos uma infância feliz, educamos, ensinamos o respeito, o amor, demos a eles uma convivência equilibrada, mostramos que a paz e a felicidade existem no coração que aprende a amar e a respeitar seu semelhante, mas parece que foi tudo em vão!

— Não diga isso, meu bem. Nada é em vão quando está dentro do conceito e das leis divinas, mas tudo precisa seguir a rota de evolução. Ninguém evolui sem passar pelos caminhos previstos, ou seja, sofrer as consequências de enganos do passado quitando dívidas contraídas no pretérito.

— Do que você está falando, Artur?

— Falo de reencarnação, Laura. Se sofremos hoje com Jonas, a explicação, se não existe no presente, há de estar em algum lugar do passado, e é preciso encontrar forças para enfrentar o que herdamos de nós mesmos e vencer nossas más inclinações.

Laura, com admiração, respondeu ao marido:

— Admiro sua força, Artur, sua consciência das coisas. Você me dá sustentação para não desanimar e não me entregar sem resistência às aflições que a vida nos apresenta.

Berenice, em silêncio, ouvia os pais sentindo crescer cada vez mais a admiração e o respeito por eles.

— O que vamos fazer, Artur?

— Procurar ajuda. Conheço o doutor Murilo, que trabalha com adolescentes dependentes químicos. Vou conversar com ele e ver o que nos aconselha. A partir daí, poderemos traçar uma direção para ajudar Jonas.

— Faça isso o mais rápido possível, Artur. Não devemos perder tempo. Receio que Jonas cometa alguma loucura. Enfim, quanto mais cedo melhor.

— Acalme-se, querida, amanhã mesmo irei procurá-lo.

No fim da tarde do dia seguinte, Artur encontrava-se no consultório do doutor Murilo.

Após colocá-lo a par de toda a situação em seus mínimos detalhes, Artur quis saber:

— Então, doutor, o que me aconselha? Eu e minha esposa nos achamos perdidos sem saber como agir em um caso desses.

Murilo, atento a tudo o que Artur lhe dizia, respondeu com sua experiência:

— Existem momentos na vida das pessoas, principalmente na dos adolescentes, que surgem independentemente do seu desenvolvimento, seja ele qual for. São problemas com os quais sentem dificuldade em lidar: perdas, brigas ou separações dos pais, autoestima baixa... várias outras situações em que falta a eles maturidade suficiente para resolver sozinhos. Por não querer se abrir com os pais, acabam procurando soluções equivocadas, e é muito comum, nesses casos, que se entreguem às drogas, que imaginam, erroneamente, ser a solução dos problemas que os afligem.

— Mas o que devem os pais fazer para reverter este quadro?

— O que você está fazendo, Artur: buscar orientação segura, informar-se a respeito, manter-se ao lado do necessitado, compreendendo o engano em que está se metendo. Mas nem por isso ser omisso. Os pais devem mostrar-lhe a inutilidade de se aprofundar no êxtase que lhe tira a razão, confunde sua mente e o lança no sofrimento. Seu filho, como tantos outros, necessita de ajuda e acompanhamento de profissionais competentes para despertá-lo da loucura desse sonho.

— Isso não é fácil...

— Tem razão, meu amigo, em nenhum momento eu disse que seria fácil. Ao contrário, o caminho da recuperação é longo e difícil, mas não impossível. Fique atento e deixe que ele perceba isso, não finja que não vê.

Depois de recebidas todas as orientações adequadas ao caso, Artur despediu-se do doutor Murilo. No caminho de sua casa, ia pensativo, rememorando os últimos acontecimentos que envolveram seus filhos. *Por que será, meu Deus, que esse vendaval tomou conta da minha casa?*

Tomás e Hortência, que a tudo observavam, olharam-se, e seus pensamentos se interligaram. Sabiam que nenhuma ação pode fugir da lei de causa e efeito. Nenhuma aflição aparece em nossa vida sem motivo justo; portanto, o "ser vítima" torna-se relativo se considerarmos que ninguém chega ao mundo físico sem ter atrás de si uma história escrita no pretérito, história essa, na maioria das vezes, vivida imprudentemente. Como tão bem nos ensina Joanna de Ângelis, "não existe vítima; se existisse, ela seria um ser injustiçado, e Deus não comete injustiças".

— Você conhece o passado de Artur e Jonas, Hortência?

— Sim, Tomás, conheço.

— Posso ter acesso a essa informação?

— Claro! Não está acompanhando a trajetória de Catarina e sua família? É justo que tome conhecimento das causas das aflições que os atingem.

— Pressinto que Artur está comprometido com a questão das drogas; estou certo?

— Está.

Fitaram Artur e perceberam a tristeza que se fazia notar em sua fisionomia. Os ombros arqueados davam mostra do peso que sentia ao constatar a gravidade da situação do filho.

— Ele sofre demais, Hortência. Não compreende em que momento deixou passar despercebido o comportamento de Jonas; não se perdoa, e a culpa começa a se fazer presente em seu coração.

— Tem razão. Mas, assim que eu expuser a você a origem desse sofrimento, verá que as leis divinas regem o Universo sempre; assim Deus o quer e assim Ele estabeleceu. Aquele que as ignora se comprometerá com o Universo e com o Criador, e é certo que sofrerá a lei de causa e efeito. O espírito, ao reencarnar, escolhe o gênero de provas que quer sofrer para se harmonizar com a Lei; nisso consiste o seu livre-arbítrio. Artur fez uso da sua liberdade de escolha e solicitou vivenciar o mal que no passado causou nos lares de famílias dignas. Ele levou aos olhos de seus semelhantes às lágrimas que hoje escorrem por suas faces.

Tomás ficou surpreso.

— O que está dizendo, Hortência?

— Artur, num passado não muito distante, fez da droga sua fonte de renda. Viveu sob as lágrimas e o desespero de pais mergulhados no sofrimento de ver seus filhos perdidos em alucinações proporcionadas pela insensatez de Artur.

— Hoje ele voltou passando pelo mesmo sofrimento que infligiu ao semelhante! — exclamou Tomás.

— Sim, é isso. Ele assim o quis e solicitou do Mais Alto essa prova. Pretendia tirar a culpa que o atormentava vivendo a dor que proporcionara a outrem, e esforçando-se para recuperar o necessitado, trazendo-o de volta à dignidade e ao equilíbrio perdido por conta das drogas.

— Artur está, na verdade, resgatando o seu passado de erros e enganos.

— Exato. Nada se perde, Tomás, sabemos disso. Necessário se faz quitarmos os débitos que nossa imprudência criou. É preciso nos harmonizar com aqueles que, de uma forma ou de outra, prejudicamos. Do contrário, a paz não se faz em nosso espírito.

— Como disse nosso Divino Amigo: "Pagaremos até o ultimo ceitil".

"As vicissitudes da vida são provas impostas por Deus ou situações escolhidas pelo próprio interessado, quando na erraticidade, para expiar as faltas cometidas numa outra existência. Jamais a infração das leis de Deus fica impune, e é por isso que aquele que é justo aos olhos humanos vê-se frequentemente atingido pelo seu passado."
(Do livro *A Essência da Alma* — Irmão Ivo/Sônia Tozzi.)

Artur, alheio a tudo o que acontecia a sua volta, mantinha o pensamento direcionado a Jesus, pedindo-Lhe forças para cumprir a difícil tarefa que apenas começava: *Sei o quanto será difícil e sofrido, mas confio no Vosso auxílio, Senhor, e tenho certeza de não caminhar sozinho nessa árdua trajetória. Quero apenas salvar meu filho e trazê-lo de volta ao bom caminho.*

— "Estamos aqui para ampará-lo. Confie em Cristo, meu irmão, nossa missão é proteger sua família inspirando o bem, a fé e a determinação para lutar com coragem e vencer as batalhas que virão. Não se permita o desânimo, nem a descrença. Quanto mais dura é a luta, mais felicidade nos traz a vitória."

Artur não pôde ouvir o conselho de Tomás, mas registrou em forma de paz e confiança que se instalaram em seu coração.

— Vou vencer — disse a si mesmo. — Confio em Deus que tudo dará certo. Trarei meu filho novamente à razão.

Sentindo-se mais calmo, tomou o rumo de sua casa.

O passado ainda vive

Assim que entrou, Laura deu vazão à sua ansiedade e crivou o marido de perguntas.

— Calma, Laura, vou explicar-lhe tudo conforme disse o doutor Murilo.

Após ouvir com atenção todas as explicações de Artur, Laura, com lágrimas nos olhos, disse-lhe:

— Será que daremos conta desse turbilhão, Artur? Tenho medo de falharmos.

— Não pense assim, querida, é preciso ter coragem e confiança de que tudo dará certo. Jonas não está ainda em uma fase muito crítica; temos de lutar sem desanimar.

— Quero acreditar nisso!

"Quando o espírito goza do seu livre-arbítrio, a escolha da existência corpórea depende sempre exclusivamente da sua vontade, ou essa existência pode lhe ser imposta pela vontade de Deus?

"R — Deus sabe esperar: não precipita a expiação. Entretanto, pode impor certa existência a um espírito quando este, por sua inferioridade ou má vontade, não está apto a compreender o que lhe seria mais proveitoso, e quando vê que essa existência pode servir para sua purificação, o seu adiantamento e, ao mesmo tempo, servir-lhe de expiação."

O Livro dos Espíritos — Capítulo VI, item V — pergunta 262A — Allan Kardec.

Capítulo XIV

O pacto

"Não pretendemos penetrar nos procedimentos adequados aos dependentes químicos; o foco deste livro não é esse, mas sim mostrar aos homens que passam pela vida distraídos que as consequências de nossas atitudes se fazem presentes em alguns momentos de nossa existência no mundo físico. Daí a necessidade de se preservar a moral cristã, nossa dignidade enquanto criaturas de Deus, vivendo quites com os limites impostos pelas leis divinas. Aquele que imprudentemente sai do eixo do bem e do amor volta a ele, mais cedo ou mais tarde, pela dor gerada pela imprudência e leviandade com as quais norteou sua vida.

"A espiritualidade, por intermédio da Doutrina Espírita, nos mostra a responsabilidade que temos de preservar nosso corpo físico, nossa mente e nosso espírito, fazendo bom uso do nosso livre-arbítrio e sendo sensatos nas escolhas. 'Necessário se faz sintonizarmos com o Criador por intermédio de seus tarefeiros do bem, juntarmo-nos a eles e, nas aflições e em um só pensamento, repetirmos com emoção e sinceridade as palavras que jamais se apagarão dos lábios humanos, nem da essência do espírito desencarnado, porque será sempre o elo das criaturas com o Criador: Meu Deus'." (Irmão Ivo)

Catarina, ao adentrar a casa de Zuleica, deu-lhe um caloroso abraço, mostrando, com esse gesto, o quão feliz se sentia por estar ali. Zuleica estranhou a euforia da garota, mas retribuiu com a mesma alegria.

— Obrigada por ter aceito meu convite, Catarina.

— Ora, dona Zuleica, jamais negaria alguma coisa à senhora! — afirmou, gentil.

— Você é mesmo uma graça de menina. Gostaria de ter uma filha assim como você.

Catarina respondeu apenas com um lindo sorriso, mas no íntimo dizia: *A senhora terá, dona Zuleica, pode acreditar que terá. Não dizem que nora é como uma filha?*

— Vamos até o jardim — convidou Zuleica. — Lá conversaremos mais à vontade.

— Como a senhora quiser.

Acomodaram-se em confortáveis cadeiras com almofadas coloridas. E, após Zuleica ter pedido a Teresinha que lhes servisse um suco gelado por conta do calor reinante, Zuleica, sem nenhum constrangimento, comentou:

— Catarina, imagino que deve ter estranhado meu convite, mas preciso mesmo muito lhe falar.

— Fique à vontade, dona Zuleica. Apenas não sei em que posso servi-la, mas adianto que pode contar comigo para o que precisar.

— Obrigada, querida, era isso o que precisava ouvir de você.

Zuleica se calou por alguns instantes, como se estivesse procurando as palavras certas para dizer a Catarina. Por fim, disse:

— Catarina, antes de qualquer coisa, preciso lhe fazer uma pergunta, pois tudo o que pretendo irá depender de sua resposta. Portanto, peço-lhe que use de sinceridade.

— Certo, pode perguntar o que quiser.

— Prometa-me sinceridade em sua resposta.

— Claro! — exclamou Catarina, ansiosa para saber do que se tratava.

Sem demora, Zuleica indagou:

— Catarina, você gosta do meu filho Marcos como eu imagino?

A jovem não esperava essa pergunta e, diante de sua surpresa, Zuleica repetiu:

— Quero saber se é verdade que você gosta do meu filho.

Um pouco retraída, Catarina respondeu:

— Desculpe-me, dona Zuleica, se a senhora estiver incomodada por causa dessa suspeita, posso lhe garantir que nunca fiz nada para me insinuar para Marcos.

— Não é essa a questão, meu bem. O que quero saber é se sente amor, atração por Marcos. Responda-me sem constrangimento.

— Tudo bem... É verdade, sim, gosto de Marcos, mas ele nem suspeita disso.

O sorriso de Zuleica demonstrou o quanto ficou feliz em saber.

— Muito bem. Era mesmo o que eu imaginava, e isso é muito bom.

— Muito bom? Não estou compreendendo aonde a senhora quer chegar.

— Já vai entender. Apenas me diga: está disposta a conquistar Marcos sem se importar com os meios?

— Por favor, dona Zuleica seja mais clara. O que, na verdade, a senhora está pretendendo?

— Vou explicar. Percebi há algum tempo que Marcos e Dorinha estão tendo um romance, o que não me agrada de maneira alguma. O que quero é afastá-lo de vez dessa menina, que para mim não passa de uma aproveitadora. Ela pensa que não noto suas artimanhas para estar sempre por perto de Marcos. Bem, não vou aceitar essa romance de forma alguma.

O coração de Catarina acelerou. *Então aquela sonsa conseguiu. Eu sabia que faria de tudo para conquistar Marcos; atrás daquela cara de vítima se esconde uma verdadeira víbora! Mas, se o propósito de dona Zuleica é separar os dois, ela pode contar comigo!*

Zuleica, por sua vez, sentiu a inquietação de Catarina. *Essa menina vai me ajudar, e nem será preciso convencê-la. Fará tudo o que eu sugerir para conquistar meu filho, separando-o de Dorinha... aquela empregadinha metida a gente...*

— Veja, Tomás, o circo da imprudência está se formando. O reencontro do passado programado para o resgate se deu, mas a fragilidade moral dos envolvidos os fará cair de novo no erro. Serão, mais uma vez, vítimas do próprio orgulho.

— Tem razão, Hortência, a oportunidade solicitada foi concedida, mas o espírito que não se fortalece no amor de Cristo sucumbe outra vez preso na própria inconsequência.

"O espírito, nas provas que deve sofrer para chegar à perfeição, terá de experimentar todos os gêneros de tentações? Deverá passar por todas as circunstâncias que possam provocar-lhe o orgulho, o ciúme, a avareza, a sensualidade etc.?

"R — Certamente não, pois sabeis que há os que tomam, desde o princípio, um caminho que os afasta de muitas provas. Mas aquele que se deixa levar pelo mau caminho corre todos os perigos do mesmo. Um espírito pode pedir a riqueza e esta lhe ser dada; então, segundo o seu caráter, poderá tornar-se avarento ou pródigo, egoísta ou generoso, ou ainda entregar-se a todos os prazeres da sensualidade. Mas isso não quer dizer que ele deva cair forçosamente em todas as tendências."

O Livro dos Espíritos — Segunda Parte — Do Mundo Espírita ou Mundo dos Espíritos — Capítulo VI, pergunta 261 — Allan Kardec.

Catarina, cada vez mais ansiosa, indagou:

— A senhora quer saber se estou disposta a conquistá-lo sem me importar com os meios. O que, na verdade, quis dizer?

— Que podemos, nós duas, armar uma situação que proporcione a Marcos uma decepção tão grande que o fará acordar dessa loucura que é seu romance com Dorinha.

— A senhora já pensou em algo?

— Ainda não. Queria primeiro ter certeza de que poderia contar com você, saber se está mesmo a fim de lutar por meu filho.

Sem pensar duas vezes, Catarina respondeu:

— Já disse e repito, dona Zuleica: pode contar comigo. Amo Marcos, e sonho em receber dele o mesmo amor que sinto. Portanto, estou disposta a me unir à senhora e fazer o que for preciso para protegê-lo de Dorinha, pessoa que conheço muito bem e sei o quanto é falsa.

Zuleica, mais uma vez, gostou do que ouviu. *Essa menina é das minhas.*

— Bem, já que nos entendemos a esse respeito, podemos pensar em algo que surta o efeito que desejamos.

— Ainda não tem nada em mente?

— Não, Catarina. Para ser franca, acredito que você possa imaginar algo melhor do que eu mesma.

— Em minha opinião, devemos encontrar uma situação que não deixe dúvidas quanto à falta de lealdade de Dorinha, da sinceridade do seu amor. Algo que destrua a confiança de Marcos.

— Tem razão. Façamos o seguinte: assim que tivermos algo concreto, nos encontraremos de novo para definir a situação e colocá-la em prática.

— E até lá, o que devo fazer? — Catarina esperava que a resposta fosse exatamente a que queria ouvir; o que, de fato, aconteceu.

— Até lá, querida, tente se encontrar com ele o mais que puder para preparar o terreno. Fale casualmente de Dorinha, deixando nas entrelinhas o quanto é falsa e ambiciosa. Ora, você deve saber o que fazer para atrair o namorado que almeja, não é?

Sorrindo, Catarina concordou com Zuleica, dizendo:

— Que mulher que não tem cartas na manga para

atacar a inimiga, dona Zuleica? Não se preocupe, eu saberei o que fazer.

— Tenho certeza de que sim! — E Zuleica pensou: *Essa menina saiu melhor do que a encomenda, como se diz por aí. Creio mesmo que vai saber o que fazer para conquistar Marcos.* — Pode vir aqui quando quiser e quantas vezes achar necessárias, Catarina. Irei passando para você os passos de Marcos, assim poderá se encontrar com ele sempre "por acaso". — Sorriu-lhe.

Os sorrisos cúmplices só foram interrompidos com a chegada de Teresinha, que trazia uma bandeja com refrescante suco.

Após mais algumas horas, Catarina se despediu, firmando com Zuleica o pacto que tiraria Dorinha para sempre da vida de Marcos.

No caminho de volta para sua casa, Catarina trazia em seu rosto uma grande expressão de felicidade, por acreditar que finalmente teria Marcos para si.

— Ele será meu, custe o que custar, e com o apoio de sua mãe! Não posso querer nada melhor. Agora é só ir à luta!

Entrou em sua casa cantando, o que deixou Laura apreensiva quanto à conversa que sua filha tivera com Zuleica. *É surpreendente como Zuleica não me passa a menor confiança; tenho dúvidas quanto a esse encontro. Espero que minha filha não tenha sido tão tola a ponto de se envolver em algo perigoso.* Indo ao encontro da filha, perguntou-lhe:

— Catarina, gostaria de saber o que realmente foi fazer na casa de Zuleica; deve ter sido algo muito bom, visto que chegou com essa alegria toda!

O *passado ainda vive*

209

— Ora, mãe, por que acha estranho eu estar alegre? Foi uma tarde muito gostosa. Fui muito bem recebida por sua amiga...

Não satisfeita, Laura insistiu:

— Filha, não sou como uma criança que aceita tudo sem argumentar; ainda mais quando se trata de meus filhos. Quer, por favor, contar-me o que conversaram?

— Como vou contar tudo o que conversamos? Fiquei horas lá. A senhora quer que eu me lembre do que falamos nesse tempo todo?

— Não se faça de desentendida, eu não estou brincando. Pode começar.

Sem ter como fugir, Catarina relatou à mãe o que julgava não ter nenhuma importância.

— O que dona Zuleica queria era apenas me dizer que faz muito gosto em que eu me relacione com seu filho.

— E por que ela a chamaria para lhe dizer apenas isso?

— Ela me disse que percebeu meu interesse por Marcos, e que ele também se interessava por mim. Sendo assim, falou que não via mal algum em que eu frequentasse sua casa mais vezes, dando ocasião de nos encontrarmos e, quem sabe, surgir um relacionamento.

Laura não gostou do que ouviu. Cada vez mais desconfiada, respondeu:

— Não sei em que se baseia a suposição de Zuleica quando diz que percebeu seu interesse por seu filho. Você demonstrou isso de alguma maneira, Catarina?

— Claro que não, mãe, a senhora estava comigo naquele dia em que estivemos na casa de dona Zuleica, e pode testemunhar que não fiz nada de mal.

— É... Pode ser, mas, de qualquer maneira, vou ficar atenta a você. Alguma coisa nessa história me incomoda.

Ao ver a mãe se afastar, Catarina pensou: *Minha mãe é bem desconfiada; preciso tomar muito cuidado com ela, ou poderá estragar nosso plano.*

Assim que Artur chegou, Laura imediatamente colocou-o a par de tudo, de suas suspeitas e de como Catarina voltara feliz.

— Até que se prove o contrário, querida, Catarina é inocente de qualquer suspeita, mas é bom que fique bem atenta.

— Vou ficar, Artur, pode apostar.

Uma semana se passou desde esse acontecimento, quando Catarina recebeu novo telefonema de Zuleica.

— Preciso lhe falar com urgência, pode vir até minha casa?

— Quando, dona Zuleica?

— Se possível, hoje mesmo. Você pode?

— Preciso perguntar para minha mãe. Ela ficou bem desconfiada desde o nosso último encontro.

— Você disse alguma coisa para Laura?

— Não. Nada que pudesse prejudicar nosso propósito. Inventei algumas coisas e acho que ela acreditou.

— Muito bem, Catarina, antes assim. Se sua mãe souber, poderá impedir ou atrapalhar nossos planos. Como você vai fazer para sair sem que ela a impeça?

— Vou dizer que irei à casa de uma amiga fazer trabalho.

— Ela acreditará?

— Dependendo da amiga, mamãe vai acreditar sim.

Zuleica, dando risada, respondeu:

— Pois então diga o nome da amiga que estiver acima de qualquer suspeita. Assim Laura não a impedirá de sair. Mas lembre-se de não dizer, em hipótese alguma, o meu nome ou o lugar real aonde você vai. Certo?

— Fique tranquila, dona Zuleica. Às catorze horas estarei aí, pode esperar.

— Estarei aguardando.

Acho que acertei trazendo essa menina para o meu lado, disse Zuleica para si mesma. Com seu apoio irei tirar, de uma vez por todas, Dorinha da vida de Marcos. Não tem o menor cabimento meu filho se casar com uma empregada!

— Falando sozinha?

— Nossa, que susto você me deu, Fausto!

— Não tive a intenção de assustá-la, Zuleica, me desculpe.

— Tudo bem.

— Diga-me, o que aconteceu para deixá-la assim agitada. Parece-me que a ouvi dizer "casar com uma empregada". A que se referia?

Zuleica ficou indecisa em responder. Não queria que seu marido tomasse conhecimento de seus planos, pois sabia que não iria aprovar.

— Nada não, meu bem, estava conversando com uma amiga e ela me disse que seu filho está interessado na empregada de sua casa.

— E o que tem isso de mais?

— Como assim? Você ouviu bem, Fausto, ele quer se casar com a empregada de sua mãe. Acha isso normal?

— Pode não ser normal por causa do preconceito que invade o coração de muitos, mas acredito que seja uma situação natural, se olharmos pelo lado de que todos somos iguais. O que diferencia uns dos outros não é a posição que ocupam, mas o coração bondoso que ostentam, o respeito com o qual se trata o semelhante. Zuleica, se são empregados ou patrões, não importa; importa, sim, a dignidade com que a pessoa leva sua vida.

Zuleica estava perplexa.

— Nunca o ouvi falar dessa maneira, Fausto. O que está acontecendo?

— Absolutamente nada; apenas não tolero preconceitos, só isso.

— Você gostaria que nosso filho se envolvesse com nossa empregada? Por favor, diga-me. Ficaria feliz com isso?

— Não sei, Zuleica, nunca pensei nessa hipótese.

— Pois então pense, meu caro, porque está acontecendo.

— Como assim? Seja mais clara.

— Marcos está tendo um caso com Dorinha, Fausto, e, segundo sua teoria, devemos bater palmas de felicidade, não?

Fausto realmente ficou sem saber o que dizer diante daquilo. Sua surpresa era tanta que sua voz não saía. Zuleica insistiu:

— Diga alguma coisa. O que pensa disso?

— Penso que você deve estar fantasiando. Nunca percebi nada, e imagino que você também não. Deve ser coisa da sua cabeça; afinal, você nunca gostou dessa moça.

— Sinto decepcioná-lo, meu bem, mas o que digo é a mais pura verdade. Eles estão namorando às escondidas. Mas já entendi o golpe de Dorinha; ela se faz de vítima, de santa, para conquistar Marcos, que tem um coração generoso e acaba acreditando em tudo o que lhe falam.

O passado ainda vive 213

Fausto entrou em um conflito consigo mesmo. Jamais imaginara viver essa situação, que ele defendia, mas, ao se ver protagonista, sentiu que algo o incomodava. Por fim, disse à esposa:

— É melhor esperar para ver se sua suspeita se confirma. Se isso, de fato, estiver acontecendo, vamos falar com Marcos, para saber dos seus sentimentos em relação a essa moça, analisarmos junto com ele os prós e os contras desse envolvimento. Por ora, vamos dar tempo ao tempo.

Zuleica não gostou do que ouviu. Fingindo concordar, respondeu:

— Você está certo, Fausto, é melhor esperar mesmo. Pode ser que eu esteja enganada.

— Isso mesmo, não vamos nos precipitar.

Zuleica, vendo o marido se afastar, pensou: *Não posso contar com ele. É melhor que não saiba dos meus planos, pois poderá pôr tudo a perder. Eu e Catarina daremos um jeito nisso e faremos de uma maneira que ninguém poderá suspeitar de nós.*

Dorinha, ansiosa, esperava por Marcos. Assim que o viu, correu em sua direção, abraçando-o com paixão.

— Calma, meu bem, que euforia é essa?

— Nada de especial, Marcos, apenas estou feliz em estar com você, só isso.

— Eu também estou.

— Verdade? — Dorinha queria ouvir do namorado mais uma declaração de amor.

— Você sabe que sim, quantas vezes terei de lhe dizer?

— Muitas... Muitas...

Marcos a abraçou com carinho, beijando-lhe as faces.

Achando pouca essa demonstração de amor, Dorinha insistiu:

— Não pode me beijar com mais calor?

— O que você quer, Dorinha?

Em um impulso, Dorinha jogou-se em seus braços, dizendo:

— Isto! — E deu-lhe um apaixonado beijo na boca. Assim que se soltou dos braços de Marcos perguntou: — Você gostou?

— Claro, meu amor, claro que gostei, eu a amo muito também.

Achando que o momento era propício, Dorinha, com voz envolvente, lhe disse:

— Marcos, eu o quero muito e sinto que você também me quer.

— Certo, eu também a quero muito!

Sem o menor pudor, ela sugeriu:

— Por que, então, não vamos a algum lugar para ficarmos mais à vontade?

Marcos fingiu não entender:

— Não sei aonde quer chegar.

— Quero chegar até você de corpo e alma, meu amor.

— Dorinha, não acha que ainda é muito cedo para uma relação mais íntima?

— Não, não acho. Ao contrário, creio que agora seja o momento. Quando o coração se entrega, Marcos, o corpo não espera.

Marcos relutou por algum tempo e, por fim, cedendo ao

desejo e à cobrança de Dorinha, levou-a para desfrutarem das emoções da entrega.

Viveram com intensidade os apelos da paixão. Nada perturbou aquele instante, no qual dois corações, esquecendo-se de tudo o que não fazia parte de suas vontades, se uniram com loucura, tornando-se quase um só corpo. Nada lhes importava naquele momento que não fosse o delírio da volúpia.

Quando tudo terminou, Marcos, descansando ao lado de Dorinha, que dormia em seus braços, pensava: *Meu Deus, será que foi certo o que fiz? Creio que fui precipitado, mas fraquejei diante da insistência de Dorinha. Agora, passada a euforia, tudo me parece fora do lugar.*

Marcos se sentiu desconfortável. Um vazio invadia-lhe a alma, e não conseguia compreender a razão de tal sentimento. *O que será que acontece comigo?*, perguntava-se, observando Dorinha dormir tranquila ao seu lado. *Eu a amo muito, mas, ao mesmo tempo, sinto um receio inexplicável, uma sensação de estar sendo usado, e não amado de verdade.*

Abaixou-se e beijou-a delicadamente no rosto. *Deve ser cisma minha. Dorinha deve me amar com sinceridade.*

A partir daquele dia, os encontros entre Marcos e Dorinha tornaram-se mais frequentes e íntimos. Dorinha não conseguia dominar a euforia por haver conseguido realizar o seu objetivo: ter Marcos só para si.

Quero ver a cara de Catarina quando souber que perdeu Marcos para mim, a empregadinha, e de dona Zuleica, que terá de sufocar seu orgulho e aceitar uma nora fora dos seus padrões sociais, pensava Dorinha com satisfação.

Por seu lado, Catarina e Zuleica, a partir do novo encontro, armavam um plano para conseguir desmascarar Dorinha.

— Não podemos falhar, Catarina — dizia Zuleica. — Percebo que os encontros acontecem mais assiduamente. Acho que já é hora de agirmos, antes que seja tarde demais.

— Dona Zuleica, já sei o que fazer, e prometo à senhora que conseguirei tirar de Dorinha tudo o que fará Marcos desistir dela sem culpa nenhuma.

— Tenho certeza de que sim, Catarina, você é muito esperta. Sem contar que luta por alguém que quer para si, não é isso?

— O que a senhora tem de fazer é levar Marcos até o local onde estarei conversando com Dorinha.

— Quanto a isso, Catarina, não existe problema algum. No dia certo, na hora combinada, estarei lá, com meu filho ao meu lado, a uma distância da qual ele poderá ouvir tudo claramente.

Após pensar um pouco, Catarina perguntou a Zuleica:

— Apenas uma curiosidade. O Senhor Fausto tem conhecimento desse nosso plano para separar os dois?

— De modo algum. Ele acha que todos somos iguais, que não podemos ter preconceito de nenhuma maneira, em nenhuma situação. Se Fausto souber, com certeza irá reagir contra nós. — Com um ar de cumplicidade, continuou: — E depois, tanto ele quanto Marcos devem acreditar que você está tentando salvar meu filho de uma trama, que sua intenção não é outra senão trazer à tona a verdade. Isso fará com que Marcos passe a vê-la com outros olhos, entende?

Catarina ficou feliz.

O passado ainda vive 217

— Entendo, dona Zuleica. Pode deixar que farei tudo como a senhora quer.

— Mas será preciso que você tenha paciência quando tudo isso acabar, para que ninguém desconfie de nada.

— Paciência como e em quê?

— Quero dizer, Catarina, que quando Marcos se vir frente a frente com a desilusão, é natural que fique abalado e queira se isolar até que o tempo cure a sua ferida. Durante esse período, seja apenas amiga, confidente. Não insinue nenhum outro sentimento que não seja a amizade. Enfim, esteja presente, mas com uma certa distancia, entendeu?

— Entendi. A senhora não vai se importar que eu venha até sua casa, vai?

— De forma alguma! Ao contrário, quero que venha sempre, que esteja ao lado dele, alegre, mostrando toda a sua alegria, todo seu carisma, para que meu filho possa, aos poucos, ir enxergando a bela garota que você é.

Catarina gostou do que ouviu, e, feliz, abraçou Zuleica.

— Obrigada, dona Zuleica. Serei sempre grata à senhora por me ajudar a conquistar o homem que eu amo.

Terminando de falar, pensou: *Mereço estar com Marcos muito mais que Dorinha, pois sou melhor do que ela em todos os quesitos que dão ao homem a superioridade.*

"Quando o orgulho toma conta do ser, este passa a viver exclusivamente para si mesmo; luta para conseguir sobressair no mundo dos homens, tudo fazendo para satisfazer sua vaidade, esquece-se de que o orgulho e o egoísmo são surdos e só ouvem o que lhes convém, mas chega o dia em que ele se perde nas teias de sua própria inconsequência, e é nesse dia que suas lágrimas descerão por sua face."

(do livro *A Essência da Alma* — Irmão Ivo/ Sônia Tozzi.)

"O orgulho é um sentimento que proporciona ao indivíduo colocar-se em posição de superioridade em relação aos demais. Voltado para sua própria pessoa, o orgulhoso tem de si elevada opinião, valorizando qualquer atributo, material ou intelectual, que possua ou pense possuir, em detrimento de seus semelhantes. Esquece-se de Deus, tal o domínio que o orgulho pode exercer."

Revista Espírita, 1859 — Allan Kardec.

CAPÍTULO XV

Uma fresta luminosa

Artur, após o colóquio com o médico, não descuidava de Jonas, observava todos os seus movimentos sem deixar que o filho percebesse. Argumentava sobre suas saídas, questionava a respeito da demora em voltar para casa, enfim, tomava conhecimento de tudo, ou pelo menos pensava que assim era.

Jonas nada revelava, mas notava o interesse de seu pai e usava de todas as artimanhas para confundi-lo. Laura e Berenice auxiliavam Artur nessa tarefa árdua de observação. Catarina não se envolvia; seu pensamento se fixava no momento em que iria confrontar Dorinha e, segundo ela, todos tinham o direito de fazer da sua vida o que quisessem, contanto que não interferissem na vida dos outros; não percebia que o que fazia em conjunto com Zuleica era exatamente interferir na vida dos outros, ou seja, de Dorinha e Marcos. Mas, para ela, não era interferência, e sim luta para conquistar sua felicidade, e, com esse falso e errôneo pensamento, cada vez mais se afundava no engano de se julgar merecedora de todas as glórias da Terra.

Certa manhã, Laura, ao ir até o quarto do filho, surpreendeu-se ao constatar que ele não dormira em casa. Se coração bateu descompassado, temendo o que poderia significar aquela ausência. Abriu as janelas, deixando que a luz do sol entrasse, e, sem constrangimento, sentiu desejo de mexer nas coisas de Jonas, no intento achar algo que lhe desse uma pista do que poderia ter acontecido para que ele não voltasse para casa. Quando começava a desanimar por nada encontrar de errado, sua atenção foi atraída para uma caixinha que estava próxima dos livros que nunca eram abertos por Jonas. Achou que, se ali estivesse alguma coisa que ele não queria que soubessem, não estaria assim tão evidente.

Meu filho não colocaria nada de diferente tão à mostra, pensou. Ia se retirando quando a dúvida se fez em sua mente. *Talvez por ser tão evidente ele a usasse para esconder algo. De todo modo, não custa nada verificar, visto que já que mexi em tudo.*

Assim, voltou-se, pegou a caixinha e, sem saber a razão, sentiu um desconforto, um receio de que ali pudesse estar a confirmação, mais uma vez, de que Jonas ainda usava drogas. Logo percebeu que seu receio tinha fundamento; encontrou seringas e papelotes.

O chão lhe faltou sob os pés. Uma dor imensa atacou-lhe o peito.

— Meu Deus, o que esse menino está fazendo com sua vida?! — exclamou.

Se ele não voltou para casa, o motivo não é outro se não estar em algum lugar se drogando. Algo muito perigoso está acontecendo com Jonas, concluiu.

Saiu apressadamente e, sem hesitar, telefonou para Artur. Expôs ao marido tudo o que acontecera, e Artur, tentando acalmar a esposa, lhe disse:

— Calma, querida, precisamos ter coragem, afastar o medo e enfrentar os problemas e as dificuldades que virão, avassaladoras. Teremos dias difíceis, mas encontraremos forças na confiança e na fé em nosso Criador.

— Você tem razão. Mas ficamos quase impotentes para lutar contra essa maldita droga, que parece mais um fantasma a rondar por todos os lados a vida de jovens desavisados e imprudentes.

— Mais uma vez lhe peço, Laura, mantenha a calma. Vamos conversar com ele.

— Não podemos abandoná-lo, Artur!

— Nós não o abandonaremos. Ao contrário, estaremos ao seu lado fazendo tudo o que nos compete fazer. Mas não podemos esquecer que o que nos cabe, na verdade, é ajudá-lo a encontrar, dentro de si, o que tem buscado nas drogas; auxiliá-lo a perceber e a compreender que quando fugimos da realidade acarretamos reajustes sempre muito dolorosos.

Laura, sentindo-se mais calma, desligou o telefone, foi até a varanda e, olhando as flores que ostentavam a beleza da natureza, rezou:

— Senhor... Senhor... Tem misericórdia de nós. Tenho consciência de ser este o início do nosso calvário, mas não nos deixe perder a fé, nem nossa capacidade de lutar para salvar nosso filho, Jonas; que nossos pés suportem passar por esses espinhos; ilumine nosso filho, para que ele, através da espiritualidade, reconheça a Sua Luz na escuridão em que se encontra. Assim seja.

Cansada e sentindo sobre o peito o peso da avalanche que caíra sobre sua casa, Laura adormeceu. Não demorou muito e seu espírito foi atraído para junto de Hortência e Tomás, que, com a generosidade inerente aos bons espíritos, envolveram Laura em energia salutar, fortalecendo, assim, aquele espírito que apenas iniciava dias de aflição.

— O que posso fazer para suportar tamanha dor? — perguntou Laura a Hortência.

— Minha irmã querida, todos nós, criaturas imperfeitas, trazemos marcas rigorosas provenientes das atitudes inconsequentes de outrora. A bênção do Senhor nos propicia o resgate desse momento de total leviandade, brindando-nos com a bênção da reencarnação. Você, junto com Artur, escolheu essa difícil prova com Jonas para libertá-lo das correntes das drogas, correntes essas que vocês ofereceram a ele em um passado não muito distante. Fortaleça-se na fé, ore ao Senhor pedindo auxílio para cumprir seu propósito, lute com coragem, sem esmorecer e sem se desesperar. Se o pedido for sincero, o auxílio virá. Acredite na força do amor, porque somente o amor poderá libertá-lo dessa amarras.

Laura despertou ao ouvir a voz de Artur, que carinhosamente a chamava:

— Não queria despertá-la, meu bem. Você dormia tão tranquila... Mas fiquei preocupado com tudo o que você me contou, e resolvi vir mais cedo para conversarmos.

— Fez bem em me chamar. Quero mesmo conversar com você. Estou muito preocupada com Jonas, fiquei assustada ao perceber que ele não dormiu em casa e não chegou até agora... Ou já chegou?

— Não, Laura, ainda não.

— Sabe, Artur, dormi tão profundamente que tive um sonho lindo, que me trouxe paz ao coração.

O passado ainda vive 223

— E o que foi que sonhou?

— Não sei dizer com precisão, mas deve ter sido muito bom, pois experimento uma grande paz e, inexplicavelmente, confiança de que tudo dará certo se soubermos cuidar de Jonas.

— O que quer dizer, Laura?

— Que acordei como uma sensação de que, se nós tivermos cuidado ao falar com nosso filho, demonstrarmos a ele o quanto o amamos, tentarmos descobrir a razão de ele ter procurado as drogas, deixarmos claro que estamos dispostos a lutar com ele para obter a libertação, sem nos esquecermos de tentar convencê-lo a aceitar um tratamento psicológico com um bom profissional, creio que, com paciência e perseverança, poderemos salvá-lo.

Artur estranhou a firmeza de Laura.

— Estou estranhando você, querida. Primeiro me liga toda chorosa, quase desesperada, e agora mostra toda essa força. Conte-me: na verdade, o que houve?

— Não sei, Artur, não sei mesmo. Apenas dormi e acordei com esse sentimento forte de que precisamos lutar sem esmorecer nem fraquejar, não devemos julgá-lo, mas sim ampará-lo.

— É o que faremos, meu bem. — Artur beijou sua esposa com amor.

O casal continuou conversando sobre o assunto quando Inês, pedindo licença, aproximou-se dizendo que Jonas havia retornado. Laura e Artur, quase ao mesmo tempo, perguntaram:

— Onde ele está, Inês?

— Foi direto para o quarto. Não falou com ninguém, nem comigo, nem com Catarina, que tentou falar com ele, mas não obteve resposta.

Artur e Laura se olharam e, sem precisar dizer uma só palavra, se entenderam; levantaram e se dirigiram ao quarto de Jonas.

A porta estava semiaberta. Assim, entraram sem bater, e o que viram fez com que Laura e Artur derramassem lágrimas de sofrimento.

— Meu Deus, mas o que é isso, Artur?! O que aconteceu com esse menino para estar nesse estado?!

— Gostaria de ter uma resposta para lhe dar, Laura, mas não tenho. Estou tão surpreso quanto você, e não imagino uma explicação para isso.

— Inês! — gritou Laura. — Venha até aqui!

Em segundos, Inês apareceu.

— Por que você não nos disse sobre o estado em que Jonas se encontrava?

— Desculpe-me, Dona Laura, mas não tive coragem.

— Tudo bem. — Laura suspirou, com tristeza.

Laura e Artur, observando o filho esticado sobre a cama, de olhos fechados, sujo, com a roupa rasgada e marcas de agressão pelo rosto, sentiram uma dor profunda, quase física, tamanho era o sofrimento que experimentavam. Não se falavam, mas seus olhos diziam um ao outro o quanto estavam sofrendo. Artur sentiu que algo tinha de ser feito, e o início seria trocar-lhe a roupa, aconchegá-lo em lençóis limpos, oferecer-lhe algo para se alimentar e esperar que tivesse condições de dar explicações.

O passado ainda vive 225

Foi o que fizeram.

Após o procedimento, tanto Laura quanto Artur não conseguiam se afastar do filho, que dormia profundamente. Olhavam-no com um misto de ternura e angústia. Como acontece com os pais sempre que um de seus filhos se perde em um caminho obscuro, sentiam-se culpados e tentavam entender qual o momento em que se perderam na educação de Jonas.

A voz angustiada de Laura se fez ouvir:

— Artur, onde erramos? O que foi que aconteceu para não percebermos o que acontecia com Jonas? Por que falhamos com ele?

Com a mesma tristeza de sua esposa, Artur respondeu:

— É o que estou me perguntando. Sempre fomos atentos à educação de nossos filhos. Por que não conseguimos notar a mudança de comportamento de Jonas, que, com certeza, deve ter acontecido gradualmente, de uma maneira silenciosa? Em que momento a droga o adotou?

Laura não conteve as lágrimas.

— Não sei, querido. Talvez tenhamos nos preocupado demais com Catarina, tentando sanar seu instinto orgulhoso, e por isso não demos a devida atenção a ele. Não sei Artur, não sei mesmo!

Artur segurou as mãos da esposa, apertando-as entre as suas.

— Acho que agora o momento não é de questionamento, mas sim de ação. O que não devia acontecer, infelizmente aconteceu, e isso é um fato. Resta-nos agora tentar, com todas as nossas forças, resgatar nosso filho desse abismo.

— Enquanto resta ainda uma esperança!

— A esperança sempre existirá no coração de quem não perde a fé, e é o que devemos fazer: não perder a fé, ter confiança no amparo divino, porque com essa certeza encontraremos coragem para lutar e trazer nosso filho de volta para nós e para Deus.

Laura, apoiada no carinho de seu marido, sentiu-se mais confiante. Sabia que Artur tinha razão; nenhuma criatura fica desamparada quando entrega seu sofrimento ao Criador. Aprendera que sofrimento com Jesus é um sofrimento equilibrado, que permite o entendimento de que nenhuma dor é a origem, mas sim consequência de atos levianos e enganosos que em algum momento fizeram parte de nossas vidas.

— Laura, é melhor sairmos. Vamos deixá-lo dormir o tempo que precisar. Jonas está bem agora; assim que acordar falaremos com ele.

Laura se levantou, arrumou as cobertas, deu um beijo no filho e acompanhou o marido, fechando com cuidado a porta do quarto.

Ao entrarem na sala, encontraram Catarina, que os esperava ansiosa para saber como estava seu irmão. Ao ver os pais, ficou de pé e perguntou:

— Pelo amor de Deus, o que houve com Jonas?!

— Calma, minha filha, agora está tudo bem. Pelo menos por enquanto — respondeu Artur.

— Mas o que foi que aconteceu com ele? — insistiu.

— Eu também quero saber — Berenice acabara de entrar.

Com paciência, Artur colocou-as cientes dos fatos, o que fez com que tanto uma quanto a outra se entregassem ao choro convulsivo.

— Não há necessidade de tanto desespero — dizia Artur, tentando acalmar as filhas. — Com a graça de Deus, tudo irá se resolver.

— Pai — dizia Berenice —, nunca imaginei que ele chegasse a esse ponto!

— Nem eu. — Catarina meneou a cabeça.

Tentando ser o mais convincente possível, Artur explicou:

— Filhas, nem tudo está irremediavelmente perdido. Vamos encontrar a solução para esse problema. Mas, para conseguirmos a vitória, é preciso não nos entregarmos ao desespero, não perdermos a esperança e lutarmos com coragem e amor. Além de dar a Jonas o que ele está precisando.

— Mas como vamos saber o que ele está precisando? — perguntou Catarina.

Artur olhou para sua esposa, como se quisesse dizer que nem ele sabia. Laura entendeu a fragilidade do marido e, buscando no seu íntimo a inspiração, afirmou:

— Filhas, todos nós, em algum momento da vida, enfrentamos conflitos que não sabemos como resolver, e às vezes buscamos soluções em atitudes enganosas que nada têm para nos ajudar. Ao contrário, empurram-nos cada vez mais para o abismo do qual lutamos para fugir. Infelizmente, aconteceu com Jonas. Algo o fez se sentir desarmonizado com o contexto da sua existência, e ele buscou a solução na fuga de si mesmo; aí está o engano. O que resta agora é tentar saber o motivo dessa fuga, e somente um profissional da área poderá, com sua experiência, buscar lá no fundo o que o atormenta.

Artur estava surpreso com as palavras de Laura, e esta, sem saber que Hortência a inspirava, continuou:

— Não temos condições de resolver sozinhos. Assim, vamos procurar profissionais capacitados que possam nos orientar. O que todos nós podemos fazer é induzi-lo a sentir o quanto o amamos, o quanto é importante para todos nós, e isso se faz com nossa atenção e nosso carinho, mas não da nossa conivência com atitudes que não aceitamos.

— Não entendo muito bem disso, mãe, mas estou disposta a fazer, por meu irmão, tudo o que for preciso.

— Eu também — completou Berenice.

— A droga é o carrasco da humanidade — continuou Laura —, vai ceifando um a um, destruindo lares, matando jovens, provocando os desencarnes prematuros. É um caminho de difícil volta, mas confio no auxílio divino. Ainda podemos salvar nosso filho; e, se isso não acontecer, sei que por algum motivo estava escrito na nossa história de vida, e o resgate é a colheita da semeadura malfeita.

Artur, cada vez mais, se surpreendia com a esposa. Não entendia de onde Laura conseguia tirar palavras sensatas, com tanto conteúdo, após ter se debulhado em lágrimas. *Estou aprendendo a conhecer melhor a minha mulher*, pensava.

— Agora — Laura prosseguia — é chegado o momento de agir, e é o que vamos fazer, sem julgamentos e sem culpas, mas com a firmeza do amor. Precisamos trazer para nossa casa a energia de equilíbrio, para que a paz volte a reinar entre nós. Temos de decidir como queremos viver a partir de agora: se no desespero ou se na esperança de dias melhores. Mas é preciso saber que Jesus está na esperança, e não no desespero dos que não possuem fé. Em Lucas, Jesus disse: "Fiquem vigiando! Não estejam ocupados demais com festas e bebidas fortes, ou com preocupações desta vida para que aquele dia não os pegue de surpresa. Portanto, mantenham-se vigiando e orando, para poderem escapar de tudo o que vai acontecer e continuarem firmes diante do Filho do Homem".

Inês, em um canto da cozinha, a tudo ouvia com um misto de piedade e admiração por seus patrões.

Eles não merecem isso, pensava. *Que Jesus lhes dê forças para superar esse momento, no qual posso antever muita dor.*

Artur, abraçando as filhas, deu por encerrada a conversa.

— Agora vamos dar prosseguimento a nossas vidas, nossas tarefas. Temos de continuar a viver.

Assim que Catarina e Berenice se afastaram, ele se aproximou de Laura, para perguntar-lhe.

— Posso saber de onde tirou toda essa força, essa sabedoria?

Com humildade, Laura respondeu:

— Você pode não acreditar, mas nem eu mesma sei o que me deu. Era como se uma força estranha tomasse conta de mim e fosse direcionando minhas palavras, mostrando-me a verdade, o caminho seguro, fortalecendo minha fé. Não sei ao certo, a verdade é que sentia que era exatamente o que deveria dizer. Não acha esquisito?

— Não sei, a verdade é que tudo tinha lógica, amor, orientação... Você disse as coisas certas, creio eu.

Hortência e Tomás alegraram-se com a aceitação de Artur e Laura.

— Laura possui bom coração, Tomás. É sensível às inspirações que passamos a ela. Isso servirá para ampará-los no sofrimento que está por vir.

— O que quer dizer com isso, Hortência?

— Quero dizer, meu amigo, que não só Jonas irá fazê-los sofrer, mas também Catarina, que, ao se unir a Zuleica, cairá novamente na inconsequência dos atos levianos, que nada mais trazem que sofrimento e dor.

— Isso quer dizer que Catarina esqueceu seus propósitos de superação do seu orgulho que tão bem defendia quando na erraticidade, é isso?

— Sim, Tomás, é isso. Ela não estava preparada como imaginou. Preferiu tentar a reencarnação sem ouvir os conselhos de seus orientadores, e mais uma vez se perde na ilusão de se achar melhor.

— Conseguirá separar mais uma vez "Lucila e Paulo", hoje Dorinha e Marcos?

— Infelizmente, sim, Tomás. Mas Dorinha contribuirá para o sucesso do plano de Catarina e Zuleica, pois não abriga o sentimento do perdão; ao contrário, move-se pelo desejo de vingança, que continuou latente em seu espírito.

— E Marcos, como está nessa história?

— Marcos é o único que se manteve no equilíbrio; seus sentimentos são sinceros. Reencarnou sem trazer nenhum sentimento menor, reajustou-se nas leis divinas e trouxe, nesta vida, o equilíbrio através do sentimento de amor, que preenche seu coração.

Após alguns instantes de silêncio, Tomás voltou a dizer:

— O progresso espiritual, o caminho da evolução é difícil, Hortência!

— Isso porque o homem não aprendeu ainda o que, na verdade, é o amor, Tomás. Confunde-o com as emoções carnais, com o apego exagerado àquilo e àquele que lhe dá prazer, que satisfaz seus desejos de consumo. Alimenta o egoísmo que o faz ouvir apenas o que lhe convém, sem perceber que está surdo para as verdades de Deus. É nesse instante que traz para si o sofrimento.

— Tem razão.

E Tomás seguiu Hortência de volta à colônia em que viviam.

Laura e Artur esperavam pacientemente que Jonas acordasse, o que aconteceu no fim da tarde. Ao ouvirem barulho em seu quarto, dirigiram-se, ansiosos, para falar com o filho.

— Você está bem, filho? — Artur quis saber, ao vê-lo distraído mexendo em coisas que pouca importância tinham.

Ao ver os pais, Jonas se retraiu. Artur percebeu sua atitude, e sentiu compaixão por aquele jovem que mal saíra da adolescência e que já se encontrava comprometido com as atitudes imprudentes e inconsequentes, próprias dos que caminham distraídos, sem notar os abismos em que se metem. Seu pensamento foi um só. *Senhor dos aflitos, salve o meu filho que levianamente caiu na escuridão dos enganos; que Sua luz ilumine nossa mente e nosso coração para que saibamos como agir para retirá-lo desse naufrágio espiritual.*

Uma luz azulada envolveu Artur, transmitindo-lhe confiança e prudência para se dirigir ao filho. Aproximou-se mais de Jonas e transmitiu-lhe seu carinho pelas mãos, que passou delicadamente por seus cabelos. Nesse gesto, sentiu um leve tremor em Jonas, que queria se entregar ao amor de seu pai, mas faltava-lhe coragem para tanto.

Artur disse-lhe:

— Filho, o que está acontecendo com você? Qual a razão de se entregar dessa maneira a uma prática que, com certeza, irá destruir seu corpo e principalmente seu espírito, lançando-o no lamaçal da dor?

Jonas permaneceu quieto. Diante da insistência de seu pai, não conseguiu se controlar e foi alvo de um choro convulsivo.

Laura, que até então se mantivera em silêncio, apenas observando, não se conteve e enlaçou Jonas em seus braços como se enlaça uma criança de colo. O rapaz se entregou ao carinho materno e, com a cabeça encostada no peito da mãe, deixou-se dominar pelas lágrimas. A cena se estendeu por longo tempo, até que Jonas, sentindo-se aliviado, ergueu-se e, com voz entrecortada de emoção e remorso, disse aos pais:

— Perdoem-me, pelo amor de Deus! Entrei nesse abismo e não consigo sair dele!

Suas lágrimas se misturaram com a de seus pais, que, por mais que tentassem, não conseguiam aliviar a dor e a angústia que se apossaram de seus corações.

Artur e Laura aprenderam que não devemos nos intimidar com as dificuldades que aparecem na rota de nossas vidas. Elas nos ensinam a exercitar a paciência, nossa capacidade de lutar contra os infortúnios e conseguir, por meio da fé e da confiança no Criador, vencê-las, uma a uma, com a dignidade cristã. Quando nos entregamos aos vícios, abusos de qualquer natureza, sem controle ou limite, a volta sempre é sofrida, mas nunca é tarde para tentarmos nos salvar das agressões que realizamos contra nós mesmos ou contra nosso próximo. Em nossa caminhada terrena, devemos ter o cuidado de não deixar nada mal resolvido ou lágrimas derramadas na face de nosso semelhante. Conhecer as leis de Deus é tomar consciência do Seu caminho— vivê-las... É percorrer esse caminho por inteiro.

"A dor é uma bênção que Deus envia aos seus eleitos; não vos aflijais, pois, quando sofrerdes, mas bendizei, ao contrário, o Deus todo-poderoso que vos marcou pela dor neste mundo para glória no céu.

"Sede paciente; a paciência é também uma caridade ensinada pelo Cristo, enviado de Deus.

"A caridade que consiste na esmola dada aos pobres é a mais fácil das caridades; mas há uma bem mais penosa e, consequentemente, mais meritória: perdoar aqueles que Deus colocou em nosso caminho para serem os instrumentos dos nossos sofrimentos e colocar nossa paciência à prova.

"A vida é difícil, eu o sei, ela se compõe de mil nadas que são picadas de alfinetes que acabam por ferir. Mas é preciso considerar os deveres que nos são impostos, as consolações e as compensações que temos, por outro lado, e, então, veremos que as bênçãos são mais numerosas que as dores. O fardo parece menos pesado quando se olha do alto do que quando se curva a fronte para o chão.

"Coragem, amigos, o Cristo é o vosso modelo, Ele sofreu mais que qualquer de vós e não tinha nada a se censurar, enquanto vós tendes o passado a expiar e vos fortalecer para o futuro. Sede, pois, pacientes, sede cristãos, essa palavra encerra tudo."

O Evangelho Segundo o Espiritismo — Capítulo IX — A paciência — Alan Kardec.

CAPÍTULO
XVI

O inesperado

Dorinha levantou sentindo-se indisposta. Incomodava-a uma forte dor no abdômen, que aumentava gradualmente, obrigando-a permanecer na cama. Teresinha, estranhando, foi ter com ela.

— O que está sentindo, Dorinha? O que a prende na cama até essa hora?

Com voz fraca, Dorinha respondeu:

— Sinto dores muito fortes. Começaram ontem e vêm aumentando. Para falar a verdade, mal posso suportar.

— Quer que eu chame dona Zuleica?

— Para quê? — perguntou com ironia. — Você sabe que ela não me suporta, e ver-me assim, ao contrário do que pensa, irá fazê-la feliz.

— Não diga isso, Dorinha. Dona Zuleica não é tão insensível assim, tenho certeza de que irá ajudá-la.

— Faça como quiser!

Teresinha foi correndo à procura da patroa. Encontrou-a sentada confortavelmente na varanda lendo o jornal. Ao vê-la, Zuleica foi logo perguntando:

— Pode me dizer onde está Dorinha, que até agora não

apareceu para cuidar de seu serviço? Está passando do horário e não gosto de serviço atrasado.

Teresinha pensou: *Meu Deus, será que Dorinha tem razão?* Zuleica insistiu:

— Não fique aí parada, Teresinha, vá ver o que está acontecendo com ela. Deve estar em algum lugar sonhando, como sempre.

— Ela não conseguiu se levantar, dona Zuleica, não se sente bem.

— Como?! — Zuleica não disfarçou a reprovação. — O que essa menina está pensando? Que mora em uma colônia de férias, é isso?

Com receio de ser mal interpretada, Teresinha respondeu, medindo as palavras:

— Dona Zuleica, creio que o caso dela é sério. Dorinha sente dores muito fortes, talvez seja o caso de levá-la ao médico.

— Não gosto que me digam o que devo ou não fazer, Teresinha, muito menos quem trabalha para mim. Se for o caso de levá-la ao médico, eu decidirei isso, depois que terminar meu jornal. Dorinha pode esperar.

— Quem pode esperar? — Marcos, entrando naquele momento, ouviu apenas o final da frase. — A senhora falava em médico. Quem está doente?

Teresinha, aproveitando a presença de Marcos, resolveu ajudar a amiga. Sabia que ele a socorreria de imediato, pois a amava e não mais escondia esse fato de seus pais. Antes que Zuleica dissesse alguma, portanto, ela se adiantou:

— Dorinha não está bem, senhor Marcos.

— O que ela tem?

O passado ainda vive

— Não sei ao certo, apenas diz que não suporta as dores que sente, são muito fortes.

Zuleica, fuzilando Teresinha com o olhar, disse ao filho:

— Não se preocupe, querido, com certeza não é nada grave. Pode ir trabalhar que eu cuido disso.

Conhecendo sua mãe e sabendo o quanto ela não gostava de Dorinha e reprovava seu romance com ela, respondeu:

— Não, mãe, vou ver o que ela tem. Se for o caso, a levarei imediatamente para o hospital. — E saiu sem esperar resposta de Zuleica.

Esta, sentindo a raiva tomar conta de seu ser, pensava: *Se ela estiver mesmo doente, será a melhor hora para colocar meu plano em ação. Vou falar com Catarina.*

Levantou-se, decidida, mas, ao pegar o telefone considerou: *Devo ter calma, esperar primeiro para saber o que, na verdade, está acontecendo. É melhor ir verificar.*

Assim, dirigiu-se ao quarto de Dorinha e a encontrou abraçada a Marcos, chorando.

— Por favor, meu amor, não chore — Marcos dizia. — Eu a levarei ao médico; logo você estará melhor. Não deve ser nada muito grave!

Sem demonstrar a preocupação que sentia, Dorinha se perguntava: *Será que o câncer que tive voltou? Não pode ser, não pode ser, meu Deus!*

Marcos sofria ao ver sua amada sofrendo. Tomando uma decisão, disse a Teresinha:

— Por favor, ajude-a a trocar a roupa e a arrume com cuidado. Enquanto isso, vou telefonar para nosso médico.

Assim que saiu do quarto, Zuleica falou, autoritária:

— Você se precipitou, Teresinha. Não deve ser nada grave; apenas fez com que Marcos deixasse de ir trabalhar para se preocupar com Dorinha. Isso logo vai passar. Na realidade, esse drama todo não passa de um pouco de fita; a sua intenção, com certeza, é impressionar meu filho.

Ao ouvir isso, Dorinha, olhando-a com raiva, respondeu:

— Dona Zuleica, saia do meu quarto, por favor. Não a suporto com a mesma força que a senhora também não me suporta; portanto, não quero vê-la junto a mim!

Zuleica mal acreditou no que acabara de ouvir. Olhou-a com desprezo e afirmou:

— Não se esqueça de que está na minha casa, sua insolente. Posso colocá-la para fora no instante, que desejar; e se não faço isso agora é unicamente por pena de você.

— A senhora está enganada. Não me coloca para fora porque sabe que não pode fazer isso, pois Marcos não irá permitir que sua futura esposa seja expulsa.

Zuleica empalideceu. Sentiu faltar-lhe o chão.

— O que está dizendo, sua ignorante?

— Que eu e o Marcos decidimos nos casar, quer a senhora aprove, quer não. Isso significa que deixarei de ser empregada e me tornarei dona, com a aprovação do meu marido. Portanto, eu a aconselho a ir se acostumando com essa ideia.

Teresinha apenas ouvia o duelo que se estabelecera entre as duas. *Meu Deus, isso ainda vai trazer muita dor e discórdia a esta casa.*

Furiosa, Zuleica a enfrentou:

— Isso é o que nós vamos ver. Você não perde por

esperar, Dorinha. O jogo apenas começou. — E afastou-se, sem expressar nenhum interesse pelo sofrimento da jovem.

Teresinha logo disse:

— Vamos trocar sua roupa, Dorinha, logo o senhor Marcos virá buscá-la para levá-la ao médico. Se Deus quiser, não há de ser nada grave.

Com dificuldade, Dorinha se arrumou e sentou-se na cama, esperando o namorado. Em sua cabeça os pensamentos iam e vinham sem se fixar em nenhum deles. *Não sei se fiz bem em enfrentar dona Zuleica, mas não suporto sua arrogância, seu jeito de desprezar e humilhar as pessoas que considera abaixo de si mesma; julga-se poderosa e dona do mundo. Por isso se dá tão bem com Catarina!*

Logo ouviu a voz de Marcos, trazendo-a à realidade:

— Vamos, meu bem, conversei com o médico, expliquei o que estava acontecendo com você, e ele a aguarda sem demora. Fique tranquila, porque é o mesmo que a atendeu quando sofreu uma cirurgia, assim torna-se mais fácil, pois conhece seu histórico.

Percebendo a preocupação de Dorinha, ele a abraçou com carinho.

— Relaxe, querida, vai dar tudo certo. Você ficará boa, é preciso confiar e não se desesperar.

— Você tem razão — respondeu Dorinha, sem muita convicção.

Enquanto isso, Zuleica pegou novamente o jornal e, fingindo ler para não ser incomodada, pensava, dando vazão ao sentimento de vingança: *Ela não perde por esperar. O que é dela está reservado; no que depender de mim, essa moça não se casa com Marcos, nem que seja a última coisa que eu faça nesta vida.*

Sem perceber, Zuleica foi envolvida por uma sombra sinistra que lhe causou leve mal-estar.

Estranha essa sensação que me tomou... — disse a si mesma. Só pode ser a energia negativa que recebi de Dorinha. Preciso agir com urgência, sem perda de tempo. Receio que essa menina possa dominar Marcos irremediavelmente, e se isso acontecer pouco poderei fazer para separá-los. Vou agora mesmo falar com Catarina.

Decidida, levantou-se e, sem medir consequências, pegou o telefone e, em poucos segundos, falava com Catarina.

— O que a senhora está me dizendo?!

— Isso mesmo o que você ouviu, Catarina. Dorinha amanheceu com fortes dores, não sei se é fita ou se realmente procede. Não me preocupei em verificar. Em todo caso, Marcos foi levá-la ao doutor Jairo, o mesmo médico que tratou dela quando fez a cirurgia, lembra?

— Claro que me lembro, dona Zuleica. Foi exatamente nesse período que imaginei ser possível tratá-la como amiga, mas, infelizmente, não conseguimos levar essa amizade imaginária para a frente.

Zuleica, fingindo um sentimento que não possuía, respondeu:

— Foi mesmo uma pena, Catarina, vocês não se entenderem. No entanto, imagino que deva ter sido pelo gênio impetuoso e arrogante de Dorinha.

Catarina, não querendo perder a oportunidade de se firmar como generosa, voltou a dizer:

— Infelizmente, dona Zuleica, a senhora tem razão. Não

O passado ainda vive

gosto de afirmar isso, mas fiz tudo o que estava ao meu alcance para sermos amigas, mas ela não entendeu. Para ser franca, não fez o menor esforço para que isso acontecesse.

— Bem, deixemos essa questão de lado. O que importa agora é aproveitar que Dorinha está frágil e colocar nosso plano em ação.

— Como a senhora quiser. O que deseja que eu faça?

Catarina estava tão envolvida com a prosa que, não percebendo a presença de sua mãe, assustou-se quando esta lhe disse:

— Pode me dizer exatamente o que Zuleica quer que você faça, Catarina?

Ela gaguejava, sem saber o que responder à mãe.

— Nada, mãe, falei por falar.

— Não brinque comigo, Catarina, ninguém pergunta a outra pessoa "o que deseja que eu faça?" sem haver motivo para isso. O que quis dizer com essa pergunta?

Catarina pensou rápido e afirmou:

— Dona Zuleica estava me contando que Dorinha acordou sentindo fortes dores no abdômen, e ela me pediu que comunicasse esse fato a Inês.

Laura se assustou.

— Está me dizendo que Dorinha adoeceu, é isso?

— É mãe, é isso!

— Vou avisar Inês. — E saiu, apressada.

Catarina, percebendo que Zuleica ainda estava ao telefone, disse-lhe:

— Desculpe-me, mas minha mãe ouviu parte da nossa conversa e tive de dizer o motivo de estar conversando com a senhora. Ela foi direto falar com Inês, pode ser que queira ir vê-la.

— Tudo bem. Peça a ela para falar comigo antes de vir!

— Farei isso. Agora a senhora me desculpe, mas preciso desligar. Amanhã dou um jeito de falar com a senhora.

— Está certo, amanhã voltamos a nos falar.

Desligaram.

— Com quem falava, meu bem? — Fausto quis saber.

— Olá, meu bem, não o vi chegar. Eu conversava com Catarina, aquela jovem adorável.

— E sobre o que conversava com uma garota?

— Nada de importante. Como você pode imaginar, o que falaria com uma garota senão assunto sem nenhuma importância.

— Voce se tornou mais amiga da filha do que de Laura, não é mesmo?

Sorrindo, Zuleica respondeu:

— É verdade. Acho Catarina mais interessante do que a mãe, mais descontraída, mais espontânea. Ela me faz me sentir mais jovem e, por que não dizer, orgulhosa de ter como amiga uma menina que poderia ser minha filha; ou talvez minha neta!

Dizendo isso, Zuleica sorriu e pensou: *Além do mais, ela é mais fácil de controlar para conseguir o que quero.*

Laura, após ouvir de Catarina que Dorinha se encontrava doente, foi dar a notícia a Inês, que, não conseguindo se controlar, chorou com a cabeça apoiada no ombro de sua patroa, que carinhosamente lhe alisava os cabelos, dizendo-lhe palavras de coragem e ânimo.

O passado ainda vive 243

— Calma, Inês, é cedo ainda para tirarmos conclusões sobre o estado de sua filha. Nada sabemos ao certo. Vou telefonar para Zuleica, assim teremos uma posição real do que ocorre.

— Faça isso, dona Laura, pelo amor de Deus, e pergunte-lhe se posso ir vê-la.

— Farei isso agora mesmo, Inês. — E Laura se afastou com delicadeza, dirigindo-se, em seguida, à sala para ligar para a amiga.

Assim que Laura saiu, Inês cobriu o rosto com as mãos e chorou copiosamente.

— Meu Deus, proteja minha filha. Se for justo o meu pedido, afaste-a do fantasma do câncer, que tanto já a fez sofrer. Mas, se estiver na sua história de resgate, dê a ela e a mim, Senhor, coragem, ânimo e fé para suportar o calvário que está por vir.

Laura, ao ouvir Zuleica do outro lado do aparelho, não percebeu o tom de enfado que esta impôs à própria voz:

— Olá, Laura. Há quanto tempo não nos falamos... Algum problema especial para você telefonar?

Laura estranhou a pergunta, mas, mesmo assim, respondeu com delicadeza:

Desculpe me por incomodá-la, Zulcica, mas Catarina disse-me que Dorinha não está passando muito bem, e gostaria de saber o que, na verdade, está acontecendo com ela. Inês está preocupada.

Zuleica, esboçando um leve sorriso, afirmou:

— Catarina exagerou, Laura. Sabe como são as adolescentes, tudo para elas toma uma proporção maior do que tem na realidade.

— Diga-me, então, qual é a realidade, Zuleica.

— Dorinha acordou com um pequeno mal-estar, coisa sem importância. Mas, mesmo assim, Marcos foi levá-la ao médico; ainda não voltaram.

— Quer dizer que você não sabe nada a respeito, é isso?

— Sim. Mas quando eles retornarem darei notícias. Fique tranquila que me comunicarei com vocês. Até lá, diga para Inês não se preocupar.

Laura, sem saber o motivo, sentiu-se incomodada, mas, mesmo assim, despediu-se de Zuleica dizendo esperar por informações mais seguras.

Ao desligarem, cada uma deu vazão aos próprios pensamentos, de acordo com os sentimentos de cada uma. Enquanto uma se preocupava de fato com o rumo que esse acontecimento poderia tomar em relação à saúde de Dorinha, a outra vibrava para que o pior acontecesse, porque assim, imaginava, seus problemas teriam fim.

Inês, apesar de preocupada, acreditou nas palavras de Laura.

— A senhora acha mesmo que não é nada de grave, dona Laura?

Não querendo deixá-la mais nervosa, Laura respondeu:

— Para ser sincera, não acho nada, mas imagino que Zuleica não iria ser tão irresponsável a ponto de enganar você, Inês, mentindo sobre algo tão sério como a saúde de Dorinha.

— Não sei... A senhora deve ter razão, mas meu coração está apertado, como se pressentisse que algo de muito grave está para acontecer.

Também tenho o mesmo pressentimento, Inês, pensou Laura, sem dizer nada, para não angustiar mais ainda aquela pobre mãe.

Assim que Artur entrou em casa, Laura colocou-o ciente dos fatos.

— O que continuo achando estranho, Artur, é Zuleica ter contado primeiro para Catarina e não para mim, o que seria o normal, não acha? Desconfio que o assunto entre as duas era outro, e não esse episódio de Dorinha.

— Mas o que poderia ser, Laura? O que teria Zuleica para conversar com nossa filha?

— Não sei exatamente, mas de uns tempos para cá tenho observado que Catarina está muito mais próxima de Zuleica do que podemos imaginar. Vai sempre à casa dela e, por mais que eu queira ir junto, Catarina não permite. Diz ser bobagem, que Zuleica quer apenas companhia, enfim, desconversa sempre. Não estou gostando nem um pouco dessa aproximação.

— Vamos ficar bem atentos com Catarina!— exclamou Artur e, em seguida, completou: — Laura, penso que Berenice poderia nos ajudar a solucionar essa questão, o que acha?

— O que pretende fazer?

— Primeiro, falar com Berenice sobre nossa preocupação. Depois, pedir a ela que tente descobrir a realidade dessa amizade de Catarina e Zuleica.

— Se você pensa ser o melhor caminho, concordo. Faça o achar melhor.

Assim fizeram.

Berenice não estranhou o que ouviu de Artur. Com tranquilidade, disse aos pais já ter percebido e interrogado a irmã sobre essa estranha amizade; pediu explicações a Catarina a respeito de ter se tornado tão íntima de uma pessoa que podia ser sua mãe, pois não fazia sentido uma amizade com tanta diferença de idade.

— E o que foi que ela respondeu?

— Simplesmente que não era da minha conta, pai, que da vida dela quem cuidava era ela e que já tinha idade suficiente para não precisar dar satisfações a ninguém, muito menos para a irmã.

Artur e Laura se olharam e deixaram transparecer a decepção que tomou conta de seus corações. Foi Artur quem primeiro se manifestou:

— Diga-me, Laura, o que fizemos de errado para colher de nossos filhos tanta preocupação?

Antes que sua mãe dissesse uma palavra, Berenice respondeu ao pai:

— Vocês nunca erraram conosco, sempre foram e continuam sendo excelentes pais, carinhosos, educadores. Sempre nos ensinaram com exemplos, sempre estiveram presentes nas nossas vidas. Se Jonas e Catarina não reconhecem, ou melhor, se não aprenderam, a culpa não é de vocês, mas sim deles mesmos, porque eu os amo e jamais vou fazê-los sofrer.

Artur e Laura, emocionados com as palavras carinhosas de Berenice, abraçaram-na.

— Você sempre foi uma excelente filha, Berenice, e lhe somos gratos por ser a filha que é. Por isso pensamos em você

O passado ainda vive   247

para nos ajudar a solucionar esse problema com Catarina. Confiamos no seu bom senso e na sua prudência em tudo o que faz.

— É verdade, filha — completou Laura. — Nós amamos vocês três com a mesma intensidade e queremos vê-los felizes e vivendo com dignidade e moral cristã. Essa é a razão de nos preocuparmos com a atitude de Catarina. Receamos que possa se meter em confusão. Zuleica não é uma pessoa confiável, suas amizades sempre foram baseadas no interesse, seja qual for. O que Catarina pode ter de tão interessante para ela? Essa é nossa pergunta.

— Sua mãe tem razão, Berenice.

— Vou fazer o que puder para tentar descobrir alguma coisa, pai.

— Obrigado, filha. O que queremos é poder orientar Catarina, se por acaso estiver envolvida em alguma situação enganosa. — Artur deu um beijo no rosto dela.

Após a conversa com Berenice, Artur e Laura sentiram-se mais esperançosos. Acreditavam nos propósitos de Berenice, pois sempre fora, dos filhos, a mais equilibrada.

"Durante nossa trajetória no mundo físico, é preciso aprender a viver para não atrair posteriormente o sofrimento. Não é prudente viver de ilusões. Isso não quer dizer deixar de sonhar, mas os sonhos não podem anular a realidade e a felicidade. Ao contrário do que pensam alguns, não se conquista a qualquer preço, mas sim com exercícios diários de amor, amizade, trabalho digno, generosidade e, acima de tudo, agasalhando no coração o amor de Deus. Felicidade plena e duradoura é uma conquista da alma, que só se consegue através dos valores e das virtudes que nos aproximam do Criador. Entender isso torna o homem verdadeiramente criatura de Deus." (Irmão Ivo)

CAPÍTULO
XVII

Um caminho que se abre

Marcos não gostou do que ouviu do doutor Jairo. Seu mundo pareceu desmoronar, levando junto todos os seus sonhos de felicidade. Tudo o que construíra em suas noites de solidão, onde só Dorinha fazia parte de seus anseios, caíra por terra diante da cruel revelação do médico.

— O senhor tem certeza, doutor? — ainda questionou, na esperança de ouvir que tudo não passava de um engano.

Acostumado a situações como essa, o doutor Jairo, com cautela, lhe respondeu:

— Marcos, tudo nos exames preliminares me fazem crer que, infelizmente, o tumor voltou, mas só terei certeza após exames mais detalhados.

— E quando fará esses exames? — perguntou Marcos, com aflição.

— Vou deixá-la internada, e amanhã bem cedo faremos os exames complementares.

Marcos deixou-se cair em uma cadeira e, com as mãos cobrindo-lhe o rosto, não se envergonhou em permitir que lágrimas nublassem seus olhos.

Jairo se compadeceu daquele rapaz ainda jovem e passando por sofrimento tão cruel. Aproximou-se dele e lhe disse:

— Meu jovem, não se desespere. Hoje a medicina possui muitos recursos; não sofra tanto por antecipação. Dorinha é jovem, irá lutar contra essa enfermidade, sobretudo contando com seu amor e sua dedicação. Faremos tudo o que for possível para recuperá-la; é importante não perder a fé.

— Doutor, obrigado por suas palavras, mas não sou mais criança, sei o quanto é grave essa doença. Não quero me iludir, vou lutar junto dela, mas não quero perder o foco da situação.

— Compreendo sua dor! — exclamou o médico. — Pretende contar a Dorinha?

Pensando por alguns instantes, Marcos afirmou:

— Acho melhor não falar nada, por enquanto. Como o senhor mesmo disse, vamos esperar fechar o diagnóstico.

— Tem razão.

Marcos, voltando à sala onde Dorinha o esperava, disse-lhe com cuidado que precisaria ficar internada por alguns dias apenas para completar os exames necessários. Dorinha, assustada, quis saber:

— Pelo amor de Deus, Marcos, o que ele acha que tenho? Por que devo me internar?

— Já lhe falei, meu amor, será preciso fazer exames mais detalhados, e no hospital você terá mais segurança. Serão somente dois ou três dias.

— Chame minha mãe para me fazer companhia, sim? Não quero ficar sozinha.

— Querida, você acha mesmo que vou deixá-la sozinha em um hospital? Claro que não! Eu mesmo ficarei com você e, quando estiver trabalhando, minha mãe virá. Você estará bem protegida.

Ao ouvir a referência a Zuleica, Dorinha entrou em pânico.

— Por favor, Marcos, sua mãe não! Ela não gosta de mim, eu sei, não me sentirei à vontade com ela. Gostaria que chamasse minha mãe.

Marcos, tentando acalmá-la, concordou.

Assim que viu Dorinha devidamente instalada no hospital, próximo ao consultório do doutor Jairo, Marcos telefonou para Zuleica, narrando-lhe todos os fatos.

— Não é possível, Marcos, que seja tão grave assim. Ela não melhorou?

— Os prognósticos não são bons, mãe. Dorinha está sendo medicada através do soro. As dores que sentia se intensificaram, mas agora parece que se sente melhor.

— É certo que seja o tumor que reapareceu?

— Tudo indica que sim, mas somente os novos exames irão definir com certeza o diagnóstico. Portanto, mãe, não espalhe ainda essa notícia para não assustar dona Inês.

— E se ela quiser ir vê-la?

— Tudo bem, sem problema algum. Seria bom mesmo que ela viesse. Dorinha reclama sua presença. Apenas não revele a suspeita do doutor Jairo.

— Está bem, meu filho, como você quiser.

Assim que Marcos desligou, Zuleica ligou para Catarina, contando-lhe a novidade.

— Mas é tão grave assim, dona Zuleica? — perguntou Catarina, demonstrando uma preocupação que não existia.

— Sim, é muito grave. Na realidade, é o câncer no intestino que reapareceu.

— O quê? — Catarina, agora, ficou realmente assustada. — Quem disse isso, dona Zuleica?

— Não fale para ninguém, mas foi o médico quem falou para Marcos que o tumor voltou e que ela corre sério risco de vida.

— A senhora tem certeza do que está dizendo?

— Claro que sim. Não percebe o que isso significa, Catarina?

— O quê? — A jovem temia a resposta.

— Que vencemos sem precisarmos fazer nada! A vida trabalhou a nosso favor, o câncer vai fazer o trabalho para nós: separar Dorinha de Marcos de uma vez por todas!

Ao ouvir as palavras de Zuleica, Catarina sofreu um impacto tamanho que se deu conta, pela primeira vez, da imprudência que estava prestes a cometer. Em poucos segundos, viu passar diante de sua consciência o filme de seu excessivo orgulho e egoísmo tão grande que a fazia se julgar melhor e superior aos outros.

Meu Deus, o que estou fazendo da minha vida? Por que me tornei essa pessoa prepotente a ponto de achar que o mundo me pertence, a desejar tudo a qualquer preço?

— Catarina? — Zuleica estranhou o silêncio do outro lado da linha. — Você está me ouvindo?

Ficando sem resposta, Zuleica insistiu:

— Catarina, por que não me responde? O que há com você?

Com voz quase inaudível, Catarina respondeu:

— Desculpe-me, dona Zuleica. O que foi mesmo que a senhora disse?

— O que é isso, menina? Parece que está sonhando, nem se alterou com a boa notícia. Vou repetir para você: Dorinha está praticamente fora de nossas vidas. Tenho certeza de que Marcos não irá querer se envolver com uma cancerosa que não sabemos quanto tempo viverá; e isso quer dizer que o coração dele vai estar livre para você, meu bem. Marcos será todo seu. Não se alegra com isso?

Mais uma vez, Catarina foi envolvida por uma sensação ruim, que angustiou seu coração.

Não posso ser essa pessoa. Não, tendo os pais que tenho...

Em um lamento sincero, elevou seu pensamento ao Criador e pediu ajuda. O auxílio veio em segundos, como sempre acontece quando os pedidos são justos e com o propósito de evolução.

Hortência e Tomás a envolveram com energia salutar, despertando cada vez mais forte os princípios edificantes que se encontravam latentes em seu espírito. Com resolução, Catarina disse a Zuleica:

— Dona Zuleica, não vou mais fazer parte desse plano infame em que, em um momento de total inconsequência, me deixei envolver. Sinto muito, mas não conte mais comigo.

O ódio tomou conta de Zuleica, que deixou o sentimento de vingança tomar conta de todo o seu coração.

— Não pense, mocinha, que pode simplesmente cair fora. Você tem um acordo comigo e vai cumpri-lo, querendo ou não. Na realidade, você não me conhece e não sabe do que sou capaz quando contrariada!

Catarina sentiu medo. Não sabia o que responder. Hortência, colando-se a ela, inspirava-a, dando-lhe força para reagir à investida do mal. Captando a energia do bem que sobressaia à negatividade que vinha de Zuleica, Catarina lhe disse:

— Não tenho medo da senhora, dona Zuleica; não pode me fazer mal algum. Portanto, quero que me esqueça. Faça o que quiser comigo, não me importo, mas com Dorinha não vou mais permitir. Deixe-a em paz. Se não pode minimizar seu sofrimento, não o aumente com mentiras.

— Mas, Catarina, e Marcos? Desistiu dele? Não o ama mais?

— Amo, amo muito, mas não o quero por meio de planos e armações. Se ele tiver de ser meu um dia, que seja pela minha dignidade. Só assim poderemos ser felizes de verdade.

No fundo, Zuleica admirou a postura de Catarina, mas, não querendo perder, disse:

— Pois muito bem, faça como quiser. Apenas vou adverti-la de que Marcos saberá do seu plano para separá-lo de Dorinha.

Espantada, Catarina, quase sem voz, respondeu:

— A senhora não pode fazer isso. O plano não foi meu, foi seu. A senhora me chamou e pediu ajuda para executá-lo. Não pode jogar a culpa em mim somente!

— Posso e vou fazer. Como não temos mais nada a dizer... — E desligou, deixando Catarina aos prantos.

Hortência e Tomás aplicavam-lhe passes com energia de paz, para que seu equilíbrio retornasse, o que se deu alguns minutos após.

Catarina não sabe do que sou capaz – dizia Zuleica. Ninguém me despacha e fica impune. Marcos nunca será dela; não enquanto eu viver.

A partir daquele instante, Catarina passou a se sentir angustiada. Não sabia o que fazer: se contava o estado de Dorinha — revelado precocemente por Zuleica, que, numa atitude leviana, se antecipara ao médico —, ou se calava, esperando as coisas acontecerem.

— Meu Deus, como pude ser tão inconsequente?!

Hortência e Tomás acompanhavam sua protegida, amparando-a para que prosseguisse em seu propósito de mudança interior. Inspiravam-lhe bons pensamentos, que traziam para sua consciência e seu coração os melhores sentimentos adormecidos em seu íntimo:

— "Lembre-se, Catarina, do seu aprendizado na erraticidade. Não o sufoque. A luz está se fazendo em seu espírito. Dê à sua encarnação atual a finalidade proposta por ocasião do seu retorno para avançar em seu progresso espiritual. Nem todos os desejos precisam ser satisfeitos. Digo-lhe novamente: muitos deles não trazem felicidade para nossa alma. A felicidade necessita ser construída passo a passo, pelas conquistas espirituais, da sabedoria de viver em acordo com as leis divinas. Essa é a felicidade real, plena e duradoura".

Catarina sentiu-se mais calma por conta da energia salutar que Hortência e Tomás amorosamente lhe emitiam; mas isso não impediu que pequenas lágrimas descessem pelo seu rosto. E foi assim que Berenice a encontrou. Logo que se aproximou da irmã, notou que algo não ia bem, que alguma coisa a estava fazendo sofrer. Desse modo, sentou-se ao seu lado e, segurando suas mãos, perguntou:

— Posso saber o que a está martirizando, Catarina, que justifique essas lágrimas?

Catarina a olhou e, em um ímpeto, abraçou-a, soluçando.

— Chore o quanto achar necessário, minha irmã. Assim que se sentir mais calma, conte-me o que aconteceu para deixá-la nesse estado.

Quando se sentiu melhor, Catarina fitou a irmã e, ainda com lágrimas nos olhos, exclamou:

— Berenice, não mereço ser filha dos nossos pais!

Berenice a encarou, surpresa.

— O que é isso agora, Catarina? Por que diz tamanha bobagem? De onde tirou essa ideia?

— Eu não sou quem vocês pensam.

— Pare com isso. Fale de uma vez o que aconteceu para fazê-la pensar essas tolices.

— Se eu contar, vocês todos irão me odiar.

Berenice começou a ficar preocupada.

— Catarina, seja o que for que você fez, assuma de uma vez. Essa é a melhor maneira de livrar-se do problema: assumir e tentar mudar seu comportamento. Sempre é tempo para reconsiderarmos nossas decisões. Não tenha medo, vamos conversar sobre isso.

— Sobre o que nossas queridas filhas estão conversando? Podemos nos juntar a vocês? — Artur, que se aproximava com Laura, convidou-se.

Catarina se assustou. Olhou para a irmã com uma expressão de quem pedia socorro. Artur e Laura perceberam

O passado ainda vive 257

que algo estava acontecendo com Catarina e, sem esperar qualquer reação dela, sentaram-se com as filhas. E Artur foi logo dizendo:

— Não precisa negar, Catarina, conhecemos você o suficiente para percebermos que algo mais grave se deu que a está deixando assim nervosa. Se isso é verdade, confie em seus pais e conte-nos o que houve. Sempre podemos ajudar.

A primeira reação dela foi de choro convulsivo. Após alguns instantes, correu para os braços da mãe, dizendo:

— Perdoem-me! Não sei como fui capaz de considerar a possibilidade de cometer um ato tão vil! Não mereço ser filha de vocês!

Tanto Laura quanto Artur se surpreenderam com as palavras da filha, temiam que suas suspeitas a respeito do envolvimento com Zuleica se confirmassem. Artur, com firmeza, ordenou-lhe:

— Catarina, seja o que for diga-nos o que é, queremos saber exatamente o que a está deixando nesse estado.

Catarina, tomando fôlego, relatou aos três todo o seu envolvimento com Zuleica, o plano para prejudicar Dorinha, as coisas que disse a Marcos e sua mãe apenas para sobressair, deixando Dorinha em situação inferior tanto socialmente quanto moralmente. Enfim, nada escondeu.

Todos ouviam sem esconder a decepção que experimentavam.

— E o que a fez mudar assim de repente, filha?

Mais uma vez Catarina relatou toda a conversa que tivera com Zuleica e a ameaça que ela fizera de colocá-la como a mentora daquele plano sórdido.

— Eu sabia que alguma coisa estava acontecendo com você, Catarina. Não gostava nem um pouco da sua amizade com Zuleica, mas você não me deu ouvidos! — exclamou Laura.

— Você agiu errado, filha, de uma maneira imprudente e leviana. Espero que tudo isso lhe sirva de lição. Agora só vejo uma solução.

— Qual, pai?

— Você irá se antecipar a Zuleica.

— Como assim? Não estou entendendo.

— Simples. Você vai procurar Dorinha e Marcos e contar-lhes tudo o que nos contou. Falará do seu arrependimento, desmentirá todas as situações que inventou a respeito de Dorinha, e pedirá desculpas. Em seguida, vai deixá-los em paz.

— E quanto à dona Zuleica?

— Zuleica que resolva os próprios problemas. Ninguém pode fazer nada por alguém quando a própria pessoa não descobre dentro de si os bons sentimentos e não deseja a mudança. Só nós podemos direcionar a nossa vida para o bem ou para o mal, Catarina. É uma escolha individual. Dentro da minha tristeza por nunca esperar que você pudesse agir dessa maneira tão inconsequente, sinto também alegria e esperança por vê-la adquirir de novo a lucidez de perceber o abismo em que estava prestes a cair.

Catarina abraçou seu pai, dizendo:

— Obrigada. Peço-lhe que me perdoe. A partir de hoje não darei nem ao senhor, nem à mamãe nenhum motivo de preocupação. Agora tenho consciência do quanto sou orgulhosa, egoísta e arrogante. Agradeço aos dois, e também a você Berenice, por me compreenderem e me ajudarem.

Laura, enxugando discretamente suas lágrimas, disse:

— O importante é que você caiu em si e se arrependeu. Siga a orientação de seu pai: procure Marcos e Dorinha, conte-lhes toda a verdade e se desculpe. Agradeça ao Senhor ter permitido que você enxergasse antes que o mal tivesse se concretizado. O retorno seria mais sofrido.

— Obrigada, mãe!

— Bem, agora vamos nos preocupar com o estado de saúde de Dorinha e verificar se tudo o que Zuleica falou procede, antes de falarmos com Inês.

— Mãe, sei que Marcos estará com ela no hospital. Por isso, vou hoje mesmo falar com eles e saber a realidade do seu estado.

— Faça isso, minha filha.

Catarina virou-se para a irmã e perguntou:

— Você não poderia ir comigo, Berenice? Vou me sentir mais segura.

Berenice olhou para seus pais, pedindo aprovação, que obteve pelo aceno de cabeça dos dois.

— Claro, Catarina, irei com o maior prazer.

— Obrigada. — E beijou a irmã.

Artur e Laura se afastaram. Iam em silêncio, cada um com seus pensamentos. Quando se viram a sós, abraçaram-se, dando força um ao outro.

— O que fizemos, Artur, para termos tanto desgosto com Jonas e Catarina?

— Querida, vamos pensar na melhor parte, que é a conscientização de Catarina. Nós agimos sempre com prudência e amor com nossos filhos, mas não podemos esquecer que cada um possui uma índole, que não é genética, mas sim do espírito. Nosso dever, assim como o de todos os pais, é direcionar essa personalidade para o bem, ensinando-os através de exemplos de amor e generosidade. Assim o fizemos, e, creio eu, fomos vitoriosos. Do contrário, Catarina não teria percebido sua leviandade. Isso significa que o alicerce que demos a ela é sólido.

— Mas e Jonas. Por que com ele não acontece a mesma coisa?

— Laura, cada caso é um caso, porque a história de cada um é diferente da do outro. Todos nós temos compromissos com a lei e não fugimos dela. As marcas da inconsequência deixadas em uma existência reaparecerão em outra, e tudo precisa ser devidamente quitado e aprendido. Tudo o que fazemos durante a trajetória da nossa evolução gera um efeito, bom ou ruim, dependendo da ação praticada. Nós, de alguma forma, devemos estar envolvidos na história de Jonas, e necessário se faz auxiliá-lo nessa caminhada. Tudo está inserido na justiça divina, ela é soberana e incontestável. Sabemos que a dor nunca é origem, mas sempre consequência de abusos, imprudência, falta de vigilância. Sempre resultado de atitudes desastrosas, sejam quais forem: física, emocional ou espiritual. Seremos sempre os únicos responsáveis pelas lágrimas que derramamos, não importa se a causa está nesta ou em outra vida do passado. Nós não somos diferentes; se estamos incluídos na história de Jonas, provavelmente devemos ter nossa parcela de responsabilidade.

— Você tem razão, querido. Vamos fazer o melhor que pudermos para que tanto Jonas como Catarina consigam redirecionar suas vidas, focando sempre o bem, próprio e de seu semelhante.

— Isso mesmo, minha querida, não deixemos que o desânimo venha a nos enfraquecer.

Nada falaram com Inês a respeito de sua filha.

— Aguardemos notícias mais concretas — Laura decidiu.

Catarina, acompanhada de Berenice, seguiu para o hospital onde Dorinha se encontrava internada. O coração de Catarina batia mais acelerado por conta da ansiedade. Não se acostumara a pedir desculpas por seus atos nem sempre louváveis, mas decidira firmemente que faria o que seu pai orientara, ou seja, se explicaria com Marcos e Dorinha pedindo desculpas por sua leviandade.

— Está tão quieta — disse Berenice para a irmã.

— Estou pensando em tudo isso. Nunca imaginei que chegaria o dia em que eu, julgando-me tão superior, pediria desculpas a alguém, muito menos a Dorinha.

— Mas é o que você precisa fazer, Catarina, se quiser mesmo esquecer esse assunto. Ninguém consegue ser feliz à custa de mentiras e planos escabrosos, minha irmã.

— É, já entendi isso.

Assim que chegaram ao hospital, foram imediatamente encaminhadas ao quarto de Dorinha, que, ao ver as duas irmãs chegarem, se surpreendeu, não tanto por Berenice, mas sim por Catarina. Marcos, que se encontrava ao seu lado, segurando carinhosamente suas mãos, levantou-se e, gentil, cumprimentou-as.

— Prazer em revê-las!

Dorinha, refeita da surpresa, perguntou:

— Não posso imaginar o que a traz aqui, Catarina. Veio confirmar se estou mesmo morrendo?

Marcos se admirou com as palavras de Dorinha.

— O que é isso, meu bem? Não seja indelicada com Catarina.

— Ora, Marcos, você acha mesmo que ela veio aqui movida por um sentimento de amizade? Se acha, digo-lhe que está completamente enganado.

Catarina olhou para a irmã, que a incentivou com pequeno aceno de cabeça a se aproximar dela e se explicar. Tímida, Catarina assim o fez.

— Dorinha, hoje posso afirmar que você está enganada a meu respeito. Não vim para ver se está morrendo. Ao contrário, minha intenção é desejar que você viva e pedir-lhe que me perdoe.

Sua declaração causou um impacto no coração de Dorinha.

— Não entendi o que quer dizer.

— Quero dizer que vim aqui para pedir a você e a Marcos que me perdoem. Estive prestes a cometer um ato vil, sem explicação, sem avaliar o quanto de dor iria lhes causar. Mas, graças a Deus, voltei à razão, e sinto vergonha de mim mesma.

Marcos, sem entender nada, disse a Catarina:

— O que você poderia fazer para nos causar sofrimento? Não consigo imaginar.

Berenice pediu à irmã:

— Catarina, conte-lhes tudo.

— Claro.

Sem esconder nada, nenhum detalhe, revelou tudo que havia sido planejado para separá-los. Enquanto falava, as lágrimas desciam por suas faces. Nada foi poupado, tudo esclarecido.

— Esqueça o que eu disse sobre Dorinha, Marcos. Ela merece seu amor. Faça-a feliz; sejam os dois felizes.

Dorinha não conseguia acreditar no que ouvia, tal era o seu espanto.

— Mas você planejou isso sozinha, Catarina? — Marcos quis saber.

Não querendo acusar Zuleica, ela respondeu:

— Isso não vem ao caso. Para que prolongar o assunto? O que importa é que estou aqui pedindo que me perdoem, dizendo do meu arrependimento e pedindo a Dorinha que faça um esforço para me aceitar como amiga. É só o que quero. O meu intuito não é acusar ninguém.

Marcos sentiu uma dúvida invadir seu coração. *Aí tem interferência de minha mãe. Vou verificar isso, preciso ter certeza de tudo para acreditar na sinceridade de Catarina.*

— O que está pensando, Marcos?

— Nada, meu amor; apenas analisando tudo isso o que Catarina nos disse.

Catarina, superando todo o seu orgulho, indagou:

— Então, Dorinha, devo me sentir perdoada? Recebo a chance de ser sua amiga?

Após ponderar, Dorinha disse-lhe:

— Gostaria de um tempo para pensar em tudo o que você relatou, Catarina. Não me sinto preparada e em condições de decidir nada. Sinto dores muito fortes, estou assustada com o que pode estar acontecendo comigo, tenho muito medo de aquele sofrimento voltar. Mas posso adiantar que estou feliz em sentir sua transformação. Sinto que está sendo since-ra. Apenas não me encontro em condições de avaliar correta-mente tudo isso. Não me leve a mal.

— Claro, Dorinha, você está coberta de razão, eu agiria do mesmo modo. Mas agora tenha em mente que tudo vai dar certo. Você vai sair logo do hospital e ser feliz com Marcos. Torcerei para que isso aconteça.

— Posso lhe pedir um favor? — perguntou Dorinha.

— Lógico que sim, peça.

— Quero ver minha mãe. Você pode trazê-la até aqui?

Catarina olhou para Marcos, que lhe disse:

— Fique tranquila, meu bem, ela irá buscá-la. Não é, Catarina?

— Com certeza. A hora que você quiser.

— Gostaria que fosse agora!

Catarina dirigiu-se à irmã:

— Vamos buscá-la, Berenice?

— Neste minuto! — exclamou Berenice, que se sentia or-gulhosa da irmã por tudo o que a ouvira dizer; sentira a since-ridade de suas palavras.

Despediram-se.

— Estou orgulhosa de você, Catarina. Verá como vai se sentir mais feliz sem o peso da culpa e do arrependimento. Proporcionou muita alegria aos nossos pais — disse Berenice, assim que saíram.

— Chegue mais perto de mim, Marcos — Dorinha pediu assim que ficaram a sós.

Ele, sentando-se na beirada da cama, beijou delicada-mente o rosto da namorada.

— Agora descanse, meu bem, você precisa ficar calma. Amanhã será um dia importante, e terá de estar tranquila.

— Eu sei, Marcos, mas estou impressionada com Catarina. Será que ela disse toda a verdade? Terá sido sincera ao pedir minha amizade?

— Penso que sim. Ela foi muito corajosa em se expor dessa maneira, relatando o que pretendia fazer, pedindo perdão e demonstrando o desejo de ser sua amiga. Vamos acreditar que será possível mudar a relação entre vocês duas; isso, se você quiser.

Diante do silêncio de Dorinha, Marcos perguntou:

— Em que está pensando? Não a quer como amiga?

— Não é isso...

— Diga-me o que é, então.

— Sabe, eu também tenho uma parcela de culpa em tudo isso.

Surpreso, Marcos quis saber:

— O que diz? Por que tem culpa?

— Porque também não fui tão ingênua esse tempo todo.

— Explique-se melhor, Dorinha, não sei aonde quer chegar.

Dorinha respirou fundo, talvez para tomar coragem, e disse:

— Marcos, admirei a atitude de Catarina em se expor dessa maneira; penso que foi um ato de humildade. Pode ser mesmo que ela tenha mudado e queira se tornar uma pessoa melhor, mas eu também tenho o que confessar a você.

— Dorinha, você está me deixando confuso.

— Querido, se fizer um esforço, vai se lembrar que também falei mal de Catarina. Sempre me coloquei na posição de vítima, mas nunca fui vítima, a não ser de mim mesma. Muitas coisas falei apenas para impressionar você. Sempre o amei, desde o dia em que o vi pela primeira vez na casa de Catarina, mas sabia que seria difícil conquistá-lo por várias razões: sou pobre, não passo de uma filha de empregada, não tenho grandes estudos... Você deve saber de tudo isso. Quando vim trabalhar para sua mãe, vi que seria minha grande oportunidade de conquistá-lo. Assim, comecei a assediá-lo, estando sempre no lugar em que você estava. Provoquei-o com meu corpo, minha beleza. Criei situações para estar com você. Apesar de amá-lo, queria desafiar dona Zuleica, mostrar-lhe que sua empregada poderia se transformar em sua nora e ser dona de tudo o que era dela. Sua mãe nunca gostou de mim, na verdade. Sempre fez questão de mostrar o meu lugar. Marcos, o que quero dizer é que não sou essa pessoa tão generosa que você pensa que sou. Teresinha me alertou inúmeras vezes, mas não lhe dei ouvidos.

Dorinha parou seu relato e, enquanto as lágrimas escorriam pelo seu rosto, completou:

— Se você quiser me deixar, vou entender. Aprendi hoje com Catarina... Veja a ironia do destino: aprendi, justamente com quem eu considerava minha inimiga, que não se consegue a paz se não for pela transparência de sentimentos e de atitudes. Se ela entendeu isso, eu também fui tocada por sua atitude e me dei conta de que não fui injustiçada. A única coisa que quero é que você entenda e acredite no quanto o amo.

Talvez tenha mostrado isso de uma maneira errada, mas, por favor, não questione meu sentimento.

Marcos estava impressionado com tudo o que acontecera em tão curto espaço de tempo. Não sabia o que dizer. De repente, sentiu receio de amar Dorinha. Questionou o terreno em que pisava estando ao seu lado. Era sincero em todas as suas atitudes, nunca armara situações, acreditara que tudo havia acontecido naturalmente. Entretanto, a realidade viera à tona; tudo não passara de armação.

— Por favor, meu amor, diga alguma coisa, acalme meu coração — pediu Dorinha, com voz fraca.

— Dorinha, preciso pensar em tudo o que aconteceu aqui hoje, colocar ordem em meus pensamentos, avaliar cada situação que vivemos e encontrar nelas a verdade. Tenho de fazer isso para entender se nosso envolvimento pode continuar ou não.

Dorinha se apavorou.

— Pelo amor de Deus, Marcos, acredite em minha sinceridade, na minha vontade de ser verdadeira! Se eu não o amasse tanto assim, teria continuado com minhas dissimulações e você nunca iria perceber. Mas não quero mais isso para minha vida; quero apenas ter você.

Marcos, segurando-lhe as mãos, disse:

— Dorinha, estou confuso. Necessito de um tempo, e gostaria que me desse esse tempo para pensar e descobrir quais são os meus verdadeiros sentimentos em relação a você. Não quero prosseguir cheio de dúvidas. Vou esclarecer tudo o que Catarina disse com minha mãe. Quero ouvir a versão dela e analisar com cuidado cada pormenor.

Dorinha, com os olhos úmidos, percebeu com mais intensidade que, querendo agarrar tudo de uma vez, estava prestes a perder o homem que amava.

— Entendo sua posição, Marcos. Faça como quiser e for melhor para você. Vou esperar por você o quanto for preciso. Meu amor é suficientemente forte para suportar o tempo necessário.

A conversa dos dois namorados foi interrompida com a chegada de Berenice, Catarina e Inês, que, assim que viu a filha, correu a abraçá-la. Marcos, pedindo licença, saiu do quarto.

"Diariamente somos testados pela vida, mas, se persistimos, se continuamos a tentar sempre focados no bem, investindo em nosso progresso espiritual, teremos êxito. Dentro do tempo que nos é concedido pelo Criador, devemos cultuar as virtudes, os bons hábitos, para não sermos pegos de surpresa quando o retorno chegar; porque, na realidade, o tempo que realmente temos é o presente, é ele que nos dá a chance de nos melhorarmos como pessoa." (Irmão Ivo)

CAPÍTULO
XVIII

O passado sempre volta

Catarina disfarçadamente saiu do quarto e foi tentar alcançar Marcos. Encontrou-o encostado em uma janela, olhando distraído para o horizonte.

— Posso lhe fazer companhia? — perguntou.

Olhando-a com surpresa, Marcos respondeu:

— Fique à vontade, Catarina. Quer alguma coisa?

— Quero.

— Então diga sem demora. Desculpe-me, mas prefiro ficar sozinho. Aliás, já estou indo para casa, preciso descansar.

Um pouco sem jeito, Catarina disse:

— Não vou tomar muito seu tempo. Apenas desejo reafirmar que tudo o que eu disse é a mais absoluta verdade, inclusive sobre querer ser amiga de Dorinha. Quero poder ajudá-la a passar por esse sofrimento da volta desse câncer que tanto a fez sofrer.

Marcos se surpreendeu.

— Você disse câncer?

— Sim. Por quê?

— Quem lhe falou que Dorinha está de novo enfrentando um câncer, se nada ainda foi constatado?

— Foi sua mãe quem me disse! Não é verdade?

— Ainda não se sabe ao certo. Amanhã os exames vão dar a posição correta de seu estado.

Um pensamento passou pela cabeça de Marcos.

— Diga-me uma coisa, Catarina. Foi por pensar que Dorinha estava com câncer, correndo risco de vida, que você veio confessar o plano elaborado por você e minha mãe?

— Marcos, não foi a doença que me despertou, mas sim a maneira como sua mãe falou sobre essa situação que me fez ver a monstruosidade do que pretendíamos fazer com vocês. Aprendi com meu pai que a vida deixa sinais que nos mostram onde devemos prestar mais atenção, e eu percebi que me achava prestes a cair no abismo da inconsequência. A enfermidade de Dorinha apenas me mostrou com quem, na verdade, eu estava me envolvendo. Desculpe o que estou falando, Marcos, sei que deve estar sofrendo, mas resolvi que, após tudo ficar esclarecido, quero apenas esquecer que um dia fui capaz de pensar em coisas tão sórdidas. Isso vai me dar força para vencer a mim mesma e viver dentro dos conceitos morais de meu pais. Mais uma vez lhe peço desculpas, conte comigo para o que precisar. Quero, de verdade, ser amiga de vocês, vê-los felizes e sentir que, apesar de tudo, Dorinha alcançou seu sonho de felicidade.

Dizendo isso, Catarina afastou-se, retornando ao quarto de Dorinha.

Observando a dor de Inês acarinhando sua filha, pensou: *Meu Deus, tanto sofrimento e eu queria colocar mais dor nesses corações... Perdoe-me, perdoe-me, meu Deus!*

O passado ainda vive 271

Artur e Laura sentiram-se felizes pela atitude de Catarina, e agradeciam a Deus a bênção recebida.

— Graças ao Pai, Artur, vemos nossa filha voltar para o caminho da moral cristã.

— É, Laura, a vida, de uma forma ou de outra, nos mostra onde estamos errando. Feliz daquele que consegue entender isso.

— Acho que agora posso me tranquilizar quanto a Catarina. Creio que ela aprendeu o suficiente para reaver os seus conceitos, fazer uma triagem em seu comportamento, enfim, viver mais feliz com atitudes mais dignas de uma criatura de Deus. Sei que isso não modificará sua personalidade totalmente, mas com certeza pensará duas vezes antes de agir, seja com quem for; terá mais ponderação diante das pessoas e dos fatos da vida.

— Concordo. Esse foi um grande passo para Catarina compreender melhor a inutilidade de alimentar tanto orgulho, que nada mais faz que empurrar quem o alimenta para o sofrimento. Por falar em sofrimento, onde está Jonas, que não vejo há horas?

— Sinto dizer, mas ele saiu cedo e ainda não retornou.

A expressão de Artur demonstrou toda a sua preocupação com o filho.

— Laura, estive pensando que talvez seja melhor internarmos Jonas para um tratamento. O que acha? Tenho muito receio do que ele possa fazer nessa sua loucura, que cada vez fica mais evidente. Não frequenta mais a faculdade, seus sumiços são cada dia mais frequentes... Nosso filho está perdendo totalmente o controle sobre si mesmo.

Ao falar do filho, Laura não conseguiu segurar suas lágrimas:

— Você tem razão, Artur. A única maneira de ajudá-lo a sair do abismo em que se meteu é a internação. Não queria lhe contar, ou melhor, ainda não tive oportunidade para isso...

— Pelo amor de Deus, Laura, o que aconteceu que você ainda não me disse?!

Com esforço e entregue ao pranto, Laura respondeu:

— Berenice veio me falar que desapareceu de seu quarto a pulseira que demos a ela de presente de Natal.

Artur ficou lívido.

— O que está me dizendo? Que ele roubou a pulseira de sua irmã? Repetiu esse ato desprezível?!

— Infelizmente, parece que sim.

Não aguentando a dor dessa revelação, Artur sentou-se e, cobrindo o rosto com as mãos, chorou como uma criança. Laura não suportou ver aquele homem digno, cuja vida era toda dedicada aos filhos e a ela, chorando como um derrotado. Abraçou-o com grande amor e lhe disse:

— Por isso ainda não havia lhe contado; esperava o momento mais propício, pois sabia o quanto sofreria. Desabafe, meu amor. O que está acontecendo com você agora aconteceu comigo no momento em que Berenice me contou; por isso sei muito bem como se sente.

— Laura, você consegue perceber a gravidade da situação?

— Evidente, meu amor, e também não sei o que fazer, pois sinto que tudo parece ser mais grave do que imaginamos. Só não consigo ainda compreender o que fizemos para atrair para nós esse sofrimento!

O passado ainda vive 273

"Nenhum de nós é inocente. Trazemos no nosso currículo espiritual muitos erros cometidos no passado. Julgamos não merecer nenhum sofrimento, todavia, não sabemos o que fizemos para atrair para nós a dor. Em algum lugar há de estar a ação que gerou a reação da dor. Devemos ter Jesus no coração e, assim, reformular nosso íntimo nos aproximando mais do Criador. O mal se enfraquece com o bem, e a paz só se estabelece com o amor." (Irmão Ivo)

Assim que Marcos chegou em casa, foi ao encontro da mãe. Zuleica, ao vê-lo, veio sorridente abraçá-lo, no que foi delicadamente afastada. Sem entender a reação do filho, perguntou:

— Marcos, o que está acontecendo? Não quer o abraço de sua mãe?

— Quero, mas não agora.

— Posso saber o porquê?

— Vim decidido a conversar com você, mãe, para entender o que está havendo.

Fingindo inocência, pois imediatamente sentiu que alguma coisa acontecera em relação a Dorinha, Zuleica quis saber:

— A nossa querida Dorinha não está bem, Marcos? Seu estado piorou? Diga-me o que posso fazer para ajudá-la.

Paciente, Marcos disse:

— Mãe, vamos falar abertamente. Sei que a senhora não suporta Dorinha, apesar de ser a mulher que eu amo. Portanto, não a chame de querida nem venha fazer teatro mostrando uma preocupação que a senhora não sente.

Zuleica pensou rápido: *Aquela intrigante da Dorinha deve ter feito a cabeça de meu filho contra mim. Mas ela não imagina o que sou capaz de fazer para separá-la de Marcos, mesmo sem a ajuda de Catarina. Aquela menina boba que se julga muito esperta...*

— Filho, o que está dizendo? Como não gosto de Dorinha, se permiti que viesse para nossa casa? Sempre a tratei com o maior carinho e consideração. De onde tirou essa ideia?

— Eu soube de umas coisas que estou tendo dificuldade para aceitar, pois não posso imaginar minha própria mãe agindo contra mim. Isso é inadmissível.

Zuleica estremeceu. *Catarina foi mais esperta do que eu. Deve ter ido contar para Marcos e, com certeza, colocou-se como vítima. Mas vou negar até o fim; ela vai ver quem ganha essa parada.*

Demonstrando surpresa e indignação, Zuleica respondeu:

— Não tenho a menor ideia do que você está falando, filho.

— Não mesmo, mãe? Tem certeza disso?

Tentando se defender, Zuleica, sem perceber, acabou confessando o plano ao qual Marcos se referia:

— Se Catarina foi falar sobre a estratégia que arquitetei para separá-lo de Dorinha, garanto-lhe que é pura invenção dessa menina. Na realidade, quem planejou tudo foi ela, que veio com uma conversa de que amava você e que era, sem dúvida, a melhor companheira para sua vida. Minha única saída foi pedir que deixasse de frequentar nossa casa. Senti muito por Laura e Artur, mas não tive outra opção.

Marcos apenas ouvia Zuleica; queria ver até onde sua mãe ia sustentar a mentira.

O passado ainda vive

— Quer dizer que Catarina acreditava mesmo poder me separar de Dorinha, é isso?

Acreditando que Marcos havia se convencido de tudo o que falara, Zuleica voltou a acusar Catarina:

— É isso sim, meu filho. Também fiquei abismada com a capacidade dessa menina de arquitetar um plano tão sórdido.

— E qual foi a razão de ela ter desistido?

— Eu, com muito custo, a convenci de que não deveríamos nos envolver — disse Zuleica, sem perceber que Marcos absorvia todas as suas palavras.

Nervoso, interrompeu a mãe:

— Espere aí, mãe. A senhora disse plano, disse "nos envolver". Isso quer dizer que a senhora também estava envolvida nessa trama. Além do mais, como soube que Catarina veio falar comigo a respeito de um plano, se eu não disse nada à senhora? Isso me faz crer que sabia de tudo, sim, e que essa sua indignação não passa de uma defesa antecipada, dona Zuleica. Está com medo de que eu descubra a sua participação nessa mesquinharia. Pelo menos Catarina teve a decência de se arrepender e ir pedir perdão para Dorinha, mostrando que ainda possui dignidade. Entretanto, a senhora ainda tenta se defender acusando-a!

— Marcos...

— Por favor, me deixe terminar. Se lhe interessa saber, Catarina, em nenhum momento, a acusou. Apenas pediu perdão e disse estar envergonhada do que estava prestes a fazer. É triste, para mim, constatar que ela teve mais dignidade do que a senhora, que tenta jogar nela toda a culpa. O que machuca meu coração, mãe, é perceber que em nenhum momento a senhora considerou meu amor por Dorinha.

Irritada, Zuleica abriu o jogo e disse ao filho:

— Quer mesmo saber? Fui eu, sim, que armei tudo para separá-lo dessa empregada sem expressão, pobre, doente, sem nada para lhe oferecer. Acha que alguma mãe iria gostar de uma nora assim? Eu sofria ao vê-lo se envolvendo cada dia mais com uma pessoa dessa natureza. Você merece coisa melhor, meu filho, uma moça à sua altura, compatível com sua cultura, sua posição social. Você é um ótimo partido, e qualquer jovem do nosso meio social ficaria feliz em ser sua escolhida.

Marcos não acreditava no que ouvia. A cada palavra de sua mãe, mais percebia o quanto ela era pobre espiritualmente. Assim, comentou, com ar cansado e sofrido:

— Nunca imaginei que a senhora fosse tão preconceituosa, tão cega às coisas espirituais, que medisse as pessoas pela posição social. Isso não é nada. O que, na verdade, conta e importa são os valores morais, de caráter, de justiça e de generosidade.

— Você é um sonhador, Marcos, e quem sonha demais acaba se perdendo nos próprios sonhos. Eu tenho os pés no chão. Sei que neste mundo as pessoas são valorizadas pelo que possuem de objetivo, de palpável, de coisas da Terra, e não da espiritualidade, como você gosta de dizer. Nós vivemos na Terra, e não no espaço.

Zuleica fez menção de sair sem dar a Marcos a oportunidade de expor suas ideias. Deu alguns passos e, autoritária como sempre, voltou para dizer ao filho:

O passado ainda vive

— Não quero saber dessa moça. Não me interessa seu estado. Só quero que saiba que não permitirei que ela volte para esta casa. Vou mandar Teresinha arrumar tudo o que é dela. Que vá para a casa de Catarina; as duas se merecem.

E saiu com passos firmes, deixando Marcos confuso com tudo o que lhe acontecera em um único dia. Desconsolado e sufocado com sua dor, foi até seu quarto e, como uma criança, chorou.

— Meu Deus, venha em meu auxílio, pois não sei o que fazer, não sei onde está a verdade, e muito menos se devo voltar a confiar em Dorinha depois do que ela me disse. Se minha própria mãe me traiu, será que Dorinha e Catarina merecem crédito? Será que amo a pessoa certa?

E, exausto, adormeceu.

Três dias se passaram e, após todos os exames feitos em Dorinha, o pior foi confirmado: o câncer realmente havia voltado, e dessa vez mais agressivo, pois se infiltrara em outros órgãos. O desespero tomou conta de Dorinha, que mal suportava a ausência de Marcos, que não retornara ao hospital desde o dia em que Catarina revelara seu plano, e Dorinha, tocada pela coragem de Catarina, também se abrira com ele.

— Meu Deus, como vou suportar essa doença e a ausência de Marcos? O que faço com a saudade que atormenta minha alma?!

Nesses momentos, seu pensamento trazia à tona o seu comportamento cheio de mentiras com a única finalidade de trazer Marcos para si.

Sei que errei, pensava, *mas o meu amor por ele sempre foi e sempre será verdadeiro. Se me abri com Marcos, contando toda a verdade, é porque, assim como Catarina, me arrependi das minhas atitudes. Será que ele não pode compreender isso?*

Inês, com a aquiescência de Laura, não saiu de perto da filha.

— Fique ao lado dela, Inês — dissera Laura. — Neste momento é de suma importância sua presença.

— Mas e a senhora, dona Laura, como vai se arranjar sozinha?

— Não se preocupe, já arrumei alguém para substituí-la nesse período. Assim que tudo melhorar, seu lugar a estará esperando. Agora, o mais importante é a saúde e a paz de Dorinha. Quanto ao seu salário, irá recebê-lo integralmente. Estarei ao seu lado para ajudá-la em tudo o que vocês precisarem. Conte comigo e com Artur. Não iremos abandoná-la; para nós, você e sua filha fazem parte da nossa família.

Inês, observando a tristeza da filha, perguntou:

— Dorinha, desde que estou aqui com você percebi que Marcos não veio visitá-la. Vocês romperam o relacionamento?

Os olhos de Dorinha se encheram de lágrimas.

— Não sei, mãe, mas acho que sim.

— Como assim, minha filha? Ou romperam ou não!

— Mãe, preciso lhe contar exatamente o que aconteceu dias atrás.

— O que foi? Algo grave?

— Eu achava que não era tão grave, mas agora vejo que me enganei.

Dorinha revelou a Inês tudo o que acontecera, desde a atitude de Catarina até o seu arrependimento, confessando ao namorado tudo o que fizera para conquistá-lo.

— Quis ser sincera, mãe, e mostrei o meu arrependimento. Estou realmente arrependida. Achei que era o momento de esclarecer tudo, para que nossa relação fosse plena, sem nenhuma mentira, mas acho que deu tudo errado. Marcos não entendeu ou não aceitou; do contrário estaria aqui comigo.

— Minha filha, estou surpresa com tudo isso. Como Catarina foi capaz de pensar em uma barbaridade dessas, conhecendo você desde criança? Praticamente cresceram juntas... Não entendo a razão de nunca terem conseguido se tornar amigas. Essa menina sempre foi orgulhosa, sempre se achando melhor que todos! — exclamou Inês, indignada.

— Hoje posso dizer que Catarina não é a única culpada, mãe. Eu também sou. Sempre tive inveja dela. Na realidade, nunca aceitei ser apenas uma empregada; tanto que usei de tudo para me tornar patroa na casa de Marcos.

— Não sei o que pensar ou dizer, filha.

— Então não pense nada, mãe. Tente apenas compreender nossa falhas. Catarina está disposta a se tornar minha amiga, e eu vou aceitá-la como amiga, porque, na realidade, sou igual a ela; nem melhor e nem pior, apenas igual. O que importa, mesmo, é que nos arrependemos e estamos dispostas a reformular nossas vidas, apesar de o meu tempo estar se esgotando.

— Não diga isso! Você vai ficar boa. É uma questão de tempo e paciência.

Dorinha olhou para a mãe, e, pedindo-lhe que segurasse suas mãos, disse-lhe:

— Não quero me enganar. Sei o quanto minha situação é grave, e que minhas chances de cura são mínimas. Queria apenas passar meus últimos dias ao lado de Marcos; ser feliz, nem que fosse por pouco tempo.

— Você vai ser, minha filha, eu lhe prometo isso.

A conversa das duas foi interrompida pela chegada de Laura, Berenice e Catarina, que, sorridente, mostrou um lindo jarro com perfumadas rosas.

— Veja o que eu trouxe para você — disse, animada. — Este quarto está precisando de um pouco de alegria e perfume. Nada melhor que rosas para elevar nosso astral.

Sorrindo, Dorinha agradeceu a gentileza:

— Obrigada, Catarina, são mesmo muito lindas.

Catarina, percebendo o olhar desconfiado que Inês lhe dirigia, pediu-lhe:

— Inês, poderia vir comigo até o saguão? Gostaria de conversar com você.

Inês olhou para a filha, que a incentivou:

— Acompanhe Catarina, mãe, acho que vocês precisam conversar.

Catarina e Inês acomodaram-se no saguão, próximo ao quarto de Dorinha. Catarina, sentindo que Inês já sabia de tudo, tomou-lhe as mãos.

— Sei que Dorinha já deve ter lhe contado tudo o que aconteceu. Não vim aqui para me explicar, porque tenho consciência de que minha atitude não tem explicação, mas, do mesmo jeito que pedi a Dorinha, quero apenas lhe pedir perdão. Meu arrependimento é sincero, a vergonha que sinto de mim mesma também é sincera, mas você tem o direito de me perdoar ou não. O que fiz não pode ser mudado, mas posso mudar minha atitude daqui para a frente, e é o que vou fazer: tentar ser uma pessoa melhor.

Inês ouvia tudo em silêncio, analisando as palavras de Catarina, que continuou:

— De tudo isso que lhe disse, Inês, o que desejo realmente é que compreenda que minha amizade por sua filha, agora, é verdadeira, e tudo farei para nos unirmos de verdade, sem conflitos, sem armações. Quero que você, assim como meus pais e minha irmã, me ajude a me tornar melhor.

Inês percebeu que Catarina lutava para conseguir disfarçar as pequenas lágrimas que escorriam por sua face. *Essa menina está sendo franca. Acho que devo confiar nela. Afinal, como disse Jesus: "Quem nunca errou que atire a primeira pedra".*

— Não precisa me dizer nada agora, Inês, mas reflita sobre o que lhe falei. Se chegar à conclusão que mereço outra oportunidade, ficarei feliz. Mas, caso contrário, vou entender; afinal, como diz sempre meu pai: nós recebemos o que merecemos, ou seja, colhemos o que plantamos.

Ia se retirando, quando Inês segurou-a pelos braços, dizendo:

— Não vou negar que o que você fez foi muito grave, que jamais esperei isso da menina que vi crescer. Machucou-me muito, de verdade. No entanto, também tenho de reconhecer que foi muito digna em confessar tudo para Dorinha e Marcos. Isso me faz crer que merece, sim, ser desculpada, e é isso o que vou fazer: desculpar você e dizer, com meu abraço, que confio na sua sinceridade.

E abraçou Catarina como fazia quando ela era ainda uma criança. Ao retornarem ao quarto com um sorriso nos lábios, Laura logo percebeu que tudo tinha sido devidamente esclarecido.

— Obrigada, Inês. Pela expressão das duas, vejo que desculpou minha filha, e lhe sou muito grata por isso.

— Dona Laura, conheço Catarina desde pequena. Suas atitudes devem ter tido influência de alguém. Duvido que, sozinha, ela imaginaria algo assim.

— Ela é minha filha, mas devo dizer que Catarina não é tão ingênua assim, Inês. Possui defeitos, imperfeições, muitas vezes é um pouco arrogante, orgulhosa; mas nesse caso sinto que está sendo sincera. Catarina se arrependeu de verdade e quer cuidar de Dorinha, ser sua amiga.

— Eu sei, dona Laura. Fique tranquila, esse assunto será esquecido. Vamos agora pensar na saúde de minha filha. Não sei se ela terá muito tempo de vida ou não, mas quero dar a ela a felicidade que merece, quero que seja feliz enquanto ainda respirar.

O colóquio das duas foi interrompido por Dorinha:

— Dona Laura, não sei quanto tempo vou ficar nesse hospital, mas se tiver a sorte de receber alta, não terei para onde ir. Marcos não apareceu, e isso quer dizer que dona Zuleica jamais permitirá que eu vá para sua casa. Isso me preocupa.

— Dorinha! Acha mesmo que não terá para onde ir? Não confia em mim, em Artur e nas meninas? Claro que irá para minha casa; ou melhor, para a sua casa, junto de sua mãe. Lá sempre foi e sempre será a casa de vocês.

Inês, tímida, disse a Laura:

— Obrigada. Nunca conheci uma pessoa tão generosa quanto a senhora.

— Não me agradeça. Você também sempre foi generosa com minhas filhas, Inês, sempre as tratou bem. Apenas retribuo o que você sempre nos deu.

— O doutor Artur não irá se importar? Afinal, não é fácil manter em casa uma pessoa com tantos problemas de saúde.

— Inês, você conhece Artur muito bem. Meu pensamento é o dele; ele não hesitaria em levá-las para nosso lar.

— Se é assim, só tenho a agradecer e dizer-lhe que serei grata para sempre pela bondade dos senhores.

Dorinha escutava toda a conversa de sua mãe com Laura em silêncio. Emocionada, disse a Berenice e Catarina:

— Seus pais são as melhores pessoas que já conheci em minha vida.

— Eu concordo! — responderam ao mesmo tempo.

Mais quatro dias se passaram, e Marcos não apareceu para visitar Dorinha. Fazia uma semana que lutava contra seus sentimentos; o coração o levava até a namorada, mas a razão o impedia, dizendo-lhe que correria um risco grande de aumentar sua dor.

As palavras de sua mãe sempre o levavam para a dúvida, eram sempre palavras de agressão contra aquela que a cada dia mais se debilitava por conta da doença. Fausto, percebendo a tristeza do filho, chamou-o para uma conversa com o intuito de auxiliá-lo a descobrir em si mesmo o que realmente era importante para ele naquele momento.

— Sinto-o tão melancólico, meu filho... Podemos conversar sobre isso? Talvez possa ajudá-lo.

— Pai, não sei o que fazer. Para que o senhor entenda, vou colocá-lo a par de tudo o que houve.

Sem nada omitir, Marcos relatou todos os acontecimentos, inclusive o envolvimento de Zuleica. Fausto ouvia, sentindo, ao mesmo tempo, surpresa e indignação. Ao fim da narrativa, disse ao filho:

— Realmente não esperava por isso, Marcos. Três pessoas duelando entre si sem perceberem o quanto machucavam aquele que diziam amar. Não conseguiram entender que o amor de verdade não se consegue com guerra, mas sim com sentimento puro. O que mais me deixa surpreso é a participação de sua mãe. Diante dessa luta para separá-lo de sua namorada, faz-me pensar que perdeu a razão; ou está se mostrando como de fato é, e eu não tive a capacidade de reconhecer em todos esses anos.

Marcos sentiu o quanto seu pai ficara abalado.

Os dois permaneceram em silêncio por um tempo considerável. Por fim, Fausto disse ao filho:

— Quero que me diga qual é o seu sentimento verdadeiro em relação a essa moça.

Sem pestanejar, Marcos respondeu com emoção:

— Eu a amo, pai, amo de verdade. Meu desejo era me casar com ela e construirmos uma família, mas agora vejo que isso nunca poderá acontecer.

— Por que pensa assim? Se é pelo erro que Dorinha cometeu, induzindo-o a ter uma relação com ela, lembre-se de que ela mesma lhe contou, e isso caracteriza um arrependimento. Se a ama, se tem certeza de que Dorinha também o ama, perdoe, meu filho. O erro faz parte do ser humano. Quem de nós nunca cometeu um engano, uma leviandade, e se arrependeu mais tarde? Siga seu coração e procure ser feliz com quem você ama. Se seu sentimento é diferente do pensamento de sua mãe, siga o seu, filho. É ele quem vai lhe dizer

O *passado ainda vive*

o que deve fazer. Quanto a Zuleica, nunca interferi em suas atitudes, mas dessa vez vou falar com ela; e não será uma conversa amigável, pois ela passou dos limites.

Tristemente, Marcos respondeu:

— É uma pena, papai, mas eu e Dorinha nunca vamos poder construir uma família. O estado dela é grave, sua chance de cura é quase nula; assim me informou Berenice, quando a procurei para saber notícias de Dorinha.

— É tão grave assim?

— Sim, é muito grave. O câncer tomou conta de órgãos vitais, e não existem chances de cura.

— Mais um motivo para procurá-la e tentar fazê-la feliz, e ser feliz com ela em seus últimos tempos. Agindo assim não carregará arrependimento pela vida. Faça isso, filho, e conte com seu pai sempre que precisar.

— Obrigado. — Marcos abraçou Fausto. — Foi muito bom conversar com o senhor.

— Vá, meu filho, procure Dorinha. Pelo que entendi, vocês não têm muito tempo. Façam, então, do tempo que possuem um espaço de felicidade. Assim você terá boas recordações ao longo de sua jornada, quando ela se for.

— Obrigado, pai, muito obrigado mesmo.

Entusiasmado, Marcos foi ligeiro telefonar para Berenice a fim de saber notícias de Dorinha.

— Não adianta ir até o hospital, Marcos, ela já foi para casa.

— Quer dizer que ela melhorou, Berenice? Isso é muito bom!

Consternada, Berenice respondeu:

— Lamento, Marcos, mas... a verdade é que, não tendo mais o que fazer, o médico considerou que seria melhor para Dorinha estar em casa, ao lado de pessoas que poderiam lhe dar atenção e carinho. Os remédios poderiam ser ministrados em casa, onde o paciente sempre se sente mais confortável.

Marcos sentiu uma dor muito grande em seu peito.

— Será que eu poderia visitá-la?

— Claro! Você não imagina o quanto ela está sofrendo com sua ausência. Venha quando quiser.

— Irei hoje mesmo. Mas não diga nada a ela, quero fazer uma surpresa.

Sorrindo, Berenice respondeu:

— Tudo bem, moço apaixonado!

Sorridentes, os dois se despediram.

Assim que Fausto se afastou do filho, foi em busca de sua esposa. Encontrou-a, como sempre, entregue à futilidade, como gostava de viver.

— Olá, meu bem. O que faz aqui a esta hora?

— Precisava ter uma conversa com Marcos — respondeu Fausto.

— E teve?

— Sim, Zuleica, tive. E é sobre isso que vim falar com você. Marcos está muito abatido, triste mesmo, sofre muito com a saudade que sente da namorada. Precisamos tomar uma atitude.

— Isso passa, Fausto. O que teríamos de fazer já foi feito pela vida; assim foi melhor para ele e para nós.

— O que quer dizer?

— Que não temos culpa alguma se a menina ficou doente, só isso.

— Mas você tem culpa sim, Zuleica. Sua interferência leviana na relação dele com Dorinha foi muito cruel, e Marcos sofre muito por saber que sua própria mãe foi capaz de armar contra ele sem pensar no sofrimento que causaria ao próprio filho.

— Eu não fiz nada, Fausto!

— Fez, Zuleica. E, para ser sincero, causou-me uma decepção enorme. Nunca imaginei que teria coragem de agir assim. Não ama a seu filho?

— Mas é por amá-lo muito que fiz o que fiz. Dorinha não é mulher para ele.

— Quem tem de decidir isso é ele, não acha? Marcos tem idade suficiente para saber o que quer para si mesmo, e ninguém, nem você, têm o direito de interferir. Você agiu com mesquinhez, com preconceito; e a pior doença é o preconceito.

— Marcos nao podia se unir a uma simples empregada sem expressão alguma, Fausto. Eu não ia admitir isso. É nosso único filho!

— Justamente você diz uma coisa dessas! Acha mesmo que pode questionar essa situação?

— O que você quer dizer, Fausto?

— Você vai se lembrar sozinha ou prefere que eu clareie sua memória?

— Diga logo aonde quer chegar!

— Quero dizer que você está se esquecendo do lugar de onde a tirei para lhe dar a vida que tem hoje. Se pôde acontecer com você, por que não com Dorinha?

Zuleica ficou lívida.

— Por que está lembrando isso agora, Fausto?

— Para você se conscientizar de que não é melhor que ninguém. Que não devemos medir as pessoas pelo que vestem ou pela casa que possuem, mas sim pelo que agasalham de bom dentro do coração. Acreditei em você, dei-lhe a chance de progredir; tanto que a resgatei daquele inferno em que vivia. Por que não pode também ser generosa com Dorinha, que, a bem da verdade, encontra-se numa situação melhor que a sua do passado?

Zuleica não sabia o que dizer; toda a sua arrogância caiu por terra. Fausto trouxera seu passado impiedosamente para o presente.

— Por que fez isso, Fausto?

— Para salvá-la de si mesma, tornando-a uma pessoa melhor. Só isso. — E se afastou, deixando a esposa entregue aos seus pensamentos.

É impressionante como o passado, mais cedo ou mais tarde, ressurge no nosso presente! Penso que Fausto nunca esqueceu que eu vivia em situação miserável quando nos conhecemos. Talvez ele tenha razão; pode ser que Dorinha tenha trazido de volta uma vida que tento esquecer e que, na verdade, nunca aceitei.

"O homem precisa aprender a se esforçar para conhecer a si próprio; descobrir seus enganos e suas fragilidades, acabando com o preconceito que fere como lâmina afiada, falar da paz com o coração e viver a paz com emoção, para que ela se torne real." (Irmão Ivo)

CAPÍTULO
XIX

À beira do precipício

Desde o dia em que Dorinha retornou à casa de Laura, Catarina passou a ser sua companhia constante. Por conta das prolongadas conversas que mantinham sempre no fim da tarde, descobriram que podiam, sim, ser ótimas amigas, pois nenhumas das duas agasalhava em seus corações a mágoa. Entenderam que cada uma tinha uma parcela de responsabilidade em todas as questões que as envolveram; assim, resolveram pôr fim à intolerância que uma nutria pela outra.

Laura e Inês sentiam-se felizes em vê-las, apesar se sofrerem com o estado de Dorinha, que se agravava dia a dia. Em uma tarde em que as duas jovens, sentadas na varanda da casa, admiravam o pôr do sol, Dorinha disse a Catarina:

— Sinto que a cada dia minhas forças vão se apagando. E o que mais faz sofrer meu coração é saber que vou partir deste mundo sem ter conseguido o perdão de Marcos, que é o único homem que amei nesta vida.

Antes que Catarina respondesse, ouviram a voz de Marcos:

— Meu amor, não tenho do que perdoá-la. Demorei, mas entendi que foi a sua maneira de lutar pelo que queria. Não aprovo, é verdade, mas não a condeno, e, se ainda me quiser ao seu lado, estarei com você enquanto Deus permitir sua estada entre nós.

Dorinha virou-se, sem acreditar que seu amado voltava para ela. Suas mãos tremiam enquanto seus olhos encheram-se de lágrimas de felicidade.

— Você me perdoou! Não tem raiva de mim?

— Nunca tive raiva de você. O amor que sinto não permitiu que em nenhum momento eu tivesse outro sentimento que não fosse o de amor. Apenas precisei de um tempo para entender tudo o que aconteceu. Suas revelações, o envolvimento de Catarina e, mais chocante ainda, o de minha mãe. Sofri muito longe de você, mas agora não importa; tudo virou passado. Vamos aproveitar o presente e ficar juntos todo o tempo que pudermos.

Dorinha abriu os braços, e os dois namorados se entregaram ao aconchego da afeição que os unia. Catarina, que tudo presenciara, disse-lhes:

— Vou deixá-los sozinhos. Imagino que tenham muito o que conversar. Se Dorinha precisar de alguma coisa, Marcos, por favor, é só me chamar.

— Não se preocupe, Catarina, tomarei conta dela direitinho. — Marcos sorriu.

— E é tudo o que Dorinha deseja, não, amiga?

— Claro — Dorinha endereçou-lhe um expressivo olhar de gratidão.

Os dias que se seguiram foram de muita alegria para Dorinha, apesar de o seu estado se complicar cada vez mais, impondo-lhe dores quase insuportáveis.

Catarina sempre fazia companhia ao casal, e os três se divertiam, unindo-se em uma amizade sincera e plena. Tanto Catarina quanto Marcos esqueciam-se de tudo que não fosse para o bem-estar de Dorinha, e a união desses espíritos se fortalecia a cada dia. Tudo corria bem dentro do possível para Dorinha, até que, afinal, devido ao agravamento do seu estado, foi levada ao hospital para ser internada. Necessitando ser transferida para UTI, Dorinha pediu ao médico que a deixasse se despedir de Catarina e, principalmente, de Marcos, e seu desejo foi realizado.

Entrelaçando suas mãos nas de Marcos e Catarina, disselhes com voz fraca e sofrida:

— Não foi permitida nossa união para construirmos uma família, Marcos, mas Deus permitiu que nós três nos encontrássemos como irmãos para que aprendêssemos a respeitar um ao outro. Apesar de nossos erros, Catarina, conseguimos nos reconhecer como amigas, e esse tempo todo fui sincera com você, e sei que também você foi comigo. Você, Marcos, é melhor que nós duas, e quero lhe dizer que, agora que vou partir eu o liberto para que procure a sua felicidade onde achar que ela está. Ou seja, ao lado de quem seu coração indicar.

— Não fale tanto, Dorinha — pediu Catarina, emocionada. — Não deve se cansar.

Com um sorriso triste, Dorinha respondeu:

— Agora o que menos importa é o meu cansaço. Vou fechar meus olhos para este mundo e, talvez, não sei, eu tenha muito tempo para descansar.

Em um canto do quarto, Inês, Laura e Berenice escutavam tudo com o coração sofrido. Pela primeira vez presenciavam a despedida tão consciente de alguém.

Inês não continha o choro convulsivo.

— Minha única filha — murmurava para si mesma. — Por que, meu Deus, foi acontecer isso com ela?

— Calma, Inês — dizia Laura. — Confie em Deus. Ele é o nosso Pai justo e bondoso, irá ampará-la neste momento de dor.

— Por que Ele permitiu que isso acontecesse, Dona Laura?

— Não sei responder a essa pergunta, mas sei que se Ele é justo. Esse sofrimento deve estar inserido na justiça de Suas leis; não podemos duvidar disso, ou nossa fé é muito fraca, quase nula.

— Desculpem, mas é preciso levá-la agora. Dorinha está sofrendo muito — informou o médico.

Dorinha beijou a mãe e se despediu de todos os presentes.

— Calma, filha, você vai sair dessa UTI, é preciso ter fé.

— Não vou me enganar. Sei que minha hora está próxima. Minha fé está em aceitar a vontade de nosso Pai. Não se esqueçam de mim. Eu os amarei onde estiver. Quanto a vocês, Marcos e Catarina, sejam felizes; é só o que lhes peço.

E Dorinha foi levada.

Uma semana se passou desde esse acontecimento. Em uma manhã fria de inverno, Inês recebeu a notícia do desencarne de sua filha.

— Ela sofreu, doutor? — indagou ao médico assim que chegou ao hospital, acompanhada de Laura e Artur, que fora para tratar da burocracia do velório.

O passado ainda vive   293

— Se isso a consola, dona Inês, digo-lhe que ela não sofreu. Estava em coma induzido justamente para protegê-la do sofrimento com as dores. Dorinha faleceu em paz, suavemente, sem perceber.

— Obrigada, doutor.

Terminava, assim, a trajetória de um espírito que, apesar de todos os seus erros, conseguira, no final, resgatar seu passado, cortando as algemas que o prendiam ao pretérito. O amor, quando verdadeiro, liberta, permite que o ser amado faça suas escolhas, que não necessariamente sejam as mesmas que escolhemos para nós. A obsessão de querer, a qualquer custo, prender o ser que amamos ao nosso lado, na realidade, não passa de apego, não é amor. É preciso respeitar os sentimentos dos outros, dar a liberdade de quererem ou não estar junto de nós. Só assim a felicidade real, sem cobranças, irá se fazer.

Os dias que se seguiram ao desencarne de Dorinha foram de muita tristeza na casa de Laura. Inês entregara-se ao abatimento e não conseguia reagir diante do que considerava uma tragédia.

Artur, sensível à dor daquela que havia anos morava em sua casa, chamou-a para conversar, numa tentativa de, dessa maneira, aliviar um pouco sua dor, com a aceitação da vontade de Deus.

Inês, encolhida em uma cadeira, ouvia as palavras de seu patrão com os olhos marejados de lágrimas.

— Inês, não tenho a pretensão de lhe dizer que não sofra, que não chore, porque seria pedir algo que considero impossível: não sofrer pela ausência de sua filha. No entanto, gostaria de ajudá-la a entender o porquê de as coisas que nos machucam acontecerem, e entregar o seu sofrimento a Jesus. Sofrimento com Jesus é sofrimento equilibrado, que nos impede de cair no desespero e na prostração. A partir do instante em que abrimos nossos olhos no mundo físico, inicia-se a caminhada para a desencarnação, que irá acontecer para todos, sem exceção, em um momento que não sabemos, mas que acontecerá. A partida de Dorinha não foi uma tragédia, mas o cumprimento de uma lei divina. Pense que ela não sofreu no momento de sua partida; esteve cercada de amigos, além de você. Ela deixou para trás dias de muita dor, de muito sofrimento. Outros não são alvo dessa bênção e partem em meio a muito desespero, muita crueldade, o que não foi o caso de sua filha. A partir de agora, traga-a para seu coração como a mais linda recordação dos momentos que viveram juntas. Dorinha ficará em paz sentindo que sua mãe, na Terra, também está em paz. Quando nos separamos de nossos entes queridos continuamos querendo a sua felicidade, seja aonde estiverem. Dorinha, agora, vive no reino de Deus. Queira que ela seja feliz, que tenha forças e sabedoria para promover sua evolução, arrependendo-se de suas imperfeições, de sua atitudes nem sempre louváveis aqui na Terra, como todos nós que, do mesmo modo que ela, estamos lutando para nosso progresso espiritual.

Humildemente, Inês perguntou, com um fio de voz:

— Como faço isso, doutor Artur?

— Isso se faz por intermédio da energia de amor que pode enviar para ela, do sentimento de saudade equilibrada, de perfeita aceitação da vontade de nosso Pai, que está no céu. Isso não quer dizer que não tenha o direito de sofrer, mas que sua fé em Deus é real, que confia plenamente na justiça e na sabedoria Daquele que nos criou e sabe que um dia todos voltarão para a verdadeira Pátria, nosso lugar de origem.

— Mas eu posso chorar?

— Claro! Deus nos deu a chance de chorar porque as lágrimas nos impedem de explodir diante de uma dor tão grande como essa. Mas que sejam lágrimas de saudade, não de revolta ou desespero. Tudo precisa estar dentro de um equilíbrio, Inês, essa é a grande mágica da felicidade. Dorinha continua viva, apenas habita hoje um lugar distante do seu, para o qual iremos, mais dia, menos dia; e nosso retorno será de acordo com a história de cada um.

Inês, em um ímpeto, levantou-se e, segurando as mãos de Artur, beijou-as:

— Não faça isso! — Artur se soltou.

— Não sei como agradecer ao senhor!

— Agradeça retornando à sua vida, voltando aos seus afazeres e cumprindo sua tarefa na Terra, até o dia em que Jesus a chamar.

Vendo Inês mais calma, Artur despediu-se e foi trabalhar. No caminho, pensava: *Senhor, que eu tenha todo esse equilíbrio para aceitar o sofrimento que pressinto que terei com Jonas. Que tanto eu quanto Laura saibamos o que fazer, como ajudar; e, se a dor maior vier, auxiliai-nos, Senhor, para que possamos nos lembrar de tudo em que acreditamos, não permitindo o desespero.*

A vida, aos poucos, foi voltando ao seu ritmo natural. Marcos e Berenice tornaram-se grandes amigos, e Catarina, ao longo do tempo, foi percebendo que nenhuma chance existia para que houvesse um relacionamento com Marcos. Ele fizera de Berenice sua confidente, passando longo tempo desabafando sua dor pela separação de Dorinha.

— Por que a vida fez isso conosco, Berenice? Tínhamos tudo para construir uma família, sermos felizes ao lado de nossos filhos. Entretanto, Deus a levou tão cedo, e eu me encontro só, sofrendo a dor da saudade— dizia sempre.

Com paciência, Berenice tentava consolá-lo:

— Marcos, todos os acontecimentos marcantes de nossa existência estão ligados a uma causa justa, a um aprendizado relacionado à imprudência do passado. Portanto, não devemos amaldiçoar nada, porque na realidade não sabemos a importância da dor para nosso progresso espiritual. Se confiamos em Deus, devemos confiar nos Seus desígnios, saber que as leis divinas se cumprem sempre, independentemente do que queremos.

— Quem lhe disse essas coisas? — perguntava Marcos, interessado.

— Meus pais estudam a Doutrina Espírita, e eu vou aprendendo com eles. Sei muito pouco, mas procuro seguir os ensinamentos. Algum motivo deve haver que impediu a sua união com Dorinha.

— Explique-se melhor.

— Marcos, você acredita em reencarnação?

— Apesar de não saber quase nada a respeito, acredito sim, Berenice.

— Pois então, a cada volta à Terra em uma nova encarnação vamos saldando dívidas contraídas no passado. Quebramos algemas e construímos outras, reescrevendo, assim, nova história. Essa é a oportunidade concedida pelo Criador de nos renovarmos pelo do progresso espiritual.

— Você quer dizer que vamos resgatando nosso passado pela reencarnação, é isso?

— Sim, Marcos, é isso.

A cada diálogo mantido com Berenice, Marcos sentia-se mais esperançoso, com mais vontade de viver e de ser feliz. Catarina presenciava o desenrolar da amizade entre sua irmã e Marcos e, cada vez mais forte, via afastar-se qualquer possibilidade de envolvimento com ele. *Marcos jamais será meu*, dizia a si mesma, *mas nada farei para impedir o que tiver de acontecer entre os dois. Sei que mais cedo ou mais tarde eles irão se encontrar de verdade. Quem chegar na minha vida terá de vir por vontade própria, por amor, nunca por planos que não trazem felicidade para ninguém.*

O tempo se encarregou de colocar todas as coisas em seus devidos lugares. Marcos e Berenice, cada vez mais próximos, descobriram que o sentimento que os unia ia além de simples amizade. O amor desabrochou majestoso em seus corações, trazendo felicidade aos pais de ambos, que aprovavam com satisfação seu relacionamento.

Artur e Laura, cada dia mais, se preocupavam com Jonas, que, imprudente, se afundava mais e mais nas drogas, perdendo todo o equilíbrio e a noção do abismo em que se afundava. O respeito por seus pais deixara de existir, e o único pensamento que alimentava era a aquisição de drogas para satisfazer seu vício.

Nada que Artur e Laura se propuseram fazer deu o resultado esperado, e ambos sofriam vendo o filho se perder em um caminho sem volta.

— Jonas já está em casa? — perguntou Artur à sua esposa assim que entrou.

Com o semblante triste e preocupado, Laura respondeu:

— Não, ainda não voltou desde ontem. Não sei onde está, nem onde procurar. Enfim, só nos resta aguardar, como sempre fazemos.

Desanimado, Artur se deixou cair em uma poltrona, cobrindo o rosto com as mãos para esconder da esposa as lágrimas que derramava, que passaram a ser uma constante. Laura, entendendo a aflição e a dor do marido, abraçou-o, procurando conferir-lhe ânimo.

— Não fique assim, querido. Precisamos nos proteger para suportar esse momento de tanto sofrimento. Fazemos tudo o que está ao nosso alcance, tudo o que os profissionais da área nos orientam, mas tudo se torna em vão. As drogas estão nos vencendo dia a dia, e não sabemos mais o que fazer. Infelizmente, a escolha de Jonas foi a pior, e a volta cada vez se torna mais difícil.

— Tem razão. — Artur a estreitou. — Essa é a dor que vamos ter de amargar, e só Deus sabe até quando. Sinto-me impotente diante desse monstro, sem saber o que fazer, esperando sempre pelo pior. Sinto-me morrer a cada instante.

— Não diga isso, meu bem. Você sempre foi o mais forte de nós dois, não fraqueje agora. Não vamos perder a fé, porque, se assim o fizermos, o desespero irá nos atingir, com certeza.

— Você tem razão, Laura, vamos enfrentar essa turbulência de pé!

Distraíram-se com a aproximação de Catarina.

— Posso saber por que estão com essa fisionomia de tristeza?

— Olá, filha — respondeu Laura. — Não estamos tristes, apenas um pouco cansados.

— E o cansaço embaça os olhos com essas lágrimas, mãe?

— Catarina, por favor, nós também temos o direito de estar mais sensíveis.

— Sei disso, pai, mas eu sofro quando os vejo assim. Aconteceu alguma coisa? Ah, já sei! Jonas aprontou mais uma das suas. Na certa, ainda não voltou para casa, acertei?

— Acertou, filha, acertou sim — afirmou Artur.

— Estamos preocupados com sua demora — completou Laura.

— Acho que vocês não devem se preocupar tanto com ele. Afinal, meu irmão escolheu a maneira que quer viver, e dificilmente vocês o convencerão do contrário. Pelo menos enquanto ele andar com essa turma da pesada.

Surpresos, Artur e Laura perguntaram à filha:

— O que você sabe que nós desconhecemos, Catarina?

— Nada de mais pai, apenas que ele está andando com a turma de Jeff. O senhor sabe quem é, não sabe?

— Sim, sei quem é. Mas esse Jeff é o maior traficante aqui das redondezas. O que Jonas está fazendo acompanhando um sujeito como ele?

Catarina ficou constrangida. Não sabia se devia ou não contar aos pais o que Jonas estava fazendo ao lado de tão mau elemento. Artur percebeu que a filha escondia algo que eles ignoravam. Insistiu:

— Filha, se sabe de alguma coisa é melhor nos dizer, temos o direito de saber.

— Não quero magoá-los, pai.

— Não podemos nos magoar mais do que já estamos, portanto, conte-nos tudo o que sabe.

Embora um pouco indecisa, Catarina acabou por revelar:

— Jonas está trabalhando para ele.

Transtornado, Artur repetiu:

— Jonas está o quê?!

— Trabalhando para Jeff.

— Trabalhando em que, Catarina? A única coisa que aquele rapaz faz é traficar drogas... — E Artur compreendeu.

— Pelo amor de Deus, você não está dizendo que meu filho está traficando para esse tal de Jeff, está?!

— Sinto muito, pai, mas é isso mesmo.

— Não é possível... Não é possível! — exclamava Artur, sem parar. — Por que ele foi se meter com esse tipo, ficou louco?!

— Pai, tanto o senhor quanto mamãe sabem que Jonas é um dependente químico em um estado avançado, que não tem mais nenhum controle sobre si mesmo. Ele precisa manter seu fornecimento, e trabalhar para Jeff foi o jeito que encontrou para sustentar seu vício. Jonas faz a entrega das encomendas e recebe de graça o que consome.

— Mas isso é traficar! Meu filho se tornou um traficante!

— Precisamos tirá-lo de lá. — Laura chorava.

— Mãe, acho que vai ser difícil. Eu soube que quem entra jamais consegue sair com vida; essa turma não é de brincadeira.

— O que vamos fazer, Artur, como salvar nosso filho?!

— Não sei, Laura, realmente não sei o que fazer. O que sei é que nos enganamos por ocasião de sua prisão, lembra?

— Como poderia esquecer ? Aquela situação marcou-me profundamente.

Catarina aproximou-se dos pais e os abraçou.

— Sei o quanto estão sofrendo e lamento muito um dia tê-los feito sofrer também por conta da minha irresponsabilidade, imprudência e orgulho desmedido. Quero mais uma vez pedir-lhes perdão, e que saibam que aprendi a lição e me esforço para ser a filha que vocês merecem.

Artur se comoveu.

— Fique tranquila, minha filha, isso já passou. Felizmente você mesma conseguiu perceber a inutilidade de seus atos. Eu e sua mãe não temos nenhuma mágoa; ao contrário, sentimo-nos felizes por verificar o seu aprendizado, a sua evolução como criatura de Deus. Admiramos seu esforço em administrar o seu sentimento para não interferir na felicidade de sua irmã.

Assustada, Catarina indagou:

— O que está querendo dizer, pai?

Foi Laura quem, com carinho imenso pela filha, respondeu:

— Querida, sabemos que você é apaixonada por Marcos, está escrito em seus olhos. Mas confiamos no seu esforço para superar esse sentimento; isso prova o quanto se transformou internamente.

Com os olhos marejados, Catarina afirmou:

— Mãe, confie em mim, jamais farei nada para atrapalhar a felicidade de Berenice!

— Acreditamos nisso, minha filha. Hoje sabemos que é capaz de atitudes generosas, que aprendeu a respeitar as pessoas e passou a compreender que existem situações que não podemos mudar e que nem tudo acontece a nosso favor. Sentimentos não se impõem, eles acontecem naturalmente. Sei que você irá encontrar alguém que fará seu coração bater mais forte e será feliz também. É preciso dar tempo ao tempo. Você é ainda muito nova, tem uma vida inteira pela frente.

— Hoje eu sei disso, mãe!

Passados alguns instantes, Catarina voltou a dizer:

— Comigo acontece uma coisa que não sei bem definir...

— Diga-nos o que é — pediu Artur —, quem sabe podemos ajudá-la.

— Às vezes, quando olho para Marcos, tenho a sensação de que ele nunca se ligaria a mim. É como se ele quisesse manter uma distância, não sei bem explicar, é uma sensação estranha.

— Talvez seja impressão sua, filha. Sempre o vi tratá-la muito bem, com cortesia.

— Exatamente, pai, com muita cortesia, como se quisesse me dizer: cortesia é só o que posso lhe dar.

— Não sofra com isso. Um dia as coisas mudarão. Pode ser que ele ainda não tenha esquecido sua participação no episódio que envolveu Dorinha; mas tudo passa.

— É verdade — confirmou Laura. — Os dias vão passando e tudo voltará ao seu lugar. A pessoa que estiver destinada a fazê-la feliz irá aparecer no momento certo, e você irá reconhecê-la.

Catarina, feliz, beijou os pais com carinho.

— Eu amo muito vocês!

— Nós também a amamos muito, filha!

Assim que Catarina se ausentou, Artur e Laura se abraçaram.

— Tudo se acomoda — Laura. — Só Jonas não consegue voltar para nós.

— Precisamos manter a calma, meu amor, confiar em Deus e fazer tudo o que estiver ao nosso alcance. Deus poderia viver em qualquer ponto do Universo, mas escolheu nosso coração como moradia, e isso significa que, quando abrimos as portas de nós mesmos, permitimos que nosso coração sinta o perfume das flores que Ele nos envia a cada novo amanhecer. Dar-nos conta disso é encontrar força para superar nossas aflições. Muitas vezes enfraquecemos nossa fé e nos deixamos cair na melancolia, mas é preciso lutar contra as nossas tendências de autocompaixão.

Encantada, Laura disse ao marido:

— Que palavras lindas, meu amor! Você me faz muito bem, admiro sua capacidade de se superar.

— Isso não quer dizer que eu também não caia muitas vezes no desânimo, você bem o sabe. Mas a lembrança do que acredito logo vem em meu socorro através de você, que sempre foi e sempre será minha companheira.

Tornaram a se abraçar, demonstrando todo o amor e carinho que sentiam um pelo outro. Sabiam que juntos conseguiriam passar pelos espinhos que previam estar por vir.

"Deus é bondade suprema, e terá misericórdia de todos os Seus filhos. Mas Ele nos dá a liberdade de querer ou não essa misericórdia. Quando clamamos por Ele com sinceridade absoluta, o Seu auxílio vem de imediato, de uma forma ou de outra. Nenhum de nós será abandonado, mas seremos respeitados no nosso desejo, mesmo que o que queiramos seja contra nós mesmos." (Irmão Ivo)

CAPÍTULO

XX

Voltando para casa

Jonas continuava com sua imprudência e leviandade. Perdera completamente a noção de respeito e consideração por seus pais, que a cada dia amargavam mais e mais a dor de ver o filho se afundando no lamaçal da inconsequência. Passava dias sem voltar para casa, entregue ao delírio das drogas. Destruía, dia após dia, sua dignidade e integração física. Sua demência por conta das drogas chegara a um ponto de nem se lembrar da família, ou mesmo se tinha um lar para voltar.

Laura e Artur seguravam-se na fé inabalável pelo Criador e suplicavam auxílio para suportar tamanho sofrimento.

Certo dia, Artur recebeu um telefonema de Fausto, que, constrangido, disse-lhe:

— Meu amigo, sofro em lhe dar essa notícia, mas acabei de ver Jonas caído na rua em frente a uma casa noturna. Imagino que deve ter passado toda a noite nessa situação. Aproximei-me dele e percebi que estava desacordado, possivelmente por conta de sua dependência química.

Nesse momento, Fausto ouviu a voz sofrida do amigo:

— Pelo amor de Deus, Fausto, diga-me o lugar, preciso ir imediatamente resgatá-lo!

— Calma. Tomei a liberdade de chamar um resgate, e Jonas foi levado para o pronto-socorro municipal. Agi assim por imaginar que, quanto mais cedo fosse feito o atendimento, melhor seria para sua recuperação. Espero que você entenda.

— Lógico que entendo, e agradeço por seu interesse, Fausto. Mas diga-me exatamente o local para onde o levaram, irei neste instante.

— Façamos o seguinte, Artur: passo aí dentro de cinco minutos e iremos juntos. Não quero deixá-lo sozinho neste momento.

Sem nenhuma reação, Artur aceitou o oferecimento de Fausto.

— Estou aguardando.

— Só mais uma coisa, Artur.

— Diga!

— É melhor não levar Laura. Vejamos primeiro como ele está. É melhor poupá-la, por enquanto.

— Está certo. Mas vou prepará-la emocionalmente para o que está acontecendo.

— Faça isso.

Assim que se despediu do amigo, Artur foi ao encontro da esposa.

— Então, querido, quem era ao telefone? — Laura, com um mau pressentimento, sentia um aperto no coração.

— Era Fausto — respondeu Artur, buscando coragem para falar com a esposa.

— E o que ele queria, algum problema?

— Laura, aconteceu uma coisa triste com nosso filho.

O passado ainda vive 307

Sobressaltada, Laura indagou, aflita:

— Jonas? O que aconteceu com ele, Artur?!

Abalado, Artur a colocou ciente de tudo. Com lágrimas nos olhos, Laura pediu:

— Deixe-me ir com você. Quero ver meu filho.

— É melhor você não ir agora, meu amor. Irei com Fausto, tomarei as providências necessárias, inclusive de transferi-lo para uma hospital particular, e assim que tudo estiver resolvido virei buscá-la.

Envolvida pela dor, Laura concordou:

— Está bem, será como você quiser. Ficarei orando por ele, pedindo ao Pai que o ampare.

— Faça isso, meu bem, e tente manter a calma.

— Farei o possível.

Assim que Artur e Fausto chegaram ao ambulatório municipal, foram encaminhados para a enfermaria, onde Jonas recebia os primeiros cuidados médicos. Permanecia desacordado, ostentando uma fisionomia sofrida, quase cadavérica.

— Como ele está, doutor? — perguntou Artur, aflito.

— O senhor é parente do rapaz?

— Sou o pai — respondeu Artur, com um fio de voz.

— Não vou mentir, nem iludi lo. O estado dele é grave; diria mesmo gravíssimo. Jonas está em coma por conta de uma *overdose*. Temos muito pouco a fazer.

Quase em estado de choque, Artur voltou a indagar:

— O que, na verdade, o senhor está querendo dizer, doutor?

— Que o quadro está evoluindo para o óbito. Sinto muito, senhor, mas não há mais o que fazer.

— Gostaria de transferi-lo para um hospital particular, é possível?

— Sinceramente considero inútil. É muito provável que ele nem chegue ao destino. Registramos falência em seus órgãos vitais. Lamento dizer isso, sei o quanto o senhor deve estar sofrendo, mas não posso criar ilusões. Tudo é uma questão de muito pouco tempo.

— Posso ficar ao seu lado?

— Claro, esteja à vontade.

Artur se sentou próximo do filho, e, segurando suas mãos tão brancas, acariciou-as, dizendo com voz entrecortada pela dor avassaladora:

— Filho querido, anos atrás sua mãe e eu recebemos você em nossos braços agradecidos por tamanha bênção. Vimos você aprender a andar, a falar, a se tornar um jovem saudável que nos fazia feliz. Por motivos que desconhecemos, você fez escolhas equivocadas, enganou-se no decorrer dos anos. Mas, acredite, nunca deixamos de amá-lo. Agora, está próximo o momento do seu retorno, e, da mesma maneira que nossos braços se abriram para acolhê-lo, eles se abrem para entregá-lo ao nosso Pai, porque confiamos na misericórdia divina. As leis se cumprem, e conosco não será diferente. A dor é cruel, a saudade será imensa, mas a certeza da bondade de Deus nos faz suportar a separação. Estaremos orando por sua recuperação na espiritualidade, pelo seu entendimento da verdade, para que seu coração se abra e se entregue a Jesus com confiança. Que seu arrependimento pelas leviandades cometidas seja sincero, e você possa receber o auxílio divino. Não tenha medo, traga Jesus para dentro de si, peça ajuda e misericórdia com

O passado ainda vive

sinceridade e arrependimento. Que a luz do divino Mestre se faça em você. Não vamos questionar os porquês, pois sabemos que todos os sofrimentos são apenas consequências de nossos erros. Acreditamos na justiça divina e sabemos que tudo um dia termina, pois nenhum sofrimento dura eternamente. Queira a evolução, seja humilde e aceite as consequências de seus enganos. No momento certo, o seu progresso espiritual se fará presente.

Artur se levantou e depositou um beijo na face de Jonas.

Nesse momento, Jonas exalou um longo suspiro e partiu do mundo físico, deixando atrás de si marcas de dor no coração de seus pais.

A despedida de Jonas foi marcada pela tristeza e por lágrimas nos corações de seus familiares. Artur e Laura, fitando aquele rosto quase desfigurado do filho querido, apoiavam-se nas palavras que várias vezes ouviram na casa espírita que frequentavam: sofrimento com Jesus é sofrimento equilibrado. Em nenhum momento questionaram a razão de serem alvo de tanta tristeza; confiavam na justiça e na bondade do Criador, sabiam que para as leis divinas não existem dois pesos e duas medidas e que cada criatura escreve a própria história. Quantas vezes ouviram o orientador espiritual dizer que a dor nunca é origem, mas sim consequência? E naquele momento todos os envolvidos sofriam a consequência de erros do pretérito.

Fausto e Zuleica permaneceram presentes durante todo o tempo, ao lado dos amigos. Zuleica, reconhecendo sua imprudência, redimira-se pelo pedido de perdão por sua leviandade e se conscientizara de que nenhum de nós tem o direito de interferir no livre-arbítrio de ninguém. Sentia-se feliz com o relacionamento de seu filho com Berenice e fazia planos para o casamento dos dois jovens.

Chegado o instante de o corpo ser levado, o orientador espiritual proferiu singela oração:

— "Senhor, como crianças que somos perante Vós, acomodamos nosso espírito no Vosso amor e respeitamos Vosso desígnio. A separação se faz, e a sabemos necessária para o progresso espiritual de cada um. Aqueça, Senhor, o coração daqueles que ficam e receba em Vosso reino quem partiu; dai a um e a outro a capacidade de amar sem ter medo de sofrer... E sofrer sem nunca deixar de amar, pois apenas o sentimento do amor pode nos elevar à condição de criaturas de Deus. Que a Vossa misericórdia se faça presente nos olhos que não conseguiram enxergar Vossa luz, e nos ouvidos incapacitados de ouvir Vossas palavras, para que eles possam ressurgir para a verdade da vida. Glória a Vós, Senhor, nas alturas, e paz na Terra aos homens de boa vontade".

As palavras emocionadas daquele homem simples, que dedicava sua vida ao trabalho edificante alicerçado na Doutrina Espírita, provocou lágrimas nos olhos de todos os presentes. Artur, aproximando-se, disse-lhe:

— Obrigado, meu irmão. Que Deus conserve seu coração na generosidade que lhe é peculiar.

O orientador olhou-o, agradecido, e respondeu:

— Confie no Divino Amigo. Ele não desampara aqueles que O abrigam em seu coração.

Consumado o sepultamento, Laura e Artur retornaram ao lar, acompanhados de Catarina, Berenice e Marcos, que lhes davam toda a assistência necessária nesse momento tão difícil.

— Doutor Artur, conte comigo em tudo o que precisar. Seja para o que for, estarei ao seu dispor.

— Obrigado, Marcos. Somos muito gratos a você e a seus pais. Se me derem licença, vou para o meu quarto descansar um pouco. Você me acompanha, Laura?

— Claro. — E, segurando a mão do marido, acompanhou-o.

Assim que entraram no aposento, abraçaram-se e choraram, deixando que as lágrimas aliviassem sua angústia.

Encerrava-se, assim, um ciclo na vida de ambos e iniciava-se o ciclo da superação e do aprendizado.

Passaram-se quatro meses.

Artur e Laura se esforçavam para não permitir que a tristeza fosse hóspede constante em sua casa. Sofriam pela ausência do filho, a saudade machucava-lhes o coração, mas sabiam que era preciso deixar que o sol da esperança novamente aquecesse seu lar. Assim, confiando na bênção divina, faziam o possível para não privar Catarina e Berenice do amor e da atenção a que tinham direito. Aos poucos, a rotina foi se instalando e o sorriso voltou a brilhar no rosto de todos.

"Os homens que caem no desespero sempre que a vida lhes diz 'não' são aqueles que se esquecem de se entregar ao amor de Deus; assim agindo, afundam na autocompaixão, sentindo-se vítimas do destino, porque se julgam inocentes, esquecendo-se de que cada um escreve sua própria historia. A fé e a oração são o melhor antídoto para o sofrimento, porque descortinam para aquele que experimenta a dor da separação a certeza da vida no horizonte infinito; desesperar é duvidar da bondade de Deus." (Irmão Ivo)

Alguns meses se passaram.

Certa tarde, Laura e Catarina conversavam na varanda da casa, apreciando o pôr do sol, quando foram interrompidas pela voz eufórica de Berenice:

— Mãe! Mãe! Onde a senhora está?

— Aqui, filha, na varanda com Catarina.

Ao ver Berenice entrar demonstrando tanta alegria, Laura perguntou, sorrindo:

— O que aconteceu para deixá-la assim tão feliz, querida? Viu um passarinho verde? — brincou.

— Vou ver se adivinho — falou Catarina. Ganhou algum prêmio!

— Isso mesmo: o melhor e mais importante prêmio da minha vida!

— Podemos saber que maravilha é essa?

— Mãe, Marcos me pediu em casamento e eu aceitei!

Catarina se sobressaltou. Tudo o que ela dissera a Laura tempos atrás a respeito do seu aprendizado desapareceu de sua mente, dando lugar, mais uma vez, à inveja e ao orgulho ferido. Laura notou sua transformação, que passou despercebida para Berenice, que, no auge de sua alegria, nada notou.

— Que ótima notícia, minha filha!

— Obrigada, mãe. Amo tanto Marcos! Ele quer vir falar com a senhora e papai. Posso marcar o dia?

— Calma, vamos primeiro dar a notícia a seu pai.

— Será que papai permitirá que ele venha, mãe? — perguntou Berenice, aflita.

— Fique tranquila, lógico que vai permitir. Marcos é um ótimo rapaz, tem caráter, educação. Vocês já namoram há algum tempo, e nós fazemos muito gosto nessa união.

Berenice beijou a mãe.

— Obrigada, mãezinha, estou muito feliz, nem posso dizer o quanto.

— Não precisa, querida, basta olhar para seus olhos para ver como brilham.

— E você, minha irmã, não me diz nada?

— Claro... Quero que seja muito feliz, Berenice, você merece. — E se afastou, indo para seu quarto, onde deixou que as lágrimas que tentava evitar caíssem em abundância. — Meu Deus, quem sou eu?! Não é possível que volte a sentir tudo de novo. O que tenho de fazer para extirpar de uma vez esse sentimento de inveja e de orgulho ferido que invade meu coração quando menos espero? Que personalidade indomável é essa que me impede de vencer a mim mesma? Por que essa necessidade de estar sempre à frente da felicidade dos outros?

Hortência e Tomás se aproximaram, emitindo energia salutar, e foram, aos poucos, conseguindo fazer com que Catarina se acalmasse.

— Por que Catarina sempre volta para a mesma imprudência, Hortência, sempre cai no mesmo engano?

— Porque essa questão vem de muitas encarnações, Tomás, e ainda não foi devidamente resolvida. Ao receber a bênção da reencarnação, Catarina quer sempre retornar à mesma situação que a empurra ao erro, por julgar-se apta a enfrentar novamente a avalanche do orgulho gerado na beleza e na posição social, teima em não ouvir os conselhos dos orientadores espirituais, e por conta de sua teimosia, sempre retorna trazendo saldo negativo.

— Pode falar sobre isso?

— Sem dúvida. Você, assim como eu, também é responsável pelo equilíbrio de Catarina. Desse modo, quanto mais souber a seu respeito mais terá condições de ajudá-la.

Hortência iniciou seu relato:

— Tudo começou no século dezessete. Catarina pertencia a uma abastada família, dona de uma fortuna incalculável e beleza invejável. Seus desejos, a mando de seus pais, eram todos satisfeitos, sem nenhuma contestação e com rapidez. Assim, cresceu julgando-se superior, e acostumou-se a mandar e a ser obedecida por todos que viviam à sua volta. Nunca aprendeu a amar de verdade. Seus namorados eram descartados sempre que se sentia cansada de sua companhia, colocando outros no lugar do preterido. Brincava com os sentimentos alheios, divertindo-se com a humilhação que os fazia passar.

"Certa ocasião, apaixonou-se por Pedro, filho de um rico fazendeiro amigo de seu pai, que por sua vez amava loucamente Magda, a filha de um colono que trabalhava na fazenda. Catarina tentou de diversas maneiras atraí-lo para si, o que não conseguiu. Acostumada a vencer sempre, não se conformou em perder o homem que amava para uma simples colona; e pediu a seu pai que a ajudasse a acabar com aquele envolvimento, destruindo, de alguma forma, o amor que o jovem sentia por aquela pobre moça. O plano foi armado, e

O *passado ainda vive*

315

Pedro, apaixonado, seguindo o conselho de seu pai, que já fora alertado pelo pai de Catarina, foi até uma casa de vida fácil que ficava em uma encosta da cidade. Lá chegando, encontrou a amada deitada seminua em uma cama, tendo ao lado dois homens que também se entregavam ao sono.

"Atordoado e desesperado, Pedro perguntou à dona do prostíbulo:

" — Essa moça vem sempre aqui?

" — Claro, é uma de nossas meninas. Seu nome é Magda! — exclamou, sarcástica, cumprindo as ordens recebidas.

"Sem querer ouvir mais nada, Pedro saiu em disparada, como um louco, sem entender direito o que acontecia.

"Catarina conseguira, mais uma vez, realizar seu desejo de uma maneira inconsequente e leviana. Seu orgulho e sua presunção mais uma vez falaram mais alto, e davam início a uma série de inconsequências."

— Ela conseguiu ficar com Pedro? — Tomás quis saber.

— Com mentiras e dissimulações, conseguiu envolver Pedro, que caíra no abatimento pela perda da mulher amada, a ponto de levá-lo ao altar. Os primeiros meses foram de euforia por parte de Catarina, que tratava o marido com gentileza, mas sempre obrigando-o a contentá-la; na realidade, o que importava a ela era sua própria felicidade, eram seus desejos satisfeitos. O tempo passou, e um dia Pedro, saindo de uma casa de ferragens, encontrou a mulher que comandava a casa onde Magda fora encontrada. Arrependida, esta contou-lhe a realidade da situação.

" — A senhora está me dizendo que tudo foi uma armadilha, que minha namorada era inocente, é isso?!

"— Sim, é isso. Ela foi levada para lá dopada, inconsciente. Foi tudo preparado para você ver o que viu. Só aceitei compartilhar desse plano sórdido porque fui muito bem paga.

"— Pode me dizer quem planejou tudo isso?

"— A mentora do plano está hoje casada com o senhor, e foi seu pai quem preparou tudo.

"Pedro sentiu-se desfalecer de tanta dor. Sem nada dizer, dirigiu-se apressadamente para sua residência. Sem dar uma palavra com Catarina, arrumou seus pertences e, antes que ela dissesse qualquer coisa, deu-lhe uma bofetada no rosto, jogando-a ao chão.

"— O que é isso, Pedro? Por que está agindo assim tão agressivamente comigo, o que foi que eu lhe fiz?!

"— Você deve saber melhor do que eu o que fez. Vou odiá-la pelo resto da minha vida! Você conseguiu se casar comigo, mas nunca teve o meu amor e nunca o terá, nem nesta vida e nem na outra! — E saiu de vez da vida de Catarina, deixando-a envolta em lágrimas."

— Como era seu nome nessa encarnação?

— Manuela. Veja, Tomás, na encarnação passada como Constância ela agiu da mesma maneira, separando de novo Pedro de Magda, a mulher que amava.

— Como assim, o que está dizendo?

— Paulo era Pedro, e Lucila era Magda, sua amada de outrora. Constância os separou usando do mesmo artifício sórdido. O triângulo se formara, Tomás, e nesta encarnação todos voltaram a se encontrar.

— Quer dizer que Marcos é Paulo?

O passado ainda vive   317

— Sim. Dorinha era Lucila, e Catarina, Constância, que mais uma vez tentou separar os dois amantes. Veja a razão de Marcos nunca se aproximar de Catarina. Ele sente em seu íntimo uma repulsa que não sabe explicar.

— Estou perplexo. Até quando Catarina vai se arrastar nesse conflito?

— Até conseguir anular esse sentimento mesquinho que invade seu coração, e aprender que todos somos iguais aos olhos de Deus; ninguém pode interferir no livre-arbítrio do outro, o respeito é fundamental para quem almeja alcançar o progresso espiritual. Marcos e Dorinha romperam seus laços nesta encarnação, amaram-se e perdoaram-se mutuamente, cada um ficou livre para escrever outra história, e Marcos já encontrou aquela que prosseguirá ao seu lado rumo à sua evolução.

— Refere-se a Berenice?

— Sim. Eles se separaram por um longo período de tempo necessário, para que cada um buscasse seu caminho de evolução. Quitados os seus débitos, restaurado o equilíbrio, reencontram-se para, juntos, formarem um casal estruturado no amor, no respeito e na dignidade cristã. Aprenderam a perdoar e, pelo perdão, cortaram as amarras que os ligavam ao passado. Hoje serão felizes e farão felizes quantos se aproximarem deles, por meio da generosidade que lhes é peculiar.

— E quanto a Catarina?

— Ela precisará vivenciar outra situação, que não a atual, para aprender a ser humilde, aceitar que a diferença entre um ser e outro está nas questões morais, nos princípios éticos, na maneira como cada um se relaciona com o Criador e com

Suas leis. Terá de entender que posição social entre os homens só interessa aos homens, e não a Deus.

— Será que ela conseguirá ainda nesta existência física compreender isso, Hortência? Será capaz de fazer essa encarnação dar certo?

— Terá em abundância tudo de que necessita para aprender isso.

— O que quer dizer?

— Aprenderá isso pelo amor que sentirá por um rapaz humilde que se aproximará dela, e será nessa união que encontrará de verdade a felicidade, libertando-se do apego excessivo por Marcos, que já dura três encanações.

— Bendita seja a reencarnação!

— Sim, Tomás, a finalidade da reencarnação é o melhoramento progressivo da humanidade pela expiação e o resgate de seus erros. Aí está a justiça de Deus.

"O dogma da reencarnação se funda sobre a justiça de Deus e a revelação, pois não nos cansamos de repetir: um bom pai sempre deixa aos filhos uma porta aberta ao arrependimento.

"A doutrina da reencarnação, que consiste em admitir para o homem muitas existências sucessivas, é a única que corresponde à ideia da justiça de Deus com respeito aos homens de condição inferior; a única que pode explicar o nosso futuro e fundamentar as nossas esperanças, pois nos oferece o meio de resgatarmos os nossos erros em novas provas. A razão assim nos diz, e é o que os espíritos nos ensinam."

O Livro dos Espíritos — Segunda Parte — Capítulo IV, — Allan Kardec.

Catarina, sentindo-se mais calma, lavou o rosto e voltou para junto de sua mãe e irmã. Ao vê-la se aproximar, Berenice perguntou:

— O que houve, Catarina? Saiu tão depressa... Não gostou da notícia do meu casamento?

— Claro que gostei, Berenice. Fui apenas tomar um remédio para dor de cabeça, só isso. Estou muito feliz por você, pode acreditar.

— Lógico que acredito em você, minha irmã, por que mentiria?! — exclamou Berenice, exultante.

Laura, observando as duas filhas, pensava em como eram diferentes. Enquanto Berenice era sensata, amiga, generosa, Catarina era impulsiva, orgulhosa e dona de certo egoísmo. *Preciso conversar com Catarina. Sei que deve estar sofrendo com essa notícia do casamento de Marcos com Berenice, por ainda sentir alguma coisa por esse rapaz. Na primeira oportunidade, falarei a respeito com ela.*

Artur, ao tomar conhecimento do assunto, apoiou de imediato a união de sua filha com o filho de seu amigo.

— Terei prazer em recebê-lo, minha filha!

A aprovação do pai deixou Berenice feliz e confiante.

CAPÍTULO
XXI

O amor bate à porta

Os preparativos para o casamento de Berenice e Marcos seguiam enchendo a casa de Laura e Artur de alegria, que se nublava apenas com a lembrança de Jonas. Laura, não raro, deixava que a saudade tomasse espaço muito grande em seu coração e, apesar de tudo fazer para que Berenice não percebesse, a jovem sentia todo o esforço de sua mãe em disfarçar a angústia. O coração de Laura se oprimia sempre que todos se reuniam e, com intensa felicidade, comentavam sobre a festa preparada com esmero.

Meu Deus, Laura pensava, *por que será que tudo teve de ser desse jeito? Não consigo compreender qual foi o momento em que eu e Artur nos descuidamos e permitimos que se iniciasse todo o processo da dependência de Jonas. Hoje tudo poderia ser diferente, mas Vossa vontade, Senhor, foi diferente da nossa, e me curvo diante do Vosso desígnio.*

Nessas horas, lembrava-se das sábias palavras do orientador espiritual do centro que frequentavam: "Devemos nos esforçar para estar acima de nós mesmos, vencendo nossas paixões inferiores e corrigindo, com sabedoria, os defeitos que poderão levar à perdição de nossa alma".

Laura tinha consciência de que Jonas fora fraco, deixara-se envolver pelo vício em busca do que achamos somente dentro de nós mesmo, ou seja, a paz. Não adianta tentar fugir da realidade nas viagens vãs, nocivas e que nos afundam no sofrimento, levando conosco nossos pais e todos aqueles que de nós se aproximam. Nossa alma é nosso refúgio, as leis divinas são a bússola a nos direcionar para o caminho seguro; compreender isso é se preparar para a verdadeira felicidade. A vida é um bem precioso; é prudente não desperdiçarmos essa oportunidade concedida por Deus, nosso Criador. Devemos, sim, aproveitar cada momento, cada minuto para o aprendizado do bem, para o exercício do amor fraternal, pois somente esse sentimento tem o poder de transformar o homem.

Laura foi interrompida por Catarina:

— Mãe! Posso falar um instante com a senhora?

Quando Laura se virou, Catarina percebeu seus olhos marejados.

— Está chorando, mãe? O que foi?

— Nada, filha, apenas emoção pelo casamento de sua irmã e saudade de seu irmão. Isso vai passar!

Catarina a abraçou, dizendo:

— Não fique assim. Jonas deve estar bem. Aproveite esse momento de felicidade de Berenice, dê uma trégua para seu coração.

Laura passou as mãos sobre o rosto e, recompondo-se, disse a Catarina:

— Já passou. Foi só um instante de melancolia, mas já passou — repetiu.

Catarina tornou a abraçá-la.

— Mãe, trago uma surpresa para a senhora.

— O que é, filha?

— Quero que preste muita atenção e prometa que não vai se desesperar, que ficará calma e sentirá que foi uma bênção de Deus eu achar isso depois de tantos meses.

— Por favor, Catarina, fale!

— Mãe, logo após a morte de Jonas, a senhora não conseguia mexer nas coisas dele. Em razão disso, guardou caixas que não foram abertas e não permitiu que ninguém mexesse. Hoje, não me pergunte por quê, senti vontade de olhar seus pertences, que permaneceram intactos todo esse tempo. Veja só o que achei! — E Catarina mostrou a Laura uma folha de papel.

— O que é isso? — Laura sentia seu coração bater mais forte.

— É uma carta de Jonas para a senhora e papai.

— O que diz? Não brinque com nossos sentimentos!

— Mãe! Jamais faria isso. É mesmo uma carta de Jonas, que ele deve ter escrito em seus momentos de lucidez e, por algum motivo que desconhecemos, não teve coragem de entregar.

Nesse momento, Artur e Berenice chegaram juntos, sorrindo, e se surpreenderam com a expressão de sofrimento de Laura. Preocupado, Artur indagou à esposa o que estava acontecendo. Catarina colocou seu pai e Berenice cientes de tudo.

— Por favor, minha filha, leia para nós essa carta! — pediu Artur, ansioso.

— O senhor não prefere ler?

— Não, prefiro que você leia em voz alta para todos nós ouvirmos.

— Tudo bem.

E Catarina iniciou a leitura:

"Pai, Mãe:

"Quisera ser para vocês o filho com que sonharam. Quisera dizer sempre para vocês, não só com palavras, mas com gestos de amor o que sempre representaram em minha vida. Vejo-os presentes em todas as situações da minha existência imperfeita, e não sei dizer qual delas foi a mais importante.

"Será que foi quando eu acordava febril e via a senhora, mãe, sentada à minha cabeceira velando-me como um anjo protetor? Ou foi em outro dia, quando o sorriso do meu pai misturou-se ao meu para comemorar a minha vitória? Ou será, ainda, que foi naquele outro, quando me fizeram voltar à razão?

Ah! Mãe, pai... foram tantas as vezes em que quis tanto ser o filho com que sonharam...

"O 'não' de vocês a corrigir soava aos meus ouvidos como uma provocação a disputar autoridade, mas, graças a tantas negativas, tornei-me alguém digno, que, infelizmente, em algum momento que não sei precisar, mudou o meu rumo.

"Vejo-os como seres especiais. Não como seres perfeitos, mas como pessoas que aprenderam a distribuir sentimentos de maneira equilibrada entre seus filhos, para que todos nós nos tornássemos gente de bem. Aprovavam-nos quando acertávamos, e reprova-vam-nos quando necessário. Pena que não sou como minhas irmãs!

"Hoje tenho vontade de levantar a voz para falar de amor para vocês, dizer o quanto eu os amo, o quanto sofro por não conseguir me livrar desse mal que me ator-menta. Mas não tenho forças para expulsá-lo de mim.

"Não sei se terei coragem de entregar-lhes este meu de-sabafo. Talvez não tenha. Mas um dia vocês saberão, de alguma forma, o quanto este filho os admira e os ama. Nessa ocasião, seja quando ou como for, sintam e escutem a minha voz trêmula e emocionada se tornar um eco, acalentar seus ouvidos e aquietar seus cora-ções, como um murmurar das águas borbulhantes de um riacho doce".

"Com amor,

Jonas".

Ao terminar de ler, todos derramavam lágrimas de emo-ção e saudade.

— Por que você foi mexer nas coisas dele, minha filha? O que a motivou a fazer isso, depois de tanto tempo?

— Na verdade não sei responder, pai. De repente senti um forte desejo de fazer isso. Não achando ser nada de erra-do, fui até o quarto, e com muita saudade remexi nos perten-ces que mamãe nunca quis e nem deixou algum de nós tocar. Quando li esta carta achei que vocês precisavam ler, foi só isso. Se fiz alguma coisa de que vocês não gostaram, peço que me desculpem.

— Você fez muito bem, querida. Graças a essa sua atitude tomamos conhecimento do que Jonas sentia e que conseguiu nos dizer.

Após um minuto de silêncio, Artur perguntou:

— Veja se ele colocou data nessa carta, Catarina.

— Colocou sim, pai. Meu Deus! — exclamou, surpresa.

— O que foi, minha filha?

— Pai, pela data que está aqui Jonas a escreveu uma semana antes de morrer.

Aflito, Artur pegou a mensagem das mãos de Catarina e conferiu se realmente era como a filha dizia.

— É verdade, Laura, uma semana antes de nos deixar!

Por muito tempo a quietude imperou entre eles. Ninguém tinha coragem de quebrar aquele momento mágico, que consideravam uma bênção divina: receber depois de tanto tempo essa consolação. Foi Laura quem disse a primeira palavra:

— Artur, Jonas nos amava e sofria pela própria situação que criara.

— De alguma forma ele pretendeu tirar de nós um possível sentimento de culpa.

— Pobre e querido filho... — Laura suspirou. — Que Jesus o ampare e lhe dê oportunidade de iniciar seu progresso espiritual.

— Que Jonas possa agora, onde estiver, receber nosso amor, aliviando seu espírito — completou Artur.

Com o coração ainda pulsando forte, atenderam ao chamado de Inês, que informou que o jantar estava servido.

"Nada acontece na nossa vida por um simples acaso. Quando confiamos na bondade de Deus e solicitamos auxílio para enfrentar nossas aflições, o auxílio vem de uma forma ou de outra. Mas nosso Criador não deixa seus filhos sem resposta quando seus pedidos são justificáveis e vão ao encontro dos planos divinos." (Irmão Ivo)

— Hortência, foi você quem inspirou Catarina a agir assim, não?

— Claro, Tomás. O fato de os pais de Jonas tomarem conhecimento dessa carta os tranquilizou. E mesmo com a saudade que os machuca, sentem-se agora mais felizes por saber que o filho os amava. Essa tranquilidade e o amor que sentem por Jonas emitem para o rapaz uma energia salutar, aliviando suas dores.

— Ele continua, ainda, nas zonas menos felizes?

— Sim.

— Até quando?

— Não sei, Tomás. Até Jesus considerar que realmente ele merece ser resgatado. E isso só depende de Jonas.

— É, eu sei!

"Não se deve esquecer que após a morte do corpo o espírito não é subitamente transformado. Se sua vida foi repreensível, é porque ele era imperfeito. Ora, a morte não o torna imediatamente perfeito. Ele pode persistir nos seus erros, nas suas falsas opiniões, em seus preconceitos até que seja esclarecido pelo estudo, pela reflexão e pelo sofrimento.

"O arrependimento auxilia a melhora do espírito, mas o passado deve ser expiado."

O Livro dos Espíritos — *Segunda Parte* — *Capítulo II* — perguntas 998 e 999 — Allan Kardec.

Os dias na casa de Laura seguiam agitados por conta dos preparativos do casamento de Marcos e Berenice, que já estava próximo. Tudo era feito com carinho por ambas as famílias, que se uniram mais em razão do arrependimento de Zuleica e do seu pedido de perdão. Por fim, a paz e o equilíbrio retornaram aos corações de todos, e a felicidade de Berenice era completa.

Apenas Laura percebia a nuvem de tristeza que não deixava os olhos de Catarina. *É chegada a hora de conversar com Catarina, não posso mais adiar. Sinto tristeza em seu olhar, ela está sofrendo.*

Certa tarde, estando Laura e Catarina sozinhas em casa, ocupadas em confeccionar as lembranças que Berenice iria oferecer aos convidados, Laura aproveitou o momento e disse à caçula:

— Catarina, percebo que você anda melancólica e muito quieta. Alguma coisa ou algum sentimento a incomoda? Podemos conversar sobre isso?

Meio constrangida, Catarina respondeu:

— Não ligue, mãe, é bobagem minha.

— Bobagem ou não, gostaria de saber para poder ajudá-la. Não precisa ter receio, minha filha, não vou julgá-la e muito menos condená-la. Quero apenas dialogar com você. Quem sabe não consigo ver novamente aquele belo sorriso em seu rosto?

Catarina disse, tímida:

— Não sei como começar... Acho constrangedor.

— Eu começo para você, posso?

— Sim.

— Não consegue tirar Marcos da cabeça. É isso?

— A senhora é muito perspicaz, mãe.

— Quero apenas que me diga com todas as letras se é o que estou pensando.

Com lágrimas descendo por suas faces, Catarina afirmou:

— Estou tentando, mas não consigo esquecê-lo. Não sei o que fazer. Sinto raiva de mim mesma, sou fraca, não sei trabalhar meus sentimentos!

Laura se sensibilizou diante da confissão da filha.

— Catarina, em primeiro lugar você precisa definir se o que sente é amor ou orgulho ferido em razão de ter sido preterida por ele. Nossos sentimentos tem de estar definidos para que possamos colocá-los em ordem dentro do nosso coração. Muitas vezes o que pensamos ser amor não passa de um apego excessivo, um desejo louco de provar a nós mesmos que somos capazes de atrair quem nós queremos. Desde muito jovem você alimenta uma atração por esse rapaz, mesmo sabendo que nunca foi correspondida. Quando ele ficou livre, após a morte de Dorinha, você tornou a alimentar a ilusão de que Marcos correria para seus braços. Entretanto, o que aconteceu foi que ele se apaixonou por sua irmã, o que me faz crer que estava na história de vida deles, pois nunca Berenice mostrou interesse por Marcos. As coisas aconteceram naturalmente, eles se apaixonaram, Catarina, não se pode negar isso. Nada no relacionamento foi forçado; algo os aproximou, e dessa aproximação nasceu um grande amor. Essa é a realidade, e devemos respeitar; não se pode ter tudo o que se quer, minha filha, ainda mais quando se relaciona a sentimentos.

Catarina ouvia tudo em silêncio. Compreendia que a mãe tinha razão, mas não sabia lidar com o sofrimento que a tomava ao ver o homem que amava se unindo à própria irmã.

— Sei que a senhora tem razão, mas não sei como agir, o que fazer com esse sentimento. Sinto-me perdida, não quero que eles percebam o que me vai no íntimo.

Abraçando a filha, Laura respondeu:

— Amorzinho, a única saída é você não alimentar mais esse amor que diz sentir. Vá, aos poucos, libertando seu coração e permita que novas emoções e sentimentos entrem nele, deixando-o livre para receber um sentimento de verdade, aquele que nos traz paz, equilíbrio e felicidade.

— É difícil, mãe, muito difícil.

— Pode ser, mas é necessário que se esforce para agir dessa maneira. Caso contrário, ficará presa nesse sofrimento, que irá amargar sua vida toda, impedindo-a de encontrar aquele que realmente está destinado a você.

— Não quero ninguém na minha vida. Se não posso ter quem quero, não me interesso por mais ninguém.

— Esse é o erro, Catarina. Dessa maneira você está se limitando a viver toda a sua existência sem conhecer, de verdade, o que é o amor; infeliz por viver só enquanto aquele que diz amar segue feliz sem saber que é o causador de sua solidão. Tome muito cuidado para não cair na autocompaixão, que irá fazê-la prisioneira de si mesma. Você não é vítima nessa história, porque, como nos ensina Joanna de Ângelis, se houvesse vítima ela seria um ser injustiçado, e Deus não comete injustiças. Portanto, minha filha, tudo está no lugar em que deve estar.

— Sei que a senhora tem razão, mas não consigo reagir.

— Você pode e deve reagir, para o seu próprio bem. A teimosia nem sempre é prudente. Deus nos deu várias possibilidades de sermos felizes, e a nossa tarefa é simplesmente descobrir o caminho certo para nós, aquele que devemos percorrer com valentia, descobrindo, na caminhada, onde nós nos encaixamos. É nesse caminho que encontramos nosso companheiro, aquele que, na verdade, está destinado a prosseguir conosco, indo de encontro à felicidade.

— Ao ouvir a senhora falando assim, tenho a impressão de que tudo é tão fácil! Mas a realidade é outra.

— Tudo se torna possível quando ninguém nos diz que é impossível, quando lutamos com as armas da verdade plena, sem subterfúgios ou armações, travando a batalha da vida com a dignidade que nos faz pessoas de bem. Alguém já disse que "para se ter algo que nunca se teve é preciso fazer algo que nunca se fez". Você espera viver um grande amor, mas, na realidade, nada faz para que isso aconteça; ao contrário, espera em vão que alguém que não sente o mesmo que você, que ama outra pessoa, se transforme, mude o rumo do seu coração passando a amá-la como sonha. Percebe como tudo está relacionado com a nossa disposição em ir em busca do que sonhamos sem deixar marcas de dor pelo caminho que percorremos? Marcos será sempre seu cunhado, seu amigo, se você o aceitar assim. É somente isso o que ele pode lhe oferecer.

Catarina se calou. Laura, notando o sofrimento da filha, voltou a dizer:

— Em que está pensando? Vamos deixar tudo bem claro: quero que seja tão feliz quanto sua irmã.

— Mãe, não sei o que fazer para tirar de mim esse amor. Não quero prejudicar Berenice. Por favor, acredite em mim! Apenas não sei administrar isso. O que devo fazer?!

O coração de Laura se encheu de carinho pela filha, que sabia estar sofrendo.

— Em primeiro lugar, tente não pensar, não alimente expectativas, deixe seu coração e seu pensamento livres para receberem outro personagem. Não impeça que isso aconteça. Acostume-se a ver Marcos apenas como um amigo. Mostre interesse por outras pessoas. Enfim, não se feche para o amor, porque, se você permitir, esse sentimento um dia irá acontecer na sua vida, verdadeiro e profundo; acredite que alguém deve estar à sua espera, e no momento certo irá aparecer. É preciso estar preparada para recebê-lo, para reconhecê-lo assim que chegar.

Em um impulso, Catarina se jogou no colo de Laura, encostando a cabeça em seu peito.

— Obrigada, mãe, por me compreender, por não me julgar. Vou me esforçar ao máximo para esquecer quem não me pertence e sei que jamais irá me pertencer.

— Isso mesmo, filha, peça a Jesus que lhe dê forças para lutar dignamente contra esse amor, que só lhe traz sofrimento. Tudo passa, e um dia estará como sua irmã: feliz ao lado de alguém que a ame. Esqueça o que disse no início de nossa conversa.

— E o que foi que eu disse?

— Que se Marcos não for seu, não vai querer mais ninguém ao seu lado. Não destrua sua vida dessa maneira. Em algum lugar, como já disse, alguém está à sua espera, e no momento adequado irá aparecer. Confie nisso.

— Está certo. Irei me esforçar para que tudo se resolva dentro de mim. Só quero que confie que nada farei para prejudicar Berenice e Marcos.

— Eu confio em você, filha! — Laura se levantou e fez Catarina se erguer. — Vamos voltar à nossa tarefa. O casamento está chegando.

— Certo, vamos fazer tudo bem bonito. Berenice merece o que há de melhor.

— Isso, filha, gostei de ouvir.

Sentindo o coração mais leve, Catarina acompanhou a mãe.

Os dias se passaram sem novidades. Faltava apenas uma semana para o casamento de Berenice e Marcos.

Laura, em dado momento, chamou Catarina:

— Filha, preciso ir até a floricultura confirmar o horário e ver se tudo está certo para a decoração.

— A senhora não quer que eu faça isso? Irei com prazer.

Laura concordou e deu-lhe um papel onde estava toda a descrição do que deveria ser feito.

— Berenice escolheu as flores com muito cuidado, não quer que aconteça nenhum contratempo.

— Pode deixar, mãe, vou ver tudo direitinho. — E saiu de casa, indo direto à floricultura.

— Posso ajudar? — perguntou Rafael, o responsável pela loja.

Catarina dirigiu-lhe um olhar displicente, sem dar-lhe muita atenção.

— Gostaria de falar com o dono, é o senhor?

O *passado ainda vive* 333

Com um sorriso cativante, Rafael afirmou:

— Infelizmente, não, sou apenas funcionário. Mas um dia terei minha própria loja.

— Ah...

— De todo modo, estou capacitado para resolver qualquer questão aqui. Pode dizer o que quer.

— Vim apenas confirmar a decoração do casamento de minha irmã.

— Qual nome dela?

Após dizer a Rafael de quem se tratava, este respondeu com educação:

— Sei quem é, lembro-me bem da sua irmã. Impressionou-me a alegria dos noivos, escolhendo as flores para a decoração.

— Ela veio com o noivo?

— Sim. Chamou-me a atenção, porque em geral a noiva vem sozinha ou com a mãe. Nesse caso, no entanto, vieram os dois. E, para ser franco, poucas vezes vi um casal tão entusiasmado e feliz.

Catarina pensou: *Minha mãe tem razão, minha chance com Marcos é zero.*

— Que bom. Eles estão mesmo muito felizes e merecem essa felicidade. São pessoas do bem, generosas e sempre prontas a auxiliar a quem precisa.

Rafael ousou dizer:

— Ela é uma moça muito bonita; mas, se me permite, diria que não tão bonita quanto a irmã.

Catarina se assustou com a audácia do rapaz.

— Posso saber por que esse elogio, se não nos conhecemos?

Com seu jeito cativante, Rafael respondeu:

— Mas podemos nos conhecer. Sou Rafael, e tenho muito prazer em conhecer a senhorita.

Um pouco constrangida, Catarina se apresentou:

— Meu nome é Catarina, e também tenho prazer em conhecê-lo.

— Agora que já nos conhecemos, posso voltar a dizer que a senhorita é realmente muito bonita.

— Obrigada. Você também é muito simpático.

Sem perceberem, começaram a conversar, descontraídos.

— Você mora aqui perto, Catarina?

— Sim, a quatro quarteirões daqui.

— Que bom!

— Por quê?

— Porque assim terei a chance de vê-la outras vezes.

Catarina sorriu, meio sem jeito.

— É bem possível que a gente se cruze por aí.

E pensou: *Que rapaz bonito e simpático!*

Passado algum tempo, Catarina se deu conta de que não havia feito o que viera fazer, ou seja, nada a respeito da decoração.

— Rafael, vamos agora ver o que me interessa. Quero saber se tudo está devidamente anotado e preparado para a decoração do casamento de minha irmã.

— Claro, claro... Vejamos... Ah! Está aqui. Flores brancas, laços nos bancos e tapete vermelho, é isso não?

— Deixe-me ver... Sim, é isso.

— Diga à sua irmã que pode ficar tranquila, tudo estará

do jeito que ela pediu. Sou eu mesmo que vou executar o trabalho, tenho muita prática, tudo ficará lindo.

— Espero que fique mesmo. Berenice está sonhando com tudo isso. Bem, preciso ir. Obrigada por sua gentileza.

— Espero que volte outras vezes.

— Quem sabe?

Ao se afastar, Catarina ia pensando: *Que rapaz interessante... E bem bonito.*

Por sua vez, Rafael suspirava. *Que moça linda! Gostaria de vê-la mais vezes.*

Assim que Catarina entrou em casa, encontrou com Berenice, que quis saber:

— Então, está tudo confirmado, sem problemas?

— Fique tranquila, tudo perfeito. No dia do casamento, logo pela manhã, Rafael irá para a igreja. Ele mesmo fará a decoração, que vai ficar muito bonita.

— Quem é Rafael, Catarina? — perguntou Laura.

— É o rapaz que trabalha na floricultura, mãe. Estivemos conversando algum tempo. Ele é bem simpático, muito educado e parece uma boa pessoa.

Laura e Berenice trocaram um olhar de cumplicidade.

— Que entusiasmo, minha irmã!

— Também estou achando — completou Laura.

— Podem parar com o que, tenho certeza, estão pensando!

— Mas não estamos pensando nada Catarina... — Berenice esboçava um sorriso nos lábios.

— Conheço você, Berenice, aposto que está pensando bobagem.

— Bobagem? Não, aliás, não estou pensando nada.

— Devem estar curiosas para saber se ele é o dono da floricultura. Vou logo dizendo que não é, não passa de um empregado; ou seja, um rapaz pobre.

— O que não o desmerece em nada.

— Vou repetir, mãe: não estou interessada nele e não vai surgir nenhum interesse, nem de minha parte, nem da parte dele. Agora, chega, vou para o meu quarto.

Assim que Catarina saiu, Berenice disse à mãe:

— Ela ficou nervosinha. Acho que o rapaz mexeu com ela.

— Também percebi. Mas conheço minha filha. A situação financeira dele vai impedir qualquer aproximação maior.

— Tem razão, mãe, esse é o problema de Catarina. Sempre coloca a posição social em primeiro lugar.

— Um dia ela aprende. A vida se encarrega de tudo, filha. O coração não se prende a nada; por isso, quando ele é tocado, só enxerga o que lhe interessa. Analisando a reação de Catarina, percebi que Rafael deu uma leve mexida nela.

— Coisa que ela não vai admitir.

— Tem razão, mas o tempo dirá. Catarina irá aprender que o essencial é invisível aos olhos. A vida nos liberta das coisas de uma forma ou de outra, e um dia todos nós acabamos aprendendo isso.

— Mãe, às vezes me pergunto a razão de encontrarmos tantos obstáculos na nossa existência. De repente, tudo se torna difícil, trabalhoso, e a luta, incessante. Por que tudo isso?

— Berenice, os obstáculos são necessários para que tenhamos êxito. Sem eles não aprendemos, não crescemos, não lutamos, e acabamos nos tornando medíocres. Com os obstáculos vencidos com dignidade e prudência, a satisfação da

O passado ainda vive

vitória se torna maior, porque é o resultado do nosso esforço pessoal, do nosso progresso. Na verdade, a única coisa que separa os que falharam dos que tiveram sucesso está na diferença de seus hábitos. Bons hábitos são a porta aberta para o sucesso, para o progresso espiritual, e os maus hábitos nos levam, com certeza, para o fracasso. Sendo assim, é prudente construir bons hábitos e ser fiel a eles.

— Nossa, mãe, a senhora fala coisas tão profundas! Admiro essa sua consciência, esse seu poder de superar e nunca desistir, lutando sempre para conquistar a paz e o equilíbrio. Onde a senhora aprende tudo isso?

— Ora, filha, ouvindo as pessoas, lendo bons livros, acreditando na força do amor universal, tendo fé de que tudo termina um dia, porque nenhum sofrimento dura para sempre; e principalmente prestando atenção nas orientações dos espíritos superiores, que com sua bondade querem nosso progresso espiritual. O conhecimento precisa ser colocado em prática; quando guardado na gaveta adquire um mofo que nem sempre conseguimos limpar.

— Mãe, tenho muito orgulho de ser sua filha e de papai. Vocês são, sem dúvida, os melhores pais do mundo!

— Obrigada, mas não exagere dando-nos méritos acima dos que possuímos. Tudo o que fazemos é por conta do grande amor que sentimos por vocês e da felicidade de ter os filhos maravilhosos que temos.

Diante do olhar inquisidor de Berenice, Laura completou:

— De Jonas também. Sua fraqueza não diminuiu, nem invalidou o amor que sentimos por ele.

Berenice abraçou a mãe e deu-lhe um beijo no rosto.

CAPÍTULO XXII

Sentimentos confusos

O dia do casamento de Berenice e Marcos amanheceu lindo; o céu, totalmente azul, permitia que se enxergasse com clareza o revoar dos pássaros cortando o infinito.

Berenice, abrindo as janelas de seu quarto, espreguiçou-se, e com sorriso nos lábios e felicidade no coração agradeceu ao Pai pelo momento que vivia.

— Obrigada, Senhor, por tudo o que recebo de Vós. Que meu coração jamais esqueça a bênção do dia de hoje. Que eu saiba promover a felicidade daquele que amo e que, assim como eu, também deseja passar seus dias ao meu lado, construindo uma família digna dentro da moral cristã.

Abrindo o chuveiro, permitiu que a água escorresse por seu corpo, dando-lhe a gostosa sensação de paz e frescor.

— Já se levantou, filha? Vim acordá-la pensando estar ainda no sétimo sono — brincou Laura.

— Mãe, vou lhe confessar uma coisa: não consegui dormir. Estou tão feliz que não consigo relaxar, tão grande é a minha ansiedade.

Laura sorriu.

— Isso é assim mesmo, Berenice, o casamento é a

realização de um sonho, do desejo de ser feliz com a pessoa que amamos. É natural que fique assim... vamos dizer... excitada.

Berenice enrolou-se na toalha e, com os cabelos soltos, abraçou sua mãe, molhando-lhe o rosto. Esta, afastando-a, reclamou em tom de brincadeira:

— Veja o que fez comigo, molhou-me toda!

— Ora, dona Laura, o que importa isso? Hoje vale tudo. Afinal é o dia do meu casamento, e sua filha está muito... muito feliz!

— Agora, arrume-se para tomar seu café. O dia está cheio de compromissos para você até a hora da cerimônia, precisa se alimentar direito.

— Já vou! — Berenice mal controlava a excitação.

Ao se virar para deixar o quarto da filha, Laura esbarrou em Catarina, que estava encostada na soleira da porta apenas observando.

— Filha, o que faz aí tão quietinha? Por que não se juntou a nós?

— Estava gostando de ver vocês duas. A alegria de Berenice chega a contagiar.

— Minha querida irmã! — Berenice pegou-a pela mão e a aconchegou junto ao peito em um terno abraço. A alegria que sinto hoje você também sentirá em breve.

— O que quer dizer, Berenice?

— Que tenho a impressão de que logo estará assim, tão feliz quanto eu.

— Engana-se, minha irmã, não tenho a intenção de me unir a ninguém; pelo menos por enquanto.

— Isso é o que você diz!

— Bem — Catarina mudou de assunto —, vim até aqui perguntar se você quer que eu vá até a igreja verificar como está a decoração, se as flores estão mesmo frescas, enfim, se tudo está em ordem.

Laura e Berenice trocaram olhares, pensando a mesma coisa.

— Gostaria muito que você verificasse isso para mim. — Berenice mostrava um leve sorriso no rosto.

— Então já vou indo. — E Catarina saiu, toda animada.

— Mãe, não sei não, mas tenho a impressão de que Catarina tem algum outro interesse além de minhas flores!

— É, sinto isso também.

Catarina, assim que entrou na igreja, avistou Rafael ocupado em arrumar as flores nos bancos; tão atento estava com seu trabalho que não percebeu sua presença.

Como ele é bonito, pensava Catarina. *É um rapaz bem interessante. Pena que seja pobre e sem futuro algum.*

— Olá!

Rafael se virou e deu-lhe um sorriso assim que a reconheceu.

— Que bom vê-la novamente!

— Obrigada. Mas não pare seu trabalho por minha causa, quero que tudo fique muito bonito para o casamento de minha irmã.

— Vai ficar, pode acreditar.

— Pelo que estou vendo, vai mesmo. Você tem muito jeito para trabalhar com flores.

— Faço isso desde adolescente. Meu pai sempre trabalhou com flores, e eu o ajudava nessa tarefa.

O passado ainda vive

— Ele é o dono da floricultura?

— Não. Como lhe disse outro dia, sou apenas empregado. Meu pai também trabalhava nessa mesma loja.

— E não trabalha mais?

Com uma sombra de tristeza nos olhos, Rafael respondeu:

— Ele já nos deixou, faleceu há dois anos.

— Sinto muito. Você é sozinho?

— Não, minha mamãe é viva, mas mora em outra cidade com minha tia.

— Realmente sinto muito — repetiu Catarina.

— Obrigado. Mas agora não é hora de falarmos de coisas tristes. Casamento é sempre alegria, principalmente quando os noivos se amam de verdade, não acha?

— Você tem razão. A felicidade de minha irmã contagia a todos. Creio que serão muito felizes!

Rafael olhou firmemente para Catarina.

— Você também já tem alguém que a faça feliz?

Diante do silêncio de Catarina, Rafael percebeu que to cara em um assunto delicado.

— Se não quiser responder, não responda. E me desculpe por minha indiscrição, não tenho o direito de penetrar em sua intimidade.

— Não precisa pedir desculpas, Rafael, não foi tão indiscreto assim. Eu não tenho ninguém, nem noivo, nem namorado. Estou completamente sozinha.

Os olhos negros de Rafael brilharam diante dessa afirmação.

— Porque quer! — exclamou um pouco mais ousado.

— O que quer dizer com isso? — perguntou Catarina, embora soubesse muito bem.

Rafael, com cuidado, colocou as flores que segurava em uma mesa próxima e, aproximando-se mais de Catarina, disse-lhe:

— Não quero, de maneira nenhuma, que me considere desrespeitoso com você, mas vou ser o mais sincero possível, e peço-lhe que acredite em mim.

— Fale! — Ela sentia uma inquietação no peito.

— Desde o dia em que a vi na loja não paro de pensar em você, Catarina. Gostaria muito de conhecê-la melhor, tornar-me seu amigo ou talvez seu namorado, se você quiser. Sei que pode parecer muito precoce falar em namoro, mas realmente você me impressionou muito. Tenho a sensação de ter encontrado alguém muito especial com quem poderei construir uma vida de felicidade.

Catarina não sabia o que responder. Sentia uma atração muito grande por ele e também gostaria de conhecê-lo melhor, mas não conseguia esquecer que Rafael não passava de um simples empregado de uma floricultura. Encantavam-na seu belo rosto, seus olhos de um negro profundo, que pareciam olhar dentro da alma das pessoas; mas era apenas isso o que ele tinha a oferecer, porque sua situação financeira não lhe permitia proporcionar mais nada a ninguém.

Diante do silêncio de Catarina, Rafael voltou a dizer:

— Não precisa responder nada, eu já compreendi. Fui um tolo. Não me lembrei de que é irmã da noiva e que não estou à altura de sua posição social. Deixei-me levar pelo meu encantamento por você. Mais uma vez peço-lhe desculpas pelo meu atrevimento.

Pegou de novo as flores e continuou seu trabalho.

Catarina não sabia o que dizer ou o que fazer. Rafael tocara em um ponto importante para ela: sua condição social. Não aceitaria viver de uma maneira tão medíocre, portanto, achava que não devia começar nada para que não houvesse sofrimento mais tarde.

— Eu preciso ir, Rafael. Minha irmã deve estar ansiosa por notícias.

— Até qualquer outro dia, Catarina.

Meu Deus, por que fui me interessar justamente por uma moça de um meio tão diferente do meu?, ele se perguntava com tristeza.

Catarina, por sua vez, também se perguntava: *Por que meu coração se inquietou ao ouvi-lo falar daquele jeito? Justo por um rapaz sem eira nem beira, que vive com salário de empregado de floricultura! Com tantos moços no mundo que poderiam me fazer esquecer de Marcos, vou me interessar por um tão distante de mim? O melhor a fazer é não me aproximar mais dele, assim corto o que nem começou.*

Berenice, ao som de linda melodia, percorria, de mãos dadas com seu pai, a distância que a separava de Marcos, que, ansioso, a esperava. As flores colocadas tão delicadamente por Rafael perfumavam o salão onde, em meio aos familiares, parentes e amigos, Berenice e Marcos tornaram-se marido e mulher. O amor pairava no ar, deixando todos emocionados com a extrema felicidade que percebiam nos olhos do casal.

Catarina, reparando na beleza da decoração, lembrava-se de Rafael, que à tarde, com mãos hábeis, compunha os arranjos que todos admiravam, e praticamente a pedira em namoro. Sonhara com o dia em que encontraria seu príncipe encantado; entretanto, a vida lhe pregara uma peça, pois o príncipe não passava de um humilde empregado.

Por que não posso ter as coisas da maneira como desejo? Perdi Marcos para sempre e interesso-me por Rafael, que nada tem de seu além dos belos olhos negros. Acho que meu destino é permanecer sozinha, sem ter a felicidade de construir um lar, como Berenice começa a construir hoje.

A recepção aconteceu em meio à alegria que reinava no coração de todos os presentes. Artur e Laura, apesar da lembrança e da saudade que sentiam de Jonas, comungavam da felicidade de sua filha, tudo fazendo para que esse dia fosse realmente inesquecível, permanecendo na memória de Berenice e Marcos como o início de uma nova vida cheia de aventura.

— Sinto-a um pouco retraída, Catarina. Não está feliz?

— Claro que estou, mãe. Desejo a Berenice e Marcos uma vida de paz, felicidade e muita saúde. Eles, mais do que ninguém, merecem isso.

— Por que, então, esses lindos olhos não estão brilhando como sempre?

— Nada, mãe. Mais tarde conversaremos sobre isso. Mas fique tranquila, nada está relacionado a esse momento de Berenice. Meu coração está em paz quanto a isso, já entendeu que é melhor ir atrás de outros sonhos.

— Fico contente que pense assim, querida. Sinto que muito em breve encontrará alguém que a faça feliz.

E Laura concluiu em pensamento: *Ela está impressionada*

pelo rapaz da floricultura. Tomara que ele seja uma pessoa de caráter.

— Vamos, então, aproveitar a festa de sua irmã. Este é um dia muito especial. — Pegando Catarina pelas mãos, levou-a para junto dos convidados.

A festa se estendeu até altas horas, quando os noivos, despedindo-se de todos, seguiram viagem, levando o coração cheio de sonhos e a certeza de que, a partir daquele instante, iniciaria para eles uma vida de companheirismo e amor. Sabiam que enfrentariam, como todos os que se unem, momentos de dificuldades e talvez incertezas; mas confiavam que os momentos de alegria seriam maiores, porque estariam com base no grande amor que sentiam um pelo outro. A união entre duas pessoas se firma dia a dia através da compreensão, do carinho e do cuidado que cada uma deve ter com o outro para não machucar o coração com palavras e atos que dificilmente irão esquecer, pois as pessoas jamais esquecem a maneira como são tratadas.

Iniciava-se, assim, o caminho da construção da felicidade para Berenice e Marcos.

Catarina levantou-se tarde.

Ao chegar para o café da manhã, encontrou os pais conversando a respeito da linda festa de Berenice.

— Olá, minha filha, que bom que chegou! Falávamos da festa de ontem — disse Artur.

— É verdade — concordou Laura —, foi mesmo muito linda. Todos estavam felizes, e Berenice e Marcos contagiavam a todos com a felicidade que sentiam.

— Têm razão! — exclamou Catarina. — Era mesmo contagiante a alegria dos dois.

— Filha... — Artur segurou-lhe as mãos. — ...na hora certa você também viverá um momento como esse, e todos nós estaremos da mesma maneira torcendo por você.

— Eu sei, pai!

Laura, seguindo a intuição peculiar das mães, disse-lhe:

— Catarina, gostaria que fosse até a floricultura agradecer pelo excelente trabalho que realizaram.

— Por que acha necessário? Eles apenas fizeram o trabalho deles.

— Pode não ser necessário, mas é delicado. Todos gostam de ver seu esforço reconhecido.

— Satisfaça a vontade de sua mãe, Catarina, ela não deixa de ter razão.

Catarina ponderou e respondeu:

— Tudo bem, mas pode ser mais tarde?

— Claro, a hora que você quiser.

— Então vou mais tarde. Quero fazer uma arrumação no quarto, agora que ele será só meu.

Terminando seu café, Catarina pediu licença aos pais e foi direto para seus aposentos. Parou perto da cama de Berenice e, vendo-a arrumada, comprovando a ausência da irmã, sentou-se e chorou.

Laura, desconfiando de que algo não ia bem com a filha, seguiu-a e, entrando em seu quarto sem bater, encontrou Catarina em prantos. Abraçou-a e, colocando seu rosto apoiado em seu peito, indagou:

— Querida, por que está sofrendo desse jeito? É pela ausência de sua irmã ou pela perda definitiva de Marcos?

Catarina, sem responder, continuava alvo de suas

O passado ainda vive

lágrimas. Laura, com toda a paciência, esperou que ela se acalmasse, passando as mãos carinhosamente em seus cabelos. Quando sentiu que estava mais calma, pediu-lhe:

— Minha filha, conte-me o que está acontecendo de verdade com você, deixe-me ajudá-la.

Catarina levantou o rosto em direção à mãe.

— Estou confusa, sem saber direito o que sinto ou o que faço. Não consigo compreender a mim mesma.

— É natural que se sinta assim. Você acalentou uma ilusão durante muito tempo, sonhou com situações que nunca aconteceram, que jamais estiveram dentro da sua história de vida. Agora, que deparou com a realidade, é compreensível que isso aconteça. Mas não deve se entregar tanto a essa desilusão; ao contrário, deve se abrir para novas situações, permitir a si mesma perceber que a vida continua a pulsar à sua volta, trazendo pessoas dispostas a fazerem você feliz. No entanto, se teimar em querer o que jamais terá, não conseguirá perceber o que os outros têm a lhe oferecer.

— Mas não consigo fazer nada, mãe, não sei como começar!

Laura pensou um pouco e voltou a dizer:

— Filha, há algum tempo ouvi alguém o seguinte: "Devemos trabalhar como se não precisássemos do dinheiro, amar como se nunca tivéssemos sido magoados, dançar como se ninguém estivesse nos observando... O maior risco da vida é não fazer nada!" Não me pergunte o autor, porque não sei, mas, com certeza, deve ser alguém especial, porque há muita sabedoria nessas palavras, e o prudente é seguir conselhos que nos levam ao progresso moral e espiritual.

— A senhora tem razão, mãe, preciso encontrar forças para prosseguir na construção da minha própria vida... A senhora me ajuda?

— Claro, minha filha, mas o esforço maior precisa vir de você mesma, do seu desejo de crescer como ser humano, acreditando que é possível se estiver firme em sua determinação. As pessoas vêm e vão, Catarina, mas todas elas, de alguma forma, contribuem para nosso aprimoramento, até aquelas que nos magoam, porque nos levam ao aprendizado e à superação de nós mesmos.

— Mãe, como a senhora é sábia!

Laura sorriu.

— Não, não sou sábia, tenho apenas mais experiência de vida que você, vivi mais, sofri mais e aprendi mais, só isso. Você está apenas começando e, sem dúvida, vai aprender também a se posicionar na vida com prudência e equilíbrio, e principalmente aprenderá a perceber onde está e com quem está a sua felicidade, se der a si mesma essa oportunidade.

Em um impulso, Catarina abraçou a mãe, transmitindo nesse gesto todo o seu amor.

— Obrigada, vou me esforçar ao máximo e vou conseguir. Tenho fé de que vou conseguir!

— Tenho certeza de que sim, filha! — Laura secou os olhos da filha. — Agora, arrume-se e vá até a floricultura fazer o que lhe pedi: agradecer pelo belo trabalho que fizeram.

— Sabe, não entendo a razão de querer tanto que eu vá agradecer por um trabalho pelo qual a senhora pagou. Eles não fizeram mais que a obrigação!

Mais uma vez Laura sorriu.

— Quem sabe um dia a resposta aparece, não? Por ora, peço apenas que faça essa gentileza e agradeça. Todos gostam, como já disse, de ver seu trabalho reconhecido.

— Está certo, já vou!

— Mas arrume-se um pouco, está precisando. Principalmente apague do rosto as marcas das lágrimas, que, a bem da verdade, foram muitas.

Mãe e filha sorriram e se abraçaram mais uma vez.

CAPÍTULO XXIII

Nasce um grande amor

— Olá — cumprimentou Catarina, entrando na floricultura.

— Olá! — respondeu Rafael, feliz em vê-la. — Que bom que você veio. Precisa de algumas flores?

— Na verdade, não! — Diante do olhar de surpresa de Rafael, explicou: — Minha mãe pediu que eu viesse agradecer pelo belo trabalho que foi feito no casamento de minha irmã.

— Quer dizer que sua mãe gostou? — indagou Rafael, entusiasmado.

— Sim, ela elogiou muito e pediu que eu viesse lhe dizer isso.

— É muita gentileza da parte dela, fico muito feliz, realmente; mas fiz apenas meu trabalho.

— Foi o que eu disse para minha mãe, mas mesmo assim pediu que eu viesse.

Criando coragem, Rafael perguntou:

— Já que está aqui, podemos conversar um pouco?

— Claro. Mas sobre o que poderíamos falar? Mal nos conhecemos.

— Exatamente para nos conhecer melhor.

— Como assim?

Um pouco tímido, Rafael disse:

— Desculpe-me se vou ser muito atirado, Catarina, mas desde que a conheci não consigo tirá-la da cabeça. Gostaria muito de conhecê-la, iniciar talvez uma boa amizade.

Catarina sentiu de novo o coração pulsar mais forte. *Por que será que ele me causa essa sensação estranha, se mal o conheço?*

— Por que não me responde? Sente vergonha por eu ser apenas um empregado da floricultura?

Catarina sentiu o rosto ficar rubro.

— Por que diz isso? Por que teria vergonha?

— Não sei, eu não vejo mal algum, mas você me passa a impressão de que se importa com isso.

— Rafael, não me importo em ser sua amiga. Podemos, sim, ser bons amigos. Afinal, amizade não tira pedaço de ninguém, e, dependendo do grau, não interfere em nada na nossa condição social.

As palavras de Catarina caíram como uma bomba no coração de Rafael. *O orgulho dela jamais permitirá uma aproximação maior*, concluiu com tristeza.

— Você tem toda a razão, Catarina, nem pensei em algo diferente de uma simples amizade. Se causei essa impressão, peço-lhe mil desculpas.

— Você se ofendeu?

— De maneira alguma. De fato, imaginei ser apenas seu amigo.

— Então está bem. — Catarina se sentia lisonjeada pelo interesse de Rafael. — É melhor assim. — E despediu-se do rapaz.

Rafael ficou vendo-a se afastar, tristonho. *É uma pena, mas ela dá muita importância à situação financeira de cada um. Nunca vai ser feliz se não mudar seu modo de pensar e de olhar as pessoas.* E voltou aos seus afazeres.

Catarina, assim que entrou em casa, encontrou a mãe.

— Então, minha filha, falou com o rapaz? Disse o quanto gostei de seu trabalho?

— Sim, claro que falei, fui lá para isso!

— E vocês conversaram?

— O que é isso, dona Laura? Que interesse é esse?

— Interesse nenhum, perguntei só por curiosidade.

— Então vou matar sua curiosidade: conversamos sim, e Rafael veio com um papo de que pensa em mim, que gostaria de me conhecer melhor... A senhora acha que pode uma coisa dessas?!

— E o que é que tem de mais? Por que não poderia?

— Mãe! Ele não passa de um empregado de uma floricultura!

— E daí? Isso o desmerece em alguma coisa?

Catarina mostrou-se surpresa.

— A senhora não está entendendo. Nossa condição financeira é muito desigual, e isso nos leva a uma distância muito grande.

— Filha, eu estou entendendo muito bem. Só não posso acreditar no que está dizendo. Que distância é essa que não consigo enxergar? Haveria, sim, distância se ele fosse um malandro sem caráter e sem moral; mas um trabalhador honesto, digno, educado, que cumpre suas obrigações com responsabilidade? Sinceramente não vejo onde estaria o impedimento. Rafael é um rapaz que faz jus a uma admiração, você não acha?

Catarina ficou perplexa.

— Não imaginei que a senhora tivesse esse pensamento, mãe, estou admirada.

Com calma, Laura disse à filha:

— Desde que você era criança, tanto eu quanto seu pai lutamos para fazê-la entender que o orgulho é péssimo conselheiro, que leva aquele que o abriga em seu coração a cometer atitudes imprudentes, impede de enxergar as pessoas como elas realmente são, pois o orgulhoso sempre se coloca em primeiro lugar, julgando-se melhor e superior a todos. Você vem agindo assim, filha. Está julgando o rapaz não pelo que ele é na realidade, mas pelo que ele possui, pela posição que ocupa na sociedade. E o que mais importa ao nosso Criador, Catarina, é ser, e não ter. O orgulhoso é uma pessoa soberba, possui um amor-próprio exagerado, e não sabe ser feliz com as coisas simples, que de fato têm valor. Você me compreende?

Catarina ficou pensativa. Algum tempo depois, afirmou:

— Não sei ser diferente, mãe! Na realidade, nunca tive as coisas que realmente quis e sonhei.

— Catarina, lembra-se daquele ditado de que já lhe falei? "Para se ter algo que nunca se teve é preciso fazer algo que nunca se fez." Na realidade, você sempre exigiu as coisas, usou armas erradas para se aproximar das pessoas e nada fez para conquistá-las. A felicidade, a paz, o equilíbrio são conquistas nossas, só atraímos para nós o que merecemos.

— O que devo fazer, então?

— O que você sente por esse rapaz?

Com timidez, Catarina respondeu:

— Para ser sincera, desde que o conheci sinto uma grande atração por ele. Meu coração sempre acelera quando o vejo.

— E o mesmo acontece com ele?

— Rafael diz que sim.

— Nesse caso, filha, não lute contra esse sentimento que está prestes a tomar conta de seu coração. Pode ser que seja esse rapaz quem vai ensiná-la a ser mais humilde, mais generosa, derrubando esse orgulho tolo. A felicidade nem sempre bate duas vezes na mesma porta, já dizia minha avó! — Laura sorriu.

Catarina abraçou a mãe, dizendo:

— Mãe, eu amo muito a senhora e papai. Obrigada por me ensinar a viver, e me segure sempre que estiver prestes a recair.

— Nós também amamos muito você, meu anjo. Queremos sua felicidade, e, assim como Berenice, você também encontrará aquele que será seu companheiro nesta sua jornada terrena.

Após a conversa que teve com a mãe, Catarina, sentindo-se mais calma e confiante, refletiu muito.

— Minha mãe tem razão, sou mesmo muito orgulhosa e sempre fui. Preciso aprender que esse sentimento nunca me trouxe nada de bom; ao contrário, me distanciou de tudo o que mais quis. Sei que o caminho será difícil e longo, mas tenho de me controlar, e vou começar pedindo desculpas a Rafael. Fui indelicada com ele. Se minha mãe pensa assim, deve estar certa.

No fim da tarde, ela decidiu ir falar com Rafael. Aconselhou-se com a mãe, que a incentivou:

— Faça isso, minha filha, é um bom começo!

Chegando à loja, encontrou-o preparando lindos arranjos para uma recepção de formatura.

— Que lindos arranjos, Rafael!

O rapaz levou um susto ao vê-la se aproximar.

— Obrigado. Vindo de você é realmente um elogio.

— Por que diz isso? Acha que não tenho sensibilidade para admirar o que é belo?

— Não quis dizer isso, mas... você há de concordar que elogiar não é o seu forte. Portanto, quando acontece algum, feliz daquele que o recebe.

Catarina ficou meio sem jeito, mas, controlando-se, respondeu:

— Você tem razão. Não tenho sido muito gentil com você, e essa é a razão pela qual estou aqui.

— Mesmo?

— Sim. Quero pedir-lhe desculpas, porque acho que não estou sendo muito legal com você.

Cada vez mais surpreso, Rafael disse:

— Agora me confundi de vez. Pode repetir?

— Eu falei que estou lhe pedindo desculpas pela maneira arrogante com a qual me dirigi a você. Quero muito ser sua amiga, e quem sabe, mais tarde, tornar-me sua namorada. Não foi o que você tentou me dizer?

Rafael não entendia nada. A ele, porém, só importava a felicidade que sentia em seu coração ouvindo-a dizer aquelas palavras.

Parou sua atividade e, aproximando-se de Catarina, segurou suas mãos.

— Você não está brincando comigo, está?

Catarina, sustentando o olhar no dele, afirmou:

— Posso ter muitos defeitos, Rafael, mas jamais faria uma brincadeira dessas, falo a verdade, quero realmente ser sua amiga.

— E depois?

— Depois o tempo vai dizer. Não dizem que é o tempo que nos dá todas as respostas?

— Mas você considera a hipótese de que nossa amizade possa se transformar em um sentimento mais forte e concreto?

— Considero!

— Mesmo eu sendo um simples empregado de uma floricultura?

— Sim, mesmo sendo um simples empregado. Isso não o impede de lutar para conseguir coisa melhor, impede?

— De modo algum! Com você ao meu lado, não irá me faltar força, nem entusiasmo, para conquistar uma situação melhor. Você nunca ouviu dizer que o amor transforma o homem?

Catarina experimentou um impacto ao ouvir a palavra "amor".

— Não acha que é muito cedo para falar de amor?

— Para o meu coração, não, Catarina. Eu o entreguei a você no primeiro instante em que a vi.

— Mas... Eu... Ainda...

— Não diga nada — interrompeu-a Rafael. — Não estou lhe cobrando nada, estou apenas lhe dizendo que a amo. E esperarei o tempo que for necessário para que esse sentimento penetre em seu coração também. Sinto que seremos felizes um dia, mas tudo no tempo certo.

Catarina sentiu admiração por aquele rapaz simples, mas que a cativava com palavras sensatas e afetuosas. *Será, meu Deus, que este é mesmo o companheiro destinado a caminhar comigo nesta existência?*

— Em que está pensando? Ficou silenciosa de repente. Não gostou do que lhe falei?

— Ao contrário, Rafael, fiquei feliz, isso sim!

— Amigos, então? — E ele beijou-lhe os dedos.

— Amigos. Por enquanto.

Rafael, dando-lhe uma piscadinha, sorriu.

— Por enquanto!

— Agora preciso ir. Já atrapalhei demais o seu trabalho.

— Foi um prazer, senhorita!

Despediram-se, e cada um ficou entregue aos seus pensamentos e suas expectativas.

— Como foi seu encontro com o rapaz, filha?

— A senhora tinha razão. Rafael é muito gentil, muito respeitoso e, para falar a verdade, muito bonito.

— Então tudo deu certo?

— Muito certo, mãe. Acho que em breve estaremos namorando. Ele disse que me ama e que vai esperar o tempo que for necessário para que eu o ame também.

— Será que isso vai demorar?

Sorrindo, Catarina afirmou:

— Acho que não!

A alegria se instalara novamente no coração de Catarina, fruto da esperança que restituíra aos seus olhos o brilho. Seus pensamentos se misturavam, e neles a presença de Rafael se tornara constante. Com o passar do tempo e dos encontros diários que mantinha com o rapaz, foi percebendo que seu sentimento em relação a ele, aos poucos, se transformou em algo mais forte.

Sentia-se pronta para iniciar um relacionamento mais sério e consistente. A dúvida dera lugar à certeza de que poderia, sim, ser feliz com o pouco que ele tinha a lhe oferecer. Uma vez seu pai lhe dissera: "Filha, entre o mundo e o amor, fique com o amor, pois só ele poderá lhe dar o mundo da maneira como deve ser: equilibrada, prudente e generosa".

Esse pensamento tomara força em seu coração, fazendo-a perceber que nada mais pode nos dar a paz que nasce do amor e do bem que se pode fazer.

— Vamos tomar um sorvete, Catarina? Hoje é meu dia de folga; temos a tarde toda só para nós. O que acha?

— Ótima ideia, quero mesmo conversar com você!

— Meu Deus, o que será! Coisa boa ou ruim? — perguntou Rafael, receoso.

Sorrindo, Catarina respondeu:

— Calma, quero apenas lhe dizer uma coisa. Se é boa ou ruim só você poderá decidir.

— Vamos, então?

Catarina notou a ansiedade dele. *Rafael deve achar que vou me afastar dele. Creio que ainda não confia totalmente em mim. Mas vai se surpreender.*

— Então, Catarina, pode me dizer do que se trata? Não vou negar que estou bastante ansioso para saber o que quer me dizer.

— Nossa! Não achei que fosse assim tão curioso.

— Geralmente não sou, mas em se tratando de você, confesso que fico mesmo muito nervoso. Ou melhor, com uma expectativa muito grande. Nunca sei o que vem por aí — brincou.

Catarina ficou séria para lhe dizer:

— Rafael, você confia em mim, de verdade?

— Claro que sim. Somos amigos há bastante tempo, nos vemos quase todos os dias. Creio que a conheço muito bem, e imagino que não seria capaz de fazer algo que me machucasse.

— Eu lhe disse que quando estivesse pronta, certa dos meus sentimentos, eu lhe diria, não foi?

— Sim.

— Pois bem, eu tenho certeza do que quero e do que sinto. Portanto, gostaria de lhe dizer que amo você e quero ser sua namorada. Isso, se você ainda quiser.

Rafael não acreditava no que acabara de ouvir. Seu coração se acelerou, suas mãos tremeram, e ele mal podia controlar seu estado emocional, tamanha a alegria que tomara conta de todo o seu ser.

— Você não diz nada? Não me quer mais como sua namorada?

Rafael segurou as mãos de Catarina e levou-as aos lábios, dando-lhes um beijo de profundo amor.

— Passa pela sua cabeça a possibilidade de eu não querer namorá-la? Se é pelo que mais tenho esperado! Sonho todos os dias com este momento. Ouvi-la dizer que me ama me torna o homem mais feliz do planeta!

Passados alguns minutos, Rafael perguntou:

— Por favor, meu bem, fale novamente que me ama, mas bem devagarzinho para eu poder assimilar tudo muito bem.

— Seu bobo! — disse Catarina, feliz. — Repetirei quantas vezes quiser: eu amo você... Amo você!

Seus olhares se encontraram, e em um impulso, Rafael abraçou-a, beijando-a com ternura.

Nascia, naquele instante, uma nova vida para Catarina, a vida que iria lhe dar em abundância todos os requisitos para promover, através do trabalho, da superação e algumas vezes da necessidade o seu progresso espiritual.

CAPÍTULO
XXIV

O resultado da imprudência

O tempo passou rápido, cumprindo o seu papel. Os dois namorados esperavam com ansiedade o dia em que se uniriam para sempre.

Esse dia chegou junto com as flores da primavera.

O casamento de Catarina e Rafael foi realizado em meio à alegria de todos, principalmente de Berenice e Marcos, que vibravam para que fossem tão felizes quanto eles.

Apesar de algumas pessoas não entenderem a grande diferença social entre os noivos, todos acreditavam que realmente o amor unira esses jovens, que apostavam na felicidade conjugal e sonhavam em construir uma família feliz e cristã, como Catarina sempre ouvira seus pais dizer.

A viagem de núpcias foi apenas de dois dias em um litoral perto da cidade onde moravam, pois era o que Rafael podia oferecer à sua amada, e no retorno fixaram residência em um pequeno e simples apartamento, que se distanciava do conforto e do luxo de que Catarina sempre desfrutara na casa onde nascera e crescera; mas ela agradecia aos pais pelo presente que deles receberam.

Os meses e os anos foram passando, marcando a vida de Catarina e Rafael com alegrias, tristezas, dúvidas, e muitas vezes, medo, como acontece na trajetória de cada ser.

Laura e Artur sempre estavam presentes, incentivando a filha a lutar por sua felicidade ao lado do homem que escolhera e que se esforçava para lhe proporcionar uma vida tranquila ao lado dos filhos, que cresciam saudáveis e alvo do grande amor que o pai lhes devotava.

O sonho de Rafael de conseguir ter seu próprio negócio cada vez se distanciava mais. Por conta disso, permanecia no mesmo trabalho de quando conhecera Catarina. Sentia-se feliz ao lado da companheira, apesar de perceber a insatisfação que Catarina trazia em seu coração, pois, mesmo amando o marido, experimentava dificuldade em aceitar a vida simples que levava. Sentia-se humilhada em relação a Berenice, que desfrutava de uma condição social confortável, e cada vez que a irmã se propunha a ajudá-la, mais o seu orgulho sufocado ressurgia, impedindo-a de aceitar o que lhe era oferecido com amor.

— Catarina — dizia-lhe Laura, orientando a filha, quando esta vinha desabafar com sua mãe suas insatisfações —, você não conseguiu extirpar de si o orgulho excessivo, que sempre foi sua característica, e isso me faz crer que o amor não entrou verdadeiramente em seu coração.

— Mãe, eu amo meu marido e meus filhos, mas sofro com nossa situação tão precária, que nos impede de oferecer aos nossos filhos tudo o que eles merecem.

— E o que você pensa que eles merecem?

— Ter tudo com que sonham para serem felizes.

Com paciência, Laura respondia:

— Catarina, todos nós precisamos de duas coisas: saúde e amor, e isso seus filhos têm. E é o que deve ensinar a eles, mostrando-lhes que a felicidade não está necessariamente nas coisas materiais, mas sim nas aquisições espirituais, no amor desinteressado, na graça de ter ao nosso lado pessoas que nos amam e na determinação para enfrentar as dificuldades com coragem e fé no Criador. Tudo o mais só nos proporciona alegrias, e não felicidade, que é um sentimento mais profundo.

— Mas nossas dificuldades não se amenizam, mãe, tudo para nós é difícil, complicado.

— Catarina, a partir do momento em que nosso coração se enche de certeza de que a Terra é um lugar temporário, passamos a aceitar as aflições da vida com mais serenidade e equilíbrio, resultando disso a paz de espírito que ameniza todas as dores. Deus nos dá em abundância tudo o que necessitamos para promover nosso progresso espiritual. Talvez você precise passar por essa situação para conseguir extirpar de vez esse orgulho.

Nessas horas, Catarina ficava pensativa e reconhecia que sua mãe estava com a razão. Era, sim, o orgulho que lhe provocava tal angústia e insatisfação, mesmo tendo o amor com que tanto sonhara. Reconhecia que Rafael era um ótimo marido e pai, tratava-a com respeito e consideração, sem falar do grande amor que sentia por ela. Entretanto, Catarina não se sentia completamente feliz e realizada.

Em uma fria manhã de inverno, Artur não se levantou como de costume. Laura, estranhando a demora do marido, que sempre fora pontual em seus compromissos, foi verificar o que havia acontecido, e, surpresa, constatou que ele ardia em febre.

— Ah, meu querido...

— Não me sinto bem, Laura. Vou ficar mais um tempo na cama.

— Irei, neste minuto, chamar o doutor Jairo.

Em pouco mais de uma hora, o médico entrava na casa de Laura, indo imediatamente ver Artur. Após examiná-lo com atenção, sugeriu levá-lo ao hospital para exames laboratoriais e radiológicos, e de pronto foi atendido por Laura.

Constatada a pneumonia, Artur ficou internado, o que causou em Laura e suas filhas preocupação misturada com o receio de perdê-lo. Catarina, que sempre fora muito ligada ao pai, permanecia quase o tempo todo ao seu lado, encontrando aprovação em Rafael. Olhando seu pai naquela situação, Catarina não escondia o medo de se separar de vez daquele que amava e que sempre estivera presente em sua vida.

— Mãe, não posso perder meu pai, ele não pode nos deixar! Preciso muito dele, preciso dizer muitas coisas para ele que ainda não disse! — exclamava a todo momento.

— Calma, minha filha, seu pai vai se recuperar. Deus há de nos presentear com essa graça — respondia Laura, querendo também acreditar nisso.

Após os primeiros dias de muita tensão, Artur apresentou melhoras, deixando todos esperançosos e felizes.

Enquanto Berenice e Marcos faziam companhia a Artur, Laura, notando a aflição de Catarina, chamou-a, levando-a até um local tranquilo.

— Querida, tenho de conversar com você. Noto-a muito tensa, e isso não faz bem para você, nem para sua família. O que há? Gostaria de conversar a respeito?

Inesperadamente, Catarina começou a chorar.

— Desabafe, amor. Assim que se sentir melhor, conversaremos.

— Mãe, estou angustiada. Fiz uma coisa da qual me arrependo.

— Diga-me o que foi, filha, talvez possa ajudá-la.

— Eu estava tão infeliz com a situação de papai que, em um momento de desespero, disse a Rafael que deveria ser ele, e não meu pai, naquela situação. Afinal, meu pai faria mais falta que ele, que nunca conseguira nada na sua vida, nem me fazer feliz, pois fora sempre um derrotado.

Laura ficou completamente estupefata.

— Pelo amor de Deus, Catarina, diga que você está brincando, que não falou isso para o pai de seus filhos, um homem tão bom como Rafael!

Catarina cada vez mais se entregava ao desespero, deixando o pranto cobrir-lhe o rosto.

— Infelizmente, sim, mãe, fui imprudente o bastante para dizer uma barbaridade dessas. O pior é que não sinto nada do que disse!

— E o que ele lhe falou?

Com voz entrecortada pela dor, Catarina respondeu:

— Que quer se separar de mim e que lamentava por eu não conseguir entender o quanto ele me amava, a mim a às crianças.

— Filha... por que não consegue dominar seus impulsos, por que não consegue enxergar a felicidade que reina em sua casa, por que não consegue valorizar seu marido e seus filhos? O que está acontecendo com você, minha querida?

— Não sei, mãe, não sei!

Sentindo um desejo enorme de dizer a verdade para sua filha, Laura afirmou:

— Pois eu sei, e vou lhe dizer agora, mesmo sabendo que para isso terei de magoá-la ainda mais. Seu problema, Catarina, é essa sua ilusão de pensar que é melhor que os outros. Você não consegue se libertar desse orgulho bobo e sem razão. Joga tudo para o alto querendo dizer, com isso, que é melhor, que merece mais do que tem, que ninguém é suficientemente bom, bonito, culto, rico. Enfim, que ninguém a merece. Filha, passamos dias de angústia. Quase perdemos seu pai, mas a bênção de Deus recaiu sobre ele, e vamos viver a alegria de levá-lo de volta para nosso lar. E você, imprudentemente, expulsa seu marido de sua vida sem avaliar a falta que ele irá fazer, a você a aos seus filhos. A saudade que irão sentir e a dor que está colocando no coração de Rafael. As pessoas nunca esquecem a maneira como as tratamos, já lhe disse isso mil vezes, mas parece que você consegue enxergar somente a si mesma. A dor dos outros não é um problema seu, não é, Catarina? Porque o que realmente importa para você é o que julga, erroneamente, ser a felicidade.

Catarina não conseguia parar de chorar. Sabia que sua mãe, como sempre, estava coberta de razão, e também que dificilmente conseguiria reverter a posição do marido, pois não tivera nenhum respeito por ele, ofendendo sua dignidade como pessoa.

O *passado ainda vive* 367

— Mãe, eu não quero perder Rafael! — exclamou em desespero. — Ajude-me!

— Não, não posso fazer nada por você. A única pessoa que pode ajudá-la é você mesma, e, se tiver de agir, aja rápido, antes que seja tarde demais.

— Mas eu não sei o que fazer!

— Comece com um pedido de perdão. Depois, abra seu coração e deixe que seus verdadeiros sentimentos fluam livres e sinceros em direção ao coração do seu marido. Mas não esconda mais nada. É chegada a hora de se mostrar como realmente é e deixar que Rafael decida o que julgar melhor para vocês dois.

Após pensar um pouco, Laura voltou a dizer:

— Filha, certa vez eu li em algum lugar uma reflexão que me marcou muito e na qual vi muita verdade. Vou dizê-la; quem sabe causará em você o mesmo que causou em mim...

— Diga, mãe!

— "Se um dia você tiver de escolher entre o mundo e o amor, lembre-se: se escolher o mundo, ficará sem o amor; mas se escolher o amor, com ele conquistará o mundo." Pense bem, filha, antes de conversar com Rafael.

— O papai me disse isso, um dia... De quem é essa frase, mãe?

— Albert Einstein. Bem, a direção você já sabe. Agora é com você. Só não se esqueça de que um dia a vida se encarregará de nos separar das pessoas que amamos. Estamos passando por um susto desses; por que precipitar o que fatalmente acontecerá mais cedo ou mais tarde? Viva um dia de cada vez, Catarina, como se fosse seu último dia na

Terra. Assim, conseguirá fazer todo o bem que puder, sem preconceito ou distinção, sabendo que todos somos iguais perante Deus, e promover a felicidade daqueles que ama, implantando em seu lar a paz e o equilíbrio que nos tornam mansos. Era isso, filha, o que eu tinha para lhe dizer, e o fiz alicerçada no amor que sinto por você, pelos meus netos e por Rafael.

Laura se levantou e foi ao encontro de Artur, deixando Catarina entregue aos seus pensamentos. *O que devo fazer, meu Deus? Por que fui tão tola a esse ponto? Não quero perder o homem que amo, o pai dos meus filhos por um bobagem que fiz, sem noção da intensidade da imprudência que estava cometendo.*

Levantando-se, dirigiu-se até a capela do hospital e elevou uma prece ao Criador, tirando palavras e o sentimento do fundo do seu coração.

— "Senhor, Pai de misericórdia, mais uma vez errei e abro meu coração marcado pelo sofrimento pelo qual eu mesma procurei. Mas humildemente imploro Sua compaixão. Ajude-me a compreender que a beleza da vida está na própria vida. Ajude-me a recuperar o respeito e o amor daquele que tanto magoei. Tranquilize meu coração para que saiba vencer a mim mesma e ir em busca do que, imprudentemente, desprezei. Que eu saiba amar de verdade, que eu aprenda a sorrir e chorar, ser feliz e sofrer, compreender e não magoar, porque sei que só assim viverei dentro das Suas leis, compreendendo e aprendendo a viver."

Tão envolvida estava que se assustou com a chegada de Berenice.

— Assuntei você, minha irmã? Perdoe-me.

— Eu é que estava aqui distraída e não a vi chegar. Aconteceu alguma coisa com papai?

— Não. Fique tranquila. Papai se recupera devagar, mas está bem. Apenas vim lhe dizer que Rafael esteve aqui no hospital e não quis esperar por você. Achei estranha essa atitude dele, que está sempre ao seu lado. Vocês brigaram?

Mais uma vez Catarina deixou as lágrimas rolar por seu rosto.

— O que foi? Está acontecendo alguma coisa séria entre vocês? — insistiu Berenice.

— Mamãe não comentou nada com você?

— Não.

— Então vou lhe contar.

Catarina colocou Berenice ciente de tudo o que ela falara para Rafael, deixando sua irmã tão admirada que não conseguia exprimir uma palavra sequer.

— Fale alguma coisa, Berenice! — exclamou Catarina, apreensiva.

Ainda surpresa com tudo o que ouvira, Berenice respondeu:

— Falar o que, Catarina? Que você fez muito bem em dizer todas essas ofensas ao seu marido? Espera que eu passe a mão em sua cabeça e a conforte? É isso o que espera de mim?

— Berenice, eu...

— Mas eu vou falar! Direi tudo o que penso sobre você depois de ouvir da sua própria boca palavras tão ferinas. Você é má, Catarina, só pode ser, pois eu não vejo outra explicação para tanta leviandade. Você coloca seu marido no chão e ainda pretende que alguém a console? O que é isso, minha irmã?

Aonde pretende chegar? Destruir sua vida e a dos seus filhos, sem dizer da vida do próprio Rafael, que todos nós sabemos ser um exemplo de marido e pai? Já a vi cometer muitos desatinos, mas acredito que esse tenha sido o mais grave.

Catarina não fazia outra coisa a não ser chorar.

— Pelo amor de Deus, Berenice, ajude-me a reconquistá-lo! Rafael quer se separar de mim, e eu não quero que isso aconteça, me ajude, por favor!

Mais calma, Berenice disse-lhe:

— Sinto muito, minha irmã, mas não posso fazer nada, a única que pode é você mesma.

— Mamãe me disse a mesma coisa...

— E está certo. Você construiu, destruiu e agora tem de aprender a reconstruir. E é melhor fazer isso logo antes que seja tarde demais. — Berenice afastou-se.

Catarina, mais uma vez, elevou o pensamento a Jesus e suplicou auxílio.

Decidida, saiu sem se despedir de seu pai. Chegando em casa, foi logo perguntando para seus filhos onde estava o papai.

— Ele foi embora, mamãe — afirmou o mais velho. — Papai arrumou algumas roupas e disse que iria morar no quartinho dos fundos da floricultura onde trabalha. Falou que não precisávamos ficar tristes, porque ele virá sempre nos ver, que não vai nos desamparar.

— Ele foi sem pedir permissão à dona da loja?

— Não, mamãe, ele pediu e ela deixou.

Depois de poucos instantes, o menino quis saber:

— Vocês brigaram? Papai nunca mais vai voltar?

Catarina, nesse instante, sentiu o coração se despedaçar de tanta dor. Abraçou os filhos e falou:

— No que depender da mamãe, o papai vai voltar logo. Mamãe não quer ficar longe dele.

— Então vá falar com ele, mamãe... Agora — disse o mais novinho. — Não quero ficar sem papai.

— Nem eu — completou o mais velho. — A senhora briga muito com ele!

Catarina, nesse momento, sentiu ainda maior o peso de sua leviandade. *Como pude ser tão imprudente, falar as coisas que falei, dizer que ele era um derrotado?! Meu Deus, eu perdi a razão!*

Decidida, foi atrás de Rafael. Encontrou-o, como sempre, absorvido em sua tarefa de cuidar das plantas.

— Oi, Rafael, tudo bem com você?

— Sim — respondeu ele, sem dirigir o olhar à esposa, e completando: — Estou muito bem; pelo menos tranquilo.

Catarina se aproximou dele e, com meiguice, disse-lhe:

— Perdoe-me! Não sei onde estava com a cabeça para lhe dizer o que lhe disse. Você não merece.

— Sempre pensei que era um bom marido. Pelo menos, fiz de tudo para ser, mesmo quando você me agredia com suas palavras ríspidas.

— Não sei por que falo essas coisas para você, não é o que penso.

— Imagine, Catarina, é claro que é o que você pensa. Nunca se conformou com nossa situação financeira, sempre me comparou a seu cunhado, Marcos, dizendo que ele era um vencedor. Mas, em minha opinião, vencedor é todo aquele que precisa de menos para ser feliz, porque entendeu que a felicidade está na capacidade de valorizar tudo o que possui como resultado, de seu trabalho e seu esforço.

— Está desmerecendo Marcos, é isso?

— Não, de forma alguma. Admiro o Marcos, pois sei que é um homem de fibra, generoso e digno, merece tudo o que tem, pois lutou para isso; o que digo é que nem todos possuem no seu projeto de vida a fortuna; como eu, por exemplo. Mas não sofro com isso. Valorizo o que tenho, pois, apesar de ser muito pouco, é o fruto de um trabalho cansativo e digno.

Catarina, tímida, pediu:

— Rafael, volte para casa, por favor, eu estou lhe pedindo. Não quero ficar longe de você, porque eu o amo.

Rafael continuava irredutível.

— Não. Durante todos esses anos de casados aguentei calado suas insinuações, mas agora você foi longe demais. Anulou minha dignidade. Portanto, nosso casamento termina aqui. Não vou me afastar de nossos filhos, porque os amo muito para permitir que isso aconteça. Só quero que não ponha objeções e permita que os veja diariamente, pois vou ficar morando aqui.

— Nesse quartinho?

— Sim, no quartinho. Não preciso de mais do que isso. Foi aqui que passei quase toda a minha mocidade. Tenho um patrão que me respeita e confia em mim, é aqui que pretendo ficar.

Catarina, arrasada, disse-lhe:

— Isso é definitivo?

— Sim, é definitivo. Vou lhe dar o que, no fundo, você sempre quis: a liberdade para encontrar alguém que supra toda a sua necessidade social. Mas quero que saiba que em nenhum momento deixei de amá-la, e jamais deixarei, porque meu amor por você é sincero e real. — Emocionado, Rafael completou: — Pena que você não soube entender e valorizar meus sentimentos.

O orgulho, sempre presente nas atitudes de Catarina, fez com que ela, altiva, lhe dissesse:

— Será como você quer... Quanto aos meninos, pode vê-los quando desejar, não vou colocar nenhuma objeção. Você é o pai deles e tem os mesmos direitos que eu, e eles também têm direito à sua presença. — Virou as costas e saiu, sem deixar que Rafael notasse as lágrimas molhando suas faces.

Rafael, com tristeza, pensou: *Por que um grande amor tem de terminar assim?*

"O orgulho fere corações. Devemos policiar nossas palavras para que jamais machuquem, ofendam ou humilhem nossos irmãos. As palavras pronunciadas devem ser de alegria, auxílio, conforto e incentivo, levando quem nos ouve a confiar mais em si, na própria vida e principalmente em Deus." (Irmão Ivo)

CAPÍTULO
XXV

O perdão é divino

Dois anos se passaram desde estes acontecimentos. Artur se recuperara totalmente, Berenice e Marcos seguiam seu caminho de trabalho e amor ao próximo através do voluntariado em um orfanato da cidade. Só Catarina não conseguira se reestruturar.

Conseguira um emprego como balconista em uma loja de departamentos e levava uma vida modesta, bem diferente daquela com que sonhara a vida inteira. Não aceitava nenhuma ajuda dos pais, nem da irmã, dizendo sempre que tinha orgulho suficiente para manter sua casa sem precisar se tornar um peso para os familiares.

Rafael continuara realizando seu trabalho com dedicação e nada deixava faltar aos filhos, que o amavam cada dia mais.

O relógio do tempo não para; transcorre lento ou veloz, de acordo com a expectativa e os sonhos da cada um, mas, como sempre, agasalhando nossas dúvidas, conhecendo nossas angústias e dando-nos, como de costume, no momento certo e oportuno, todas as respostas, oferecendo-nos oportunidade de encontrar a paz.

O passado ainda vive 375

Em uma tarde amena de outono, Rafael foi surpreendido com a chegada de um advogado que dizia trazer algo que o interessava. Rafael, um pouco amedrontado por não imaginar o que poderia ser, já que nada tinha ou fizera para ocasionar a presença em sua casa de um advogado, convidou-o a entrar.

— Desculpe-me a simplicidade de minha moradia, mas há dois anos moro neste quartinho da loja. Trabalho aqui e, por bondade do meu patrão, moro aqui também. Não consigo entender qual o motivo que trouxe o senhor até mim. Nada tenho, nada fiz, não cometi nenhum delito... Realmente não posso compreender.

O advogado sorriu ante a humildade de Rafael.

— Fique tranquilo, o motivo que me traz aqui está ligado exatamente à sua fidelidade aos seus patrões.

— Como assim?

— Senhor Rafael, infelizmente, seus patrões sofreram um acidente e morreram os dois, ele e sua mulher.

— Quando foi isso?!

— Há quinze dias.

— Eu não soube de nada! Eles pouco vinham aqui, sempre deixaram tudo em minhas mãos, só apareciam no fim do mês para fechar o caixa, ver como os negócios andavam e dar o meu pagamento.

— Você bem sabe que eles não precisavam do faturamento desta loja. Eram muito ricos, não tinham filhos. Apenas poucos parentes que moram em outro país. Para falar a verdade, mantinham esta floricultura mais para ajudar você do que pela renda.

— Como o senhor sabe de tudo isso?

— Fui advogado deles por muitos anos, e tenho um documento para lhe entregar. Foi redigido em meu escritório, devidamente registrado com firma reconhecida, tudo dentro da legalidade, com o pedido para que eu o entregasse ao senhor, se alguma coisa viesse a acontecer com eles, pois não confiavam nos parentes, que sempre ambicionaram sua fortuna. Portanto, estou aqui hoje para cumprir o desejo do casal.

Rafael sentiu o coração bater acelerado. Mil coisas passaram por sua cabeça, mas nenhuma se deteve no que estava prestes a acontecer.

— Por favor, senhor, diga-me logo do que se trata. Desculpe-me, mas estou curioso.

O advogado entregou o documento a Rafael, que, lendo-o, não conseguia acreditar no que estava escrito.

— Doutor, isso não é possível! O senhor está brincando comigo, não?

— Não, não estou brincando, é isso mesmo. Hoje o senhor é o único dono desta loja e de mais outras duas do mesmo porte desta. Essa foi a maneira que seus patrões encontraram de recompensá-lo por todos os anos de dedicação e de trabalho honesto.

Rafael sentia-se atordoado.

— Não sei o que dizer... Nunca fiz nada com a intenção de ser beneficiado!

— Eles sabiam disso. Esse é o motivo pelo qual fizeram esse testamento, deixando as lojas para você. Queriam, de alguma forma, garantir seu futuro, pois achavam que você merecia.

— E se os parentes deles reclamarem, o que faço?

— Eles não poderão reivindicar nada. Tudo, como já disse, foi feito segundo as leis. As lojas foram doadas a você em vida. Meus clientes deram o que a eles pertencia. Para ser franco, a fortuna deles é muito grande, irá beneficiar todo o mundo. Você não terá despesa nenhuma, tudo está certo, você é o legítimo proprietário.

— Não sei como agradecer! — Rafael estava emocionado. — Diante da fatalidade da morte, só me resta orar por eles e agradecer por tanta generosidade.

— Faça isso.

— Vou dizer uma coisa ao senhor: sempre alimentei o sonho de um dia ter uma floricultura como esta. Eu amo estar em meio às flores.

— Eles sabiam disso. Bem, vou indo. Quero apenas lhe dar um conselho: não deixe a ambição, nem o orgulho subirem-lhe à cabeça. Não são bons conselheiros. Continue seguindo seu caminho com essa humildade e sabedoria que sempre nortearam sua vida para não perder a consciência de si mesmo.

Rafael lembrou-se de Catarina.

— Eu sei bem o que o orgulho faz, doutor, já fui vítima dele!

Assim que o advogado saiu, Rafael se ajoelhou e dirigiu uma sentida prece para seus benfeitores, agradecendo-lhes pela generosidade e pedindo ao Senhor que os acolhesse no reino dos Céus.

Logo todos ficaram sabendo do que acontecera na vida de Rafael.

— Você merece cada centavo que ganhar, Rafael. É um homem de bem, de caráter — disse-lhe Artur.

— A vida o recompensou — completou Laura. — Você colheu os frutos das boas sementes que plantou.

"O bem não é difícil de praticar quando existe amor no coração. Essa prática acontece de maneira espontânea, sem esforço. Com um pequeno impulso de generosidade, o bem surge naturalmente." (Irmão Ivo)

Catarina, assim que soube da nova posição financeira de Rafael, procurou-o.

— Não acho justo só você aproveitar essa herança. Afinal, temos filhos juntos, vivemos durante anos um ao lado do outro, tenho o mesmo direito que você!

Rafael olhou a ex-esposa e sentiu o mais humilhante dos sentimentos: piedade. Não sabendo e não querendo prolongar um assunto que fatalmente cairia na discussão, disse apenas:

— Catarina, eu jamais deixaria meus filhos, e mesmo você, passar por dificuldades tendo condições para saná-las. Estou comprando uma casa e tenho a intenção de trazer nossos filhos para morarem comigo. Quanto a você, fique tranquila, vou dar-lhe uma quantia por mês para que viva decentemente.

O orgulho, fiel amigo de Catarina, logo se fez notar.

— Quer tirar meus filhos de perto de mim e me dar uma mesada?! Acredita mesmo que sou mulher de viver de mesada. Eu quero aquilo a que tenho direito: morar na mesma casa que vocês. Quando nos casamos, você não tinha onde cair morto. Meus pais nos deram um apartamento para que nele morássemos. Você se aproveitou da mordomia que recebíamos e viveu lá durante anos sem nada fazer para conseguir coisa melhor. Agora que está cheio de si por causa da herança que recebeu e quer tudo só para você. Não, meu caro, vou à justiça, mas conseguirei o que desejo!

Rafael mal conhecia a mulher pela qual se apaixonara perdidamente.

— Por que tanto ódio, Catarina? O que fiz para você me detestar tanto assim?

— O que você fez?! Você não me perdoou! — disse entre lágrimas. — Quantas vezes, nesses dois anos, estive à sua frente pedindo perdão? Eu me humilhei, mostrei meu arrependimento, e você ignorou minhas palavras. Quantas vezes sonhei em voltar a viver a seu lado, mas nem essa chance você me deu! Será que somente eu sou orgulhosa ou nós estamos empatados nessa questão?!

Rafael, por alguns instantes, voltou ao passado, e deu-se conta de que realmente Catarina, por várias vezes, o procurara, e ele não quisera perdoá-la. Muitas vezes seus filhos lhe disseram que ouviam sua mãe chorar no quarto; mas nada o abalara. Agira assim mesmo sentindo intacto em seu coração o amor que sempre nutrira por ela.

Será que sou tão orgulhoso quanto Catarina?, perguntou-se.

Nesse instante, lembrou-se de que certa vez ouvira na casa espírita onde os pais de Catarina frequentavam com assiduidade um espírito dizer: "Quando teimamos ou relutamos em perdoar, desculpar outras pessoas, é sinal de que estamos ainda perdidos no orgulho ferido, na vaidade de nos julgar melhores ou superiores àqueles que nos magoaram. E isso é sinal de que o amor não entrou ainda no nosso coração".

Meu Deus, vejo que também errei. Talvez ela tenha razão, não sei, acho que é chegada a hora de colocarmos as coisas em seus devidos lugares, como pessoas adultas e equilibradas.

Assim, disse a Catarina:

— Talvez você tenha razão. Devo ter errado em não perdoá-la, mas fiquei muito ferido com suas palavras ditas com tanta arrogância. Naquele momento, achei que o melhor a fazer seria o afastamento, e foi o que fiz.

Catarina, mais calma, voltou a dizer:

— Mais uma vez eu exagerei, Rafael, mais uma vez fui imprudente e presunçosa. Não queria ter dito nada daquilo, mas disse. É isso que não entendo, por que ajo sempre de maneira imprudente. Gostaria que você esquecesse tudo o que acabei de falar. Não quero nada; o que você recebeu foi por seu mérito, é justo que você faça o que quiser. Quero apenas que cuide dos meninos e, se eles quiserem ir morar com você, não vou me opor. Afinal, terá mais condições de dar a eles melhor condição social.

— Catarina, você mais uma vez está confundindo tudo. Não quero dar a eles facilidades. Nada disso. Quero que aprendam a lutar pelos seus sonhos com valentia, coragem e determinação e aliar a isso muito amor pelo trabalho e pelas pessoas. — Fitou-a com timidez. — Se você quiser mesmo, poderemos fazer isso juntos. Ainda é tempo de aprendermos a viver, aprendermos o que, de verdade, é a felicidade. De construir uma vida sólida exemplificando para nossos filhos que a existência não é feita de ilusões e, se não quisermos sofrer, necessário se faz aprendermos a semear boas sementes em terra fértil.

— Rafael, você está dizendo que me perdoa? Que podemos voltar a nos entender, é isso?

— É isso, Catarina. Mas tudo será feito com prudência, devagar, nos redescobrindo dia a dia para que não haja mais nenhum sofrimento. E se nessa reaproximação percebermos que o amor continua intacto, por que não sermos novamente marido e mulher?

— Você tem toda a razão, Rafael, não somos mais tão jovens, mas o coração não tem idade, não é o que dizem?

— Sim, é o que dizem!

Durante quase um ano Catarina e Rafael viveram na mesma casa, junto aos filhos, mas sem nunca se tocarem. Cada um se esforçava para que a paz existisse resultando do respeito com que se tratavam.

Artur, Laura, Marcos e Berenice eram visitas constantes na residência de Catarina e Rafael, onde se reuniam em longas palestras edificantes, das quais os netos, que cresciam felizes junto dos avós e tios, participavam.

Rafael realizara seu sonho de possuir um imenso e belo jardim em sua casa, e foi em uma linda manhã, quando todos andavam por entre as flores admirando-lhes a beleza, que Rafael, pedindo a todos que o escutassem, disse:

— Doutor Artur e dona Laura, quero neste momento, quando estou no lugar que mais amo na minha casa e junto das pessoas mais importantes de minha vida, pedir aos senhores a mão de Catarina em casamento.

Ninguém entendeu. Só Catarina percebeu aonde ele queria chegar.

— Rafael, não sei por que está pedindo a mão de

Catarina. Vocês sempre estiveram casados, pois nunca se separaram legalmente.

— Eu sei disso, doutor Artur, mas agora é diferente. Peço a mão da pessoa que amo e confio que me ama também, da pessoa que hoje preenche meu coração de alegria, porque conseguiu me enxergar e me aceitar como realmente sou; amando-me, apesar da minha ascendência simples, sem sentir vergonha ou constrangimento. Essa é a pessoa que quero para mim novamente, para, ao lado dos nossos filhos, formarmos uma família que seja feliz de verdade. — Virou-se para Catarina e perguntou: — Você quer se casar comigo? Eu a amo!

Catarina, emocionada, respondeu:

— Claro, meu amor, eu nunca deixei de amar você!

As crianças, felizes, gritaram a uma só voz:

— Papai e mamãe vão casar!

— Eles já são casados! — exclamou o mais velho.

O caçula respondeu:

— Mas vão se casar de novo!

Todos sorriram diante da felicidade que finalmente voltara para Catarina e Rafael.

As estações foram passando, trazendo a todos os benefícios da natureza. Na nova casa de Catarina e Rafael reinava a alegria e o companheirismo. As crianças cresciam saudáveis e felizes junto dos pais, que tudo faziam para dar a eles o melhor, dentro da dignidade e da moral cristã.

Catarina, enfim, aprendera a lição: sufocava seus impulsos para não machucar o coração do homem que a perdoara e a amava acima de si mesmo. Conseguira entender que quem promove a felicidade alheia abre as portas para sua própria felicidade.

Rafael conseguira, com seu esforço e trabalho incessantes, solidificar ainda mais a herança que recebera e jamais se esquecia de orar por seus benfeitores, pois, graças à bondade de seus patrões, desfrutava de uma vida confortável, que lhe dava a tranquilidade de saber que seus filhos não passariam pelas mesmas dificuldades que passara na juventude. Sua preocupação era dar a eles a noção de que tudo se consegue com trabalho, e que este, fosse qual fosse, trazia dignidade ao indivíduo.

A vida de todos seguia seu curso normal. Berenice e Marcos acalentavam seu segundo filho, que viera para consolidar a felicidade do casal.

Artur e Laura, com seus cabelos brancos e as marcas da vida em seus rostos, continuavam sua trajetória, dedicando-se ao voluntariado em um orfanato da periferia, agora mais envolvidos por conta da aposentadoria de Artur.

Tudo seguia seu curso, até que a calmaria foi atingida pelo vendaval que a dor da separação provoca nos corações que amam. O momento do retorno chegara para Laura, que partira em direção à espiritualidade entre as lágrimas de dor de sua família, em especial de Artur, que se despedira da esposa com o frágil coração, que mal aguentava o peso dos anos, entregue ao sofrimento da partida.

Mas... O tempo não para e, mesmo atingidos pelo sofrimento, todos retornaram à rotina da vida.

CAPÍTULO XXVI

Até breve...

Três anos se passaram desde o desencarne de Laura. Catarina, sentada ao lado do marido, comentava com ele sua preocupação com o estado do pai.

— Mas o que ele tem, Catarina? Meu sogro parece-me tão bem!

— De concreto, nada, Rafael, mas papai já está com idade avançada. Preocupo-me com ele, gostaria que viesse morar conosco, mas papai teima em ficar na casa onde viveu tantos anos com mamãe; recusa-se a sair de lá.

— Posso entendê-lo. Naquela casa está toda a sua vida, suas alegrias, suas dores. Suas recordações estão ligadas àquele lar. É compreensível que relute em deixá-lo, mesmo porque as duas empregadas estão com ele desde sempre, cuidam muito bem dele, admiram e respeitam o doutor Artur. Vamos respeitar sua vontade. As pessoas possuem razões que os outros desconhecem; o que é importante para um pode não ser para outro. Concorda comigo? — E Rafael esperou por uma resposta que não veio.

Após insistir e estranhar o silêncio da esposa, Rafael voltou-se para ela e, com um grito de dor, constatou que

Catarina deixara o mundo físico através de um infarto fulminante do miocárdio.

Catarina retornara à Pátria de origem, deixando suas marcas nem sempre louváveis no coração das pessoas.

— Catarina, já se passaram vinte anos desde seu retorno, e ainda não vimos melhoras significativas em você — dizia Hortência. — Está sempre melancólica, apática e não se entrega ao seu aprimoramento espiritual.

— Sinto muito, Hortência, mas não consigo me perdoar. Anulei uma reencarnação inteira de novo por conta do meu temperamento altivo, do orgulho que não posso dominar, e sofro com isso.

— Você não anulou sua encarnação. Sempre existe o aprendizado, quando estamos no mundo físico; você se enganou algumas vezes, mas acertou muitas outras. Quando no arrependimento, percebeu seu engano e pediu perdão. Isso acontece quando estamos na nossa experiência terrena; chama-se evolução.

— Por que não agi em acordo com o que aprendi na erraticidade, enquanto me preparava para retornar ao orbe terreno?

— Porque insistiu em voltar à mesma situação que poderia despertar novamente os mesmos sentimentos de orgulho e altivez. Não estava ainda forte o suficiente para resgatar seu passado e suas falhas por intermédio da beleza e do dinheiro, pois são provas muito fortes e facilmente nos induzem à queda.

— Julguei-me preparada para superar minhas tendências negativas. Fui uma tola. Mais uma vez me envolvi com as mesmas fraquezas e mais uma vez retorno trazendo as marcas da futilidade.

— Não se martirize tanto assim, Catarina, você teve muitos pontos positivos.

— Eu?! — Catarina parecia não acreditar no que Hortência lhe dizia.

— Sim. Um deles foi finalizar sua questão com Marcos, que já durava séculos. Você anulou sua ligação com ele quando entendeu e permitiu que seguisse seu caminho, se reencontrasse com o espírito que, na verdade, é o seu grande amor e pudesse, enfim, cumprir uma tarefa de fraternidade que estava no seu propósito de vida.

— Berenice?

— Sim, Berenice.

Catarina silenciou por instantes e finalmente perguntou o que, na verdade, não tivera ainda coragem para indagar:

— Hortência, nesse tempo todo que estou na erraticidade nada soube ainda de Dorinha. Ela já está reencarnada?

— Assim que retornou, Dorinha passou algum tempo em uma zona menos feliz, mas não tardou seu resgate por conta do arrependimento sincero e do pedido de perdão ao Mestre Jesus. Trazida para esta colônia, foi devidamente tratada e, consequentemente, preparada para uma nova oportunidade no orbe terreno. Queria se reconciliar de verdade com você, Catarina, e solicitou ao Mais Alto permissão para, em uma nova encarnação, recebê-la como filha para aprender a amá-la plenamente, o que lhe foi concedido.

— Quer dizer que ela está encarnada?

— Sim, e espera você para, de novo juntas, anularem de

vez essa aversão que sentem uma pela outra e construírem um amor verdadeiro, promovendo o progresso espiritual. Isso se você também aspirar por esse encontro.

— Como assim?

— Um ano após você retornar, Dorinha reencarnou em um lugar onde terão, em abundância, todas as situações que propiciarão às duas viver com simplicidade, fortalecendo-se na humildade e na resignação de viver do próprio trabalho árduo e edificante. É a oportunidade de se perdoarem de uma vez por todas, rompendo as argolas que as prendiam no triângulo com Marcos, uma sempre cobiçando o que pertencia à outra. A aproximação acontecerá por meio do sublime amor de mãe.

— Eu vou reencarnar agora? Vinte anos não é pouco tempo? — indagou Catarina, apreensiva.

— Querida, a reencarnação tem por finalidade o melhoramento progressivo. As encarnações sucessivas costumam ser muito numerosas, porque o espírito necessita passar por todas as situações que podem lhe trazer evolução, pois o progresso, podemos dizer, é quase infinito, e todos temos ainda muito a aprender e imperfeições a vencer, enfraquecendo o orgulho e o egoísmo para que eles cedam seu lugar ao sentimento fraternal, que é o que Deus espera de Suas criaturas: que vivamos como verdadeiros irmãos que somos.

— E quando esse novo encontro acontecerá? — Catarina quis saber, apreensiva.

— Daqui a três anos, quando Dorinha se encontrar com aquele que irá ajudá-la nessa nova oportunidade. Até isso acontecer, Catarina, promova seu progresso espiritual pelo estudo, frequente as palestras ministradas por Madre Teresa, entregue-se ao Divino Amigo com confiança e amor, peça-Lhe auxílio para se fortalecer a fim de cumprir com sabedoria essa nova oportunidade.

— Farei isso, Hortência. Quero muito melhorar, viver em acordo com as leis divinas e continuar resgatando o meu passado para construir um futuro de amor. Sei que não é possível apagar minha história de erros, mas sei também que posso construir um futuro melhor com final feliz para meu espírito.

Hortência gostou do que ouviu.

— Você conseguirá, Catarina. Para isso basta manter intacta sua fé e sua vontade de superar a si mesma.

— Obrigada, Hortência, sei o quanto me ajudou enquanto estive na Terra, e o quanto me auxilia aqui, na espiritualidade. Sou-lhe muito grata. — Após pensar uns instantes, Catarina voltou a dizer: — Não consigo entender a razão de em todos esses anos eu ter me encontrado poucas vezes com meus pais terrenos, sinto saudade deles.

— Catarina, aqui, como na Terra, todos nós temos deveres a cumprir. Não podemos relaxar em nossas obrigações apenas para satisfazer vontades. Somos incumbidos de tarefas importantes junto daqueles que necessitam de auxílio. Seus pais cumprem, em outra colônia, a missão que lhes foi confiada; são úteis aos irmãos que ainda não se fortaleceram, mas nem por isso deixam de enviar a você energias salutares, e ficam felizes por saber de sua evolução. Mas você terá a satisfação de se encontrar com eles outras vezes; tanto Laura quanto Artur sentem profunda afeição por você.

— E meu irmão, Jonas? Nunca o vi!

— Infelizmente, esse irmão ainda não conseguiu, apesar dos anos, encontrar a luz divina, e o arrependimento não se posicionou de maneira sincera em seu espírito. Porém, um dia isso acontecerá, porque nosso Pai não inflige o sofrimento eterno a nenhuma criatura. Um dia ele despertará dessa escuridão espiritual.

Catarina se entristeceu.

Hortência, captando seu pensamento, disse-lhe:

— No resgate entre dois seres pode acontecer que um se esforce realmente para consertar o estrago que causou no outro em vidas passadas. Aconteceu com seu pai; ele estava ligado a Jonas por ações imprudentes e indignas do pretérito, mas usou, com prudência e amor, a nova oportunidade de estar ao lado daquele que prejudicou, tudo fazendo para salvá-lo de si mesmo. Contudo, infelizmente, Jonas não foi receptivo aos ensinamentos, exemplos e às orientações que recebeu de seu pai e, usando seu livre-arbítrio, permaneceu na inconsequência dos atos levianos e enganadores das drogas por vontade própria. Artur quitou sua dívida com ele, mas Jonas, não aceitando, permaneceu na ilusão que dura até hoje.

— Mas até quando ele vai ficar sofrendo nessa ilusão?

— Até o dia em que for tocado sinceramente pelo amor de Deus e verdadeiramente se arrepender e pedir misericórdia. Nesse instante, Catarina, o auxílio virá, com certeza.

— Mas não é muito tempo para ficar nessa situação?

— A situação durará enquanto durar seu delírio e sua teimosia! — exclamou Hortência.

Dando por encerrada a conversa com Catarina, Hortência a convidou:

— Catarina, vou até o auditório ouvir a palestra de Madre Teresa, você me acompanha?

— Claro, Hortência. Quero me fortalecer cada vez mais, sobretudo agora que sei que em pouco tempo vou reencarnar. Não perderei essa nova oportunidade; ao contrário, quero fazer dar certo minha futura existência na Terra.

Seguiram em direção ao auditório.

Acomodaram-se e, em seguida, uma luz azulada iluminou todo o ambiente, antecipando a entrada de Madre Teresa, que, saudando os presentes, iniciou:

— Meus amados irmãos, em nome do Divino Amigo vamos nos unir para, juntos, aprendermos a olhar para nós mesmos com a finalidade de nos conscientizar das questões que necessitamos trabalhar, para que nossa evolução possa acontecer seguindo em direção ao Criador.

"Somos todos crianças ainda, temos imperfeições e fragilidades e, na maioria das vezes, dificuldades. Mas o Pai colocou em nós a força e a possibilidade de vencer uma a uma. É preciso apenas querer e nos conscientizar de que evolução se faz com pureza de sentimentos, e nessa pureza não cabe o orgulho, o egoísmo e os demais sentimentos pequenos que atiram quem os nutre na dor e no sofrimento.

"Como já disse várias vezes, somos todos herdeiros de nós mesmos; portanto, não somos vítimas, porque, se assim fosse, seríamos seres injustiçados. Somos responsáveis pelas atitudes que tomamos em relação à nossa existência; em geral, usamos mal o nosso livre-arbítrio e, iludidos, nos jogamos nos desvarios da inconsequência.

"Todas as nossas ações geram uma reação, é da lei;

O passado ainda vive

necessário se faz aprendermos a distinguir o brilho falso do brilho real, o brilho que tem sua origem na moral cristã, na capacidade de amar indistintamente o seu semelhante e que nos torna verdadeiramente criaturas de Deus.

"A bondade, sabedoria e justiça infinitas do Criador propiciam a todas as criaturas a sagrada oportunidade do recomeço mediante a reencarnação. Necessário se faz aproveitar de maneira sólida e prudente essa chance, resgatando nosso passado de enganos e construindo um futuro de sabedoria e evolução.

"Que nosso Mestre Jesus possa estar presente na trajetória de vocês, irmãos meus, para que alcancem o progresso espiritual."

> "Ninguém fica esquecido da misericórdia de Deus, porque nosso Pai que está no céu acompanha toda a nossa trajetória, respeitando nosso livre-arbítrio e aguardando o momento em que, limpos de pensamentos, de sentimentos e verdadeiramente arrependidos, possamos dizer: 'Pai, segure minhas mãos e leve-me para o Seu caminho'." (Irmão Ivo)

Três anos após esse acontecimento, Catarina reencarnou na zona rural de uma pequena cidade do interior de Minas Gerais. Sua mãe, no passado Dorinha, a recebeu em seus braços entre sorrisos e lágrimas, pois sabia que, abandonada pelo companheiro, que se negara a receber a filha, teria uma vida de privações e trabalho árduo. No entanto, confiava em Jesus e alimentava em seu coração a certeza do amparo divino.

Iniciava-se, assim, o resgate de tantos anos de enganos, através do amor que iria se solidificar no coração de ambas, tão forte que não daria espaço para a competição, o orgulho e a pretensão de se achar superior.

Viveriam um dia de cada vez, aproveitando, com humildade, a sagrada oportunidade da reencarnação e construindo o sentimento do amor em bases sólidas e duradouras.

Deixo para vocês, leitores amigos, a opção de felicidade; que nosso Mestre Jesus os ampare para que tenham sabedoria para fazer esta encarnação dar certo, construindo, assim, um futuro de paz e equilíbrio no reino dos céus, através da própria evolução.

O maior perigo da vida é não fazer nada pelo próprio progresso espiritual.

Até mais ver.

Ivo.

Palavras da Médium

O tempo que realmente temos para promover nosso progresso espiritual é o presente. É ele que nos dá a chance de nos melhorarmos como pessoa, transformando-nos, assim, em reais criaturas de Deus.

O presente é agora, é neste instante que devemos perceber que os sentimentos do amor e da fraternidade pairam no ar, procurando cada um de nós e convidando-nos a perceber e enxergar de verdade o semelhante que, silencioso, caminha ao nosso lado, ansiando apenas receber um olhar de compaixão. A ternura é sempre medicamento para a alma; portanto, não devemos ter vergonha de sermos bons, de termos fé, de confiar e amar a Deus através do amor ao próximo, pois esse é o caminho da felicidade real.

Deus nos fez naturalmente abertos para todas as possibilidades do bem. Depende de nós entender que somos responsáveis por nossas ações, boas ou más; a Doutrina Espírita, que consola e nos abre as portas do conhecimento, do viver com Cristo, nos faz sentir a necessidade de recuperar o falar que compartilha; o falar que abençoa, que aproxima; o falar que ecoa nos corações de quantos nos ouvem, confortando e levando a paz.

Jesus, quando esteve na Terra, explicou a verdade aos rabinos e aos pescadores de vida singela, sem distinguir este ou aquele irmão; ao contrário, explicou com brandura e amor sem instituir pagamento por serviços religiosos. Devemos, pois, construir nos templos espíritas escolas de fé raciocinada e de trabalho desinteressado em favor do próximo, a fim de que possamos evitar as epidemias de descrenças que hoje queimam a Terra como um incêndio destruidor.

Necessário se faz exercitar o amor, amando nossos semelhantes sem nos importar com sua condição social, ou com a cor de sua pele; amar a natureza a ponto de preservá-la; enfim, amar a vida em todos os sentidos.

Nosso Criador jamais se envergonhará de nenhum de nós, apesar dos nossos erros e imperfeições. Ao contrário, envolve-nos com sua energia divina para que possamos acordar da escuridão em que vivemos quando nossos olhos só conseguem enxergar a nós mesmos.

Em sendo assim, integrados no amor fraternal, na sensibilidade de perceber uma lágrima que discretamente desce pela face do nosso próximo que passa pela aflição e dor, poderemos olhar para o céu e suplicar ao Pai Maior que o Sol possa brilhar para nós, todos os dias do ano, todos os anos da nossa vida, para que saibamos nos unir ao nosso semelhante e, através dessa união, anular o mundo mau e construirmos o mundo melhor e mais generoso nesta imensa casa de Deus.

Termino este livro deixando para vocês, amigos leitores, o pensamento do mentor espiritual do Lar de Amparo à Gestante Ricardo Luiz, o querido espírito doutor Klein:

"Devemos acordar do orgulho excessivo, do egoísmo, da preguiça, da intolerância, da imprudência, antes que não tenhamos mais nada a perder, porque muitas vezes o que perdemos torna-se difícil e penoso reaver".

Sônia Tozzi

Leia estes envolventes romances do espírito Margarida da Cunha

Psicografia de Sulamita Santos

DOCE ENTARDECER

Paulo e Renato eram como irmãos. O primeiro, pobre, um matuto trabalhador em seu pequeno sítio. O segundo, filho do coronel Donato, rico, era um doutor formado na capital que, mais tarde, assumiria os negócios do pai na fazenda. Amigos sinceros e verdadeiros, desde jovens trocavam muitas confidências. Foi Renato o responsável por levar Paulo a seu primeiro baile, na casa do doutor Silveira. Lá, o matuto iria conhecer Elvira, bela jovem que pertencia à alta sociedade da época. A moça corresponderia aos sentimentos de Paulo, dando início a um romance quase impossível, não fosse a ajuda do arguto amigo, Renato.

À PROCURA DE UM CULPADO

Uma mansão, uma festa à beira da piscina, convidados, glamour e, de madrugada, um tiro. O empresário João Albuquerque de Lima estava morto. Quem o teria matado? Os espíritos vão ajudar a desvendar o mistério.

DESEJO DE VINGANÇA

Numa pacata cidade perto de Sorocaba, no interior de São Paulo, o jovem Manoel apaixonou-se por Isabel, uma das meninas mais bonitas do município. Completamente cego de amor, Manoel, depois de muito insistir, consegue seu objetivo: casar-se com Isabel mesmo sabendo que ela não o amava. O que Manoel não sabia é que Isabel era uma mulher ardilosa, interesseira e orgulhosa. Ela já havia tentado destruir o segundo casamento do próprio pai com Naná, uma bondosa mulher, e, mais tarde, iria se envolver em um terrível caso de traição conjugal com desdobramentos inimagináveis para Manoel e os dois filhos, João Felipe e Janaína.